KB202158

인물톡톡

나의 친구, 나의 스승

톡톡시리즈 02

인물 톡톡 : 나의 친구, 나의 스승

발행일 초판 1쇄 2012년 9월 10일 | **기획·엮음** 채운·수경 | **펴낸곳** 북드라망 | **펴낸이** 김현경 | **주소** 서울시 종로구 사간동 69 영정빌딩 4층 | **전화** 02-739-9918 | **이메일** bookdramang@gmail.com

ISBN 978-89-97969-12-8 03100 | 이 도서의 국립중앙도서관 출판시도서목록(CIP)은 e-CIP홈페이지 (http://www.nl.go.kr/ecip)와 국가자료공동목록시스템(http://www.nl.go.kr/kolisnet)에서 이용하실 수 있습니다.(CIP제어번호: CIP2012004000) | **Copyright ©** **채운·수경** 저작권자와의 협의에 따라 인지는 생략했습니다. 이 책은 지은이와 북드라망의 독점계약에 의해 출간되었으므로 무단전재와 무단복제를 금합니다. 잘못 만들어진 책은 서점에서 바꿔 드립니다.

책으로 여는 지혜의 인드라망, 북드라망 **www.bookdramang.com**

나의 친구, 나의 스승

인물톡톡

톡톡시리즈 02

기획+엮음 | 채운+수경

BookDramang
ㅌ 북드라망

평전쓰기, '위대한 어둠' 속의 질문을 찾아서

'절망이 허망한 것은 바로 희망이 그러함과 같다.' 이것은 말이다. 그러나 루쉰 문학을 설명하는 점에서 이것은 말 이상의 것이다. 말이라고 한다면 상징적인 말이지만, 차라리 태도, 행위라고 하는 편이 낫겠다. …… 사람이 '절망'과 '희망' 을 설명하는 것은 가능하지만, 그러한 자각을 얻은 사람을 설명하는 것은 불가능하다. 그것은 태도이기 때문이다.(다케우치 요시미, 『루쉰』, 서광덕 옮김, 문학과지성사, 2003)

다케우치 요시미의 이 결론에, 나로선 굴복하지 않을 길이 없다. 기록된 문장들이야 어찌어찌하여 해석하고 설명할 수 있다지만, 그런 문장을 쓴 사람을 설명할 길은 아무래도 요원하다. 원래 인간의 삶이란 아무리 단순해 보여도 불가해한 공백과 균열을 내포하기 마련인 법. 텍스트를 뚫고 들어갈 길이 없을 때, 종종 저자의 삶으로부터 압박해 들어가 보려는 꼼수를 써 보지만, 텍스트가 투명하게 삶을 반영하고 있는 경우는 거의 없다. 루쉰만 해도 그렇다. 그의 삶을 통해 텍스트의 빈틈을 더듬을 수도, 거꾸로 삶의 불가해함을 텍스트의 한 구절로 옮겨줄 수도 있을 듯하지만, 여전히 루쉰이라는 인간을, 그의 문장에 얼핏 내비칠 뿐인 그의 삶을 설명하기란 쉽지 않다. 이럴 땐 도리가 없다. 그 문장을 몸소 살아 보는 수밖에는.

훌륭한 생애를 기술하는 일이란 훌륭한 생애를 사는 일만큼이나 어렵다고 했던가. 누군가가 아무리 훌륭한 생애를 살았다 하더라도, 우리에게 남겨진 건 글, 말, 업적, 만난 사람들 같은 흔적일 뿐이다. 그 흔적들로 한 인간의 생애를 기술한다는 건 얼마간은 소설적일 수밖에 없는 것. 하여 버지니아 울프는, "좌우를 살피지 않고 지워지지 않는 진리의 발자국을 따라, 꽃의 유혹도 뿌리치고, 어두운 곳도 마다 않으며, 한걸음 한걸음 방법적으로 나아가는" 식으로 기술되는 전기를 조롱하며, '아마'와 '듯하다'가 난무하는 올란도의 전기를 쓴 것이 아닌가.

그러나 이런 어려움이 그의 삶에 가닿고 싶은 욕망을 포기하게 만들지는 못한다. 마음에 쿵, 하고 내려와 꽂히는 문장을 만날 때마다 우리는 그를 만나고 싶다. 그 인생 속으로 입류(入流)하고 싶어지는 것이다. 그런데 어쩌면, 이런 갈망이야말로 독자 자신의 심혼을 더듬고 자신의 생각을 다듬으려는 욕망의 발로가 아닐까. 예컨대, 슈테판 츠바이크에게 평전쓰기란 정처(定處)를 상실한 자가 다른 곳을 사유하는 방법이었다. 몽테뉴, 에라스무스, 카스텔리오, 니체, 클라이스트, 톨스토이, 도스토예프스키, 발자크……. 그는 끊임없이 타인의 생을 편력했고, 그럴 때마다 그들의 삶에 자신의 질문을 포개 놓았다. 때문에 츠바이크의 전기를 읽을 때면 어김없이 이곳저곳에서 그들의 인생 어디쯤에 표시해 둔 츠바이크의 흔적들을 마주치게 되는 것이다. 지나간 시간과 지금의 시간 사이를, 그들의 언어와 나의 언어 사이를 오가며 부단히 질문을 길어 내는 글쓰기, 그것이 평전이다. '평전'이라는 말의 '평'(評)이 의미하는 바를 나는, 그 사이를 오가는 편력(遍歷), 그 편력을 통한 배움과 자기성찰이라고 해석하고 싶다.

다자이 오사무의 소설 『정의와 미소』에 등장하는 열일곱 청년은 배우 추천서를 받고자 위대한 극작가를 찾아간다. 당대 최고의 극작가가 이 조무래기를 친절하게 받아줄 리 만무하다. 그래도 굴하지 않고, 배우가 되고 싶노라고, 어떤 극단을 가는 게 좋을지 모르겠으니 알려 달라고 조언을 구하는 청년. 비서 편에 극단 이름이 적힌 종이쪼가리를 받는 데까지는 성공했으나, 이 또한 막막한지라 대체 어떻게 하면 이 극단에 들어갈 수 있느냐고 묻는 청년에게 극작가의 일갈(一喝), "혼자서 해!" 그런가 하면, 이제 막 문단 생활을 시작하는 초심자로서 한마디 조언을 구하고자 했던 폴 발레리에게 말라르메가 남긴 불친절한 조언, "유일한 참된 충고자, 고독이 하는 말을 들어라." 요컨대, 위대한 스승들은 물음을 더 큰 물음으로 돌려 주신단 말씀이다. 이런 의미에서 모든 스승들은, 소세키의 표현을 빌려 말하자면 '위대한 어둠'이다.

공부하면서 우리는 수많은 스승들을 만나, 그 '위대한 어둠' 속에서 길을 잃기도 해봤고, 뜻하지 않은 대답을 얻기도 했다. 그럴 때마다 문득, 내가 어쩌다, 이 긴 시간을 뛰어넘어, 이런 사람들을, 여기서 이렇게 만나게 되었단 말인가, 라는 생각에 한동안 먹먹해지곤 한다. 그 인연이 하도 놀랍고 고마워서다.

불교에서는 흔히 깨달음을 얻는 데 삼아승지겁(三阿僧祇劫)이 걸린다고 말한다. 일설에 따르면 1겁이 10의 52승 년이라니까, 삼아승지겁이라는 시간은 어림짐작조차 불가능하다. 이를 그저, 아주 오~래 걸린다는 표현이라고 할 수도 있으나, 내 멋대로의 해석을 허한다면 나는 이 구절을 이렇게 해석하고 싶다. 깨달음은 개인적 사건이 아니라 우주적 연기(緣起)의 자기표현이라고. 내가 여기 있기까지, 내가 여기서 이런 생각을 떠올리고, 이런 사람들과 함께 있기까지는 무수한 겹의 인연들이 있었을 터. 공부란 바로 이 중중무진(重重無盡)의 인연을 만나는 과정이 아닐까, 그 인연들이 나를 빌려 이런 글들로 표현되고 있는 게 아닐까, 라고. 이런 인연 덕분에 적어도 백 년, 많게는 몇 천 년, 우리는 생명연장(!)의 꿈을 실현 중인 것이다.

이 책은 지난 해 『서울신문』에 연재한 원고들을 모은 것으로, 앞서 나온 『고전 톡톡 : 고전, 톡하면 통한다』의 후속편이랄 수 있다. 원래의 원고에 텍스트와 주변 인물에 대한 글을 추가하여 독자들이 인물과 텍스트를 함께 이해할 수 있도록 배려했다. 『고전 톡톡』이 텍스트에 길을 내는 해석의 작업이었다면, 『인물 톡톡 : 나의 친구, 나의 스승』은 스승을 찾아 헤매는 편력기랄 수 있겠다. 이름하여, '남산강학원의 수업시대'! 두 권의 '톡톡' 사이에 달라진 게 있다면, 남산자락 바로 아래로 이사를 옴으로써 바야흐로 '남산골 딸깍발이'의 면모를 그럴듯하게나마 갖췄다는 것. 명실이 상부하게 사는 일만 남았다.

난 종종 우리의 공부가 일종의 '확성기' 같은 건 아닐까 생각한다. 과거의 목소리들을 다른 언어와 음색으로 지금에 전달하는 확성기. 얼마간의 음성변조와 잡음이 있겠으나, 어쨌든 우리-확성기를 통해 과거의 목소리들이 독자에게 시끌벅적하게 가닿았으면 하는 바람이다. 부디, 우리가 스승들을 만나면서 느낀 환희와 좌절과 뭉클함이 독자들에게도 전달되기를.

북드라망이 새로운 공간을 얻어 새로운 행보를 시작했다. 조각난 파편 같은 글들을 이렇게 근사한 책-작품으로 엮어 주었으니, 이들이야말로 21세기의 연금술사가 아니고 무엇이랴! 이 인연이 소중하고, 든든하고, 고마울 따름이다. 북드라망의 책들이 나올 때마다 세상의 거대한 인드라망이 차르르 '빛발치기'를. 북드라망의 건투를 빈다.

임진년 폭염 속에서
저자들을 대신해 채운 씀

부록 ❶ · 라이벌 혹은 짝 _142

2부 전복적 아티스트
: 예술인가 혁명인가

부록 ❷ · 나의 멘토 BOOK _338

나원 | 어준 | 나빈치 | 김시습 | 박재가 | 사마천 | 염상섭 | 수자 | 이황 | 최남선 | 한비자 | 간디 | 소
사드 | 소세키 | 이상 | 플로베르 | 고흐 | 김홍도 | 몽테뉴 | 비트겐슈타인 | 사르트르 | 노신 | 마오
자 | 이황 | 최남선 | 한비자 | 간디 | 소로우 | 파농 | 괴테 | 이제마 | 벤야민 | 네루다 | 랭보 | 셰익
비트겐슈타인 | 사르트르 | 노신 | 마오 | 소식 | 쑨원 | 버지니아 울프 | 일리히 | 맑스 | 한유 | 박
이제마 | 벤야민 | 네루다 | 랭보 | 셰익스피어 | 안데르센 | 스피노자 | 융 | 크로포트킨 | 소강절 |
니아 울프 | 일리히 | 맑스 | 한유 | 박지원 | 허준 | 다빈치 | 김시습 | 박재가 | 사마천 | 염상섭 | 주
스피노자 | 융 | 크로포트킨 | 소강절 | 사드 | 소세키 | 이상 | 플로베르 | 고흐 | 김홍도 | 몽테뉴
김시습 | 박재가 | 사마천 | 염상섭 | 주자 | 이황 | 최남선 | 한비자 | 간디 | 소로우 | 파농 | 괴테
| 플로베르 | 고흐 | 김홍도 | 몽테뉴 | 비트겐슈타인 | 사르트르 | 노신 | 마오 | 소식 | 쑨원 | 버
한비자 | 간디 | 소로우 | 파농 | 괴테 | 이제마 | 벤야민 | 네루다 | 랭보 | 셰익스피어 | 안데르센
트르 | 노신 | 마오 | 소식 | 쑨원 | 버지니아 울프 | 일리히 | 맑스 | 한유 | 박지원 | 허준 | 다빈치
루다 | 랭보 | 셰익스피어 | 안데르센 | 스피노자 | 융 | 크로포트킨 | 소강절 | 사드 | 소세키 | 이상
맑스 | 한유 | 박지원 | 허준 | 다빈치 | 김시습 | 박재가 | 사마천 | 염상섭 | 주자 | 이황 | 최남선
포트킨 | 소강절 | 사드 | 소세키 | 이상 | 플로베르 | 고흐 | 김홍도 | 몽테뉴 | 비트겐슈타인 | 사르
마천 | 염상섭 | 주자 | 이황 | 최남선 | 한비자 | 간디 | 소로우 | 파농 | 괴테 | 이제마 | 벤야민 | 네
김홍도 | 몽테뉴 | 비트겐슈타인 | 사르트르 | 노신 | 마오 | 소식 | 쑨원 | 버지니아 울프 | 일리히
우 | 파농 | 괴테 | 이제마 | 벤야민 | 네루다 | 랭보 | 셰익스피어 | 안데르센 | 스피노자 | 융 | 크로
소식 | 쑨원 | 버지니아 울프 | 일리히 | 맑스 | 한유 | 박지원 | 허준 | 다빈치 | 김시습 | 박재가 | 사
피어 | 안데르센 | 스피노자 | 융 | 크로포트킨 | 소강절 | 사드 | 소세키 | 이상 | 플로베르 | 고흐
| 허준 | 다빈치 | 김시습 | 박재가 | 사마천 | 염상섭 | 주자 | 이황 | 최남선 | 한비자 | 간디 | 소로
드 | 소세키 | 이상 | 플로베르 | 고흐 | 김홍도 | 몽테뉴 | 비트겐슈타인 | 사르트르 | 노신 | 마오
| 이황 | 최남선 | 한비자 | 간디 | 소로우 | 파농 | 괴테 | 이제마 | 벤야민 | 네루다 | 랭보 | 셰익스
트겐슈타인 | 사르트르 | 노신 | 마오 | 소식 | 쑨원 | 버지니아 울프 | 일리히 | 맑스 | 한유 | 박지
제마 | 벤야민 | 네루다 | 랭보 | 셰익스피어 | 안데르센 | 스피노자 | 융 | 크로포트킨 | 소강절 | 사
아 울프 | 일리히 | 맑스 | 한유 | 박지원 | 허준 | 다빈치 | 김시습 | 박재가 | 사마천 | 염상섭 | 주자
피노자 | 융 | 크로포트킨 | 소강절 | 사드 | 소세키 | 이상 | 플로베르 | 고흐 | 김홍도 | 몽테뉴 | 비
시습 | 박재가 | 사마천 | 염상섭 | 주자 | 이황 | 최남선 | 한비자 | 간디 | 소로우 | 파농 | 괴테 | 이
플로베르 | 고흐 | 김홍도 | 몽테뉴 | 비트겐슈타인 | 사르트르 | 노신 | 마오 | 소식 | 쑨원 | 버지니
비자 | 간디 | 소로우 | 파농 | 괴테 | 이제마 | 벤야민 | 네루다 | 랭보 | 셰익스피어 | 안데르센 | 스
르 | 노신 | 마오 | 소식 | 쑨원 | 버지니아 울프 | 일리히 | 맑스 | 한유 | 박지원 | 허준 | 다빈치 | 김
다 | 랭보 | 셰익스피어 | 안데르센 | 스피노자 | 융 | 크로포트킨 | 소강절 | 사드 | 소세키 | 이상 |
스 | 한유 | 박지원 | 허준 | 다빈치 | 김시습 | 박재가 | 사마천 | 염상섭 | 주자 | 이황 | 최남선 | 한
트킨 | 소강절 | 사드 | 소세키 | 이상 | 플로베르 | 고흐 | 김홍도 | 몽테뉴 | 비트겐슈타인 | 사르트
천 | 염상섭 | 주자 | 이황 | 최남선 | 한비자 | 간디 | 소로우 | 파농 | 괴테 | 이제마 | 벤야민 | 네루
홍도 | 몽테뉴 | 비트겐슈타인 | 사르트르 | 노신 | 마오 | 소식 | 쑨원 | 버지니아 울프 | 일리히 | 맑
| 파농 | 괴테 | 이제마 | 벤야민 | 네루다 | 랭보 | 셰익스피어 | 안데르센 | 스피노자 | 융 | 크로포
식 | 쑨원 | 버지니아 울프 | 일리히 | 맑스 | 한유 | 박지원 | 허준 | 다빈치 | 김시습 | 박재가 | 사마
어 | 안데르센 | 스피노자 | 융 | 크로포트킨 | 소강절 | 사드 | 소세키 | 이상 | 플로베르 | 고흐 | 김
허준 | 다빈치 | 김시습 | 박재가 | 사마천 | 염상섭 | 주자 | 이황 | 최남선 | 한비자 | 간디 | 소로우
| 소세키 | 이상 | 플로베르 | 고흐 | 김홍도 | 몽테뉴 | 비트겐슈타인 | 사르트르 | 노신 | 마오 | 소
이황 | 최남선 | 한비자 | 간디 | 소로우 | 파농 | 괴테 | 이제마 | 벤야민 | 네루다 | 랭보 | 셰익스피
겐슈타인 | 사르트르 | 노신 | 마오 | 소식 | 쑨원 | 버지니아 울프 | 일리히 | 맑스 | 한유 | 박지원 |
마 | 벤야민 | 네루다 | 랭보 | 셰익스피어 | 안데르센 | 스피노자 | 융 | 크로포트킨 | 소강절 | 사드
울프 | 일리히 | 맑스 | 한유 | 박지원 | 허준 | 다빈치 | 김시습 | 박재가 | 사마천 | 염상섭 | 주자
노자 | 융 | 크로포트킨 | 소강절 | 사드 | 소세키 | 이상 | 플로베르 | 고흐 | 김홍도 | 몽테뉴 | 비트
습 | 박재가 | 사마천 | 염상섭 | 주자 | 이황 | 최남선 | 한비자 | 간디 | 소로우 | 파농 | 괴테 | 이
로베르 | 고흐 | 김홍도 | 몽테뉴 | 비트겐슈타인 | 사르트르 | 노신 | 마오 | 소식 | 쑨원 | 버지니아

1부

공부에
목숨 걸었네

몸과 우주의 일치를 탐구한 '자연철학자'

>> 전통의학의 아이콘, 허준

허준(許浚, 1539~1615)을 모르는 한국인은 없다. 모르면 간첩이라는 농담도 안 통한다. 그만큼 범국민적 인물이라는 뜻이다. 물론 친근한 것 이상으로 신비화되어 있기도 하다. 고난에 찬 삶의 역정, 라이벌들의 비방과 음모, 예진 아씨와의 지순한 사랑 등등. 물론 하나같이 소설과 드라마가 만들어 낸 이미지다. 이 이미지들로 인해 허준은 400여 년의 시간을 가로질러 명의의 대명사가 되었지만, 그 화려하고 강렬한 이미지들로 인해 그의 진면목은 봉쇄되어 버렸다.

허준이 '허준'이 된 까닭은?

먼저, 허준의 라이벌 역할을 담당한 양예수(楊禮壽)는 실제로 허준의 스승뻘이자 당대 최고의 명의였다. 『동의보감』 편찬 프로젝트에도 참여했지만 정유재란 이후 빠졌다. 다음, 많은 이들이 지적했다시피 허준의 스승으로 나오는 유의태는 실존인물이 아니다. 허구적 인물의 등장 자체야 문제라 할 수 없다. 하지만 소설과 드라마의 절정에 해당하는, 허준이 스승

유의태의 몸을 해부하는 장면은 참으로 문제적이다. 이것은 마치 한의학이 미망의 어둠을 거쳐 해부학을 향해 나아간다는 의학적 편견을 조장하는 데 결정적인 역할을 했다. 마지막으로 예진 아씨와의 러브스토리? 택도 없는 소리다. 사랑이 이렇게 특화된 건 어디까지나 근대 이후다. 그 이전에는 우정과 의리가 훨씬 더 중요한 가치였다. 20세기 이후 우정이 사라진 자리를 사랑과 연애가 채웠고, 그 결과 허준을 비롯하여 모든 사극의 주인공들은 본의 아니게(?) 사랑의 화신이 되어야 했다.

아무튼 좋다. 허준의 '만들어진' 이미지 가운데 더 결정적인 결락이 하나 있다. 허준이 '의성'(醫聖) 허준이 된 건 명의라서가 아니라는 사실이다. 무슨 소리? 허준이 전통의학의 아이콘으로 부상할 수 있었던 건 의사로서가 아니다. 양예수를 비롯하여, 당대 허준을 능가하는 명의들은 많았다. 하지만 허준처럼 『동의보감』이라는 대저서를 남긴 사람은 없었다. 아니, 조선은 물론이고 동양의학사를 다 통틀어서도 『동의보감』처럼 방대하고 체계적인 의서는 없다. 고로 허준이 우리가 생각하는 그 '허준'이 된 건 어디까지나 『동의보감』이라는 저서 때문이다.

허준의 생애는 의외로 드라마틱하지 않다. 양반 가문의 서자로 태어났지만 그것 자체가 특별한 사항이라고 할 수는 없다. 의원이 되는 과정도 비교적 순탄했다. 사대부 유희춘(柳希春, 1513~1577)의 추천을 통해 내의원에 들어갔으며 광해군의 두창(천연두)을 치료하면서 선조의 두터운 신임을 받았다. 임진왜란이 발발하자 사대부 관료들조차 앞다퉈 도망을 갔지만 허준은 선조의 피란길을 동행함으로써 그 신임은 더욱 두터워졌다. 이후 승승장구하여 서자 출신임에도 불구하고 정1품 보국숭록대부에까지 올랐다. 이 정도야 뭐, 소설과 드라마의 주인공이 되기에는 너무 밋밋하지 않은가. 이런 허준을 누구와도 견줄 수 없는 탁월한 존재로 만들어 준 것은 다름 아닌 선조다. 더 구체적으론 선조가 허준에게 의서 편찬을 맡기면서부터다. 그때 이후, 허준의 이 평범한 '성공스토리'는 비범한 삶의 여정으로 변주된다.

> 허준은 본성이 총민하고 어릴 때부터 학문을 좋아했으며, 경전과 역사에 박식했다. 특히 의학에 조예가 깊어서 신묘함이 깊은 데까지 이르렀다. 사람을 살린 것이 부지기수다.(양예수, 『의림촬요』醫林撮要)

허준과 관련하여 가장 많이 인용되는 자료다. 보다시피 그의 삶을 규정하는 키워드는 의사 이전에 학문이다. 당대 명망 높은 사대부들과의 교류가 활발했던 것, 또 『동의보감』을 비롯하여 많은 의서들을 편찬할 수 있었던 것 등 그의 생애를 관통하는 키워드는 학문적 열정과 집념이었다.

『동의보감』의 탄생 – 전란에서 유배까지

1596년 어느 날 선조는 어의 허준에게 의서 편찬을 명한다. 허준의 나이 58세. 허준의 생애로서는 최고의 전성기를 구가하고 있을 때다. 당시 조선은 임진왜란이 끝난 지 얼마 안 된 전란의 와중이었다. 전란 중에 잉태된 의서! 극적이라면 이런 장면이 극적이다.

허준은 그 즉시 유의 정작(鄭碏)과 태의 양예수, 김응탁(金應鐸), 이명원(李命源), 정예남(鄭禮男) 등과 함께 프로젝트팀을 꾸렸다. 시작은 창대했으나 과정은 실로 험난했다. 바로 그 다음해 정유재란이 발발하면서 초기 작업은 중단되었다. 난이 수습되긴 했지만, 프로젝트팀은 해체되었다. 결국 의서의 편찬은 허준 개인의 몫이 되었다. 시대가 시대니만큼 작업의 속도는 한없이 더뎠다. 그렇게 해서 무려 10여 년이 지났다.

1608년 2월 1일. 허준의 생애에, 아니 『동의보감』 편찬의 여정에 결정적인 변곡점이 찾아왔다. 선조가 승하한 것이다. 조선왕조에서 선조의 위상은 이중적이다. 선조의 등극과 더불어 조선은 훈구파의 집권이 끝나고 마침내 '사림의 나라'가 되었다. 하지만 동시에 사림 내부의 분화와 갈등이 점화되면서 '당쟁의 시대'로 접어들게 되었다. 당시는 특히 북인 안에서 대북파와 소북파의 분화가 심각하게 재연되는 때였다. 대북이란 선조의 후계자인 광해군을 왕으로 미는 쪽이고, 소북이란 선조가 말년에 낳은 영창대군을 미는 쪽이다.

한데, 하필 선조가 승하할 당시 내의원 전체 우두머리라 할 수 있는 도제조가 유영경(柳永慶)이었는데, 이 유영경이 바로 소북파의 리더였다. 대북파에서 이 사건을 간과할 리 없었다. 어의 허준에게 책임을 물었고 그 책임은 허준의 상관인 유영경에게까지 미쳤다. 허준도 이 숙청의 피바람을 피해갈 순 없었다. 하지만 광해군한테 허준은 특별한 존재였다. 왕자 시절 두창에 걸려 목숨이 오락가락할 적에 다른 어의들은 약을 썼다가 허물을 뒤집어쓸까 봐 망설였지만 허준은 과감하게 약을 써서 목숨을 구해 주었다.

빗발치는 상소에도 불구하고 광해군은 허준을 적극 방어해 주었다. 이를테면, 허준을 위기에 빠뜨린 것도 의술이었고, 허준을 구해 준 것도 의술이었던 것이다. 목숨은 건졌지만 그래도 유배만은 피할 수 없었다. 69세의 나이로 머나먼 의주땅으로 유배를 가야 했으니, 참으로 고단한 말년이었다. 하지만 생은 길섶마다 행운을 숨겨 두었다던가. 유배기간은 1년 8개월. 놀랍게도 그 기간 동안 『동의보감』이 완성되었다. 이때 한 작업은 전체 분량의 반에 해당한다. 유배지는 그에게 집필을 위한 완벽한 조건을 마련해 준 셈이다. 대반전! 만약 이 작업이 없었다면 유배지에서의 시간은 얼마나 억울하고 쓸쓸했으랴.

허준으로 인해 『동의보감』이라는 비전이 열리기도 했지만, 『동의보감』은 무엇보다 그 편찬자인 허준의 생을 구해 주었다. 이것이 바로 '자기 구원'으로서의 공부다. 흔히 생각하듯 '온갖 고난에도 불구하고' 공부를 하는 것이 아니라, 공부가 있었기에 고난으로부터 구원을 받는 것이다. 허준과 『동의보감』이 바로 그런 관계였던 것.

71세의 나이로 유배지에서 돌아오자마자 허준은 후반부 작업에 박차를 가해 마침내 『동의보감』을 완성해서 조정에 바친다. 시작한 해로부터 따지면 무려 14년의 기나긴 여정이다. 조선으로서도 전란과 정권교체, 당쟁 등으로 이어진 초유의 시간이었고, 허준으로서도 영광과 오욕을 한꺼번에 누린 파란만장의 연속이었다. 이후 내의원에서 후학을 지도하고, 역병에 관한 책을 편찬하는 등 조용한 여생을 보내다 77세의 나이로 생을 마친다.

몸과 우주, 그리고 삶의 비전을 찾아서

선조는 허준에게 의서 편찬을 명하면서 세 가지를 당부했다. 첫째, 기존의학사의 난만한 흐름을 정리하라는 것, 둘째, 질병이 아니라 수양을 중심으로 한 양생서(養生書)를 쓰라는 것, 마지막으로 조선의 약재를 가난한 백성들도 쉽게 알 수 있도록 하라는 것.

허준은 선조의 세 가지 당부를 훌륭하게 구현해 냈다. 먼저, 『동의보감』에는 의학사의 양대 지존인 『황제내경』(黃帝內經)과 『상한론』(傷寒論)을 비롯하여 손진인(孫眞人)의 『천금방』(千金方), 이천(李梴)의 『의학입문』(醫學入門)에 이르기까지 동아시아 의학사의 최고봉들이 총망라되어 있다. 그 바탕 위에서 허준은 오랜 기간 서로 갈라져 온 양생과 의술을 새로운 차원에서 통합하였다. 즉, 그는 병과 처방이 아니라, 몸과 생명을 전면에 내세웠다. 질병에서 생명으로!

그렇게 해서 구성된 「내경」―「외형」―「잡병」―「탕액」―「침구」로 이어지는 목차는 어떤 의서에서도 시도된 적이 없는 분류학의 결정판이다. 아울러 처방과 약재들의 방대한 목록은 자연사박물관을 방불케 한다. 말하자면, 최고의 지적 성취와 가장 대중적인 용법을 두루 갖춘 의서가 탄생한 셈이다. 그것을 가능케 했던 핵심 키워드는 단연 양생이다. 양생은 단지 임상을 넘어 존재의 우주적 '탈영토화'를 꿈꾸는 '삶의 기술'이다. 요컨대, 양생이라는 비전 위에서 몸과 우주, 질병과 자연, 생명과 존재의 근원적 일치를 기획했던 자연철학자, 그것이 허준의 진면목이다.

_고미숙

작품으로 남은 이름, 셰익스피어

>> 희곡왕, 윌리엄 셰익스피어

세상에 그를 모르는 이는 거의 없지만, 그의 정체는 미스터리다. '추정상' 37편의 희곡과 154편의 소네트(소곡小曲)를 남겼지만 어떤 계기로 글을 쓰기 시작했는지, 우정과 연애, 사제지간은 어떠했는지 알 길이 없다. 후대에 길이길이 인용될 명문들을 남겨 놓았지만, 사료가 될 만한 개인적인 기록은 단 한쪽도 남아 있지 않다. 그 때문인지 그의 연구자들은 어느새 편집증, 망상증 환자로 돌변하기 십상이다. 그는 실은 철학자 프랜시스 베이컨이었어! 아냐, 그는 그저 평범한 상인이었어! 다 틀렸어, 여러 사람들이 머리를 맞대고 작품을 쓴 뒤 하나의 이름으로 발표했던 거야! 연구자들이 이 위대한 작가의 문학적 비전, 사생활, 콤플렉스 등등을 알 수만 있었다면 자기 영혼이라도 팔았으리라.

16세기 영국, 셰익스피어의 무대

영국 르네상스 시대의 대표적인 예술가. 연극을 위한 희곡을 쓰고, 배우로서 연극에 출연하고, 연극 전용극장의 경영을 맡았던 연극인. "To be, or not to be, that is the question"(사느냐, 죽느냐, 그것이 문제로다)이라는 말을 수많은 남자배우들로 하여금 읊조리게 한 작가. 그의 이름은 일단, 윌리엄 셰익스피어(William Shakespeare, 1564~1616)다. 정확한 출생일은 알 수 없지만, 세례를 받은 날은 1564년 4월 26일로 기록되어 있다. 1564년 영국 출생이라는 사실, 이것만으로도 소중한 정보다.

해외 식민지 개척, 엘리자베스 여왕과 메리 간의 정치적 갈등, 신교와 구교의 충돌, 상업의 발달 등으로 당시 영국은 눈이 어질할 정도로 변화해 갔다. 그 속에서 사람들은 자기 발밑이 시도 때도 없이 쿨렁거린다고 느꼈을 테다. 셰익스피어는 16세기 영국의 다층적이고도 역동적인 현실을 해면처럼 빨아들여 희곡으로 둔갑시켰다. 예컨대 『리어 왕』에서는, 중앙집권적 절대왕정의 은폐된 근간인 폭력성을 스스로 폭로해 버린 리어, 근대적 합리주의로 무장한 채 자본주의 시대를 예고하는 서자 에드먼드, 이 모든 것을 안다는 듯 시종 지껄여 대는 광대를 같은 평면에 둠으로써 당대의 정치적 상황과 민중 내의 분위기, 자본주의적 움직임 등등을 치밀하게 그려 보였다. 그의 작품을 일종의 '사회사'로 읽으려는 일각의 시도는 여기에 기인한다.

셰익스피어가 활동한 시대는 연극의 황금기였다. 오랜 내란이 종식되고 식민지 개척이 진행되면서 문화적 자부심이 넘쳐났고, 이에 따라 '영국적인 것'을 확립하려는 의지가 작동했는데, 이런 분위기를 타고 연극은 전성기를 구가하고 있었다. 극장은 치외법권 지대였으며, 또 다른 삶들이 펼쳐지는 세계였다. 독서와 거리가 먼 문맹의 서민들에게 무대 위 사랑과 배신만큼 즐거운 향유거리는 없었을 터, 16세기 런던의 노동자들이야말로 셰익스피어의 진정한 후원자라 불릴 만하다.

그래서일까. 왕위 찬탈을 다룰 때도 셰익스피어의 작품에는 민중의 호흡이 짙게 배어 있다. 그가 창조한 왕은 노동계급이 할 법한 상소리를 찍찍 내뱉고, 숙녀들은 저속한 농담을 거침없이 주고받는다. 가장 고상하고 전통적인 주제가 가장 비속하고 현대적인 언어와 공존하는 세계, 비극 속에 희극이, 희극 속에 비극이 교차·중첩되는 세계. 셰익스피어의 세계는 16세기 르네상스 그 자체였다.

우리는 햄릿이고, 샤일록이고, 로미오다

"Who's there?" 쩅 소리가 날 법한 춥고 까만 밤을 가르는 병사의 외침으로 『햄릿』은 시작된다. 거기 누구인가? 아직 이 작품의 결말을 모르는 1600년의 관객들은 침을 삼키며 무대를 응시했다. 곧 이어 유령이 된 선왕(先王)이 등장했다 사라지고, 부친의 죽음과 모친의 배반으로 침울해진 왕자 햄릿이 걸어 나온다.

죽느냐 사느냐, 그것이 문제로다. 햄릿은 시종일관 이런 식의 태도로 무대 위를 오간다. 선왕의 유령과 대면하고서도 그 존재를 의심하고, 현왕이 살인자가 확실한지 알기 전까지 복수를 미루고, 그를 죽이면 그가 죄를 씻고 천국에 갈까 봐 또 미루고, 모친에 대한 태도에 있어 갈팡질팡하고, 그러면서도 우유부단한 자신을 책망하느라 시간을 보낸다. 이쯤 되면 복수는 이미 잊히고 만다.

셰익스피어는 기실 서스펜스의 대가다. 그는 햄릿의 복수를 한정 없이 미루면서 작품 전체를 서서히 광기로 물들여 간다. 햄릿의 말은 알아들을 수 없는 언어로 조직되고, 행동은 이해할 수 없는 선택들로 채워진다. 이면의 진실을 봐 버린 이상 모든 게 의문투성이고, 햄릿은 그런 의문들에 시달리며 실제로 미쳐 가는 듯하다. 이렇게 하여 '햄릿'은 훗날 예술작품들의 영원한 주제가 되었다. 회의하고 번민하는 인간의 탄생. 햄릿은 끊임없이 되묻는다. 거기, 누구냐?

그러나 한편으로 셰익스피어의 연극은 지극히 통속적이고 생동감 넘쳤다. 기독교도들에게 개 취급을 받고 복수심에 불타오르는 샤일록을 보라. 달아난 딸보다도 사라진 다이아몬드 때문에 애통해하는 수전노의 면모라든지, 안토니오의 살 1파운드를 받아 내려다 실패하는 과정은 더할 나위 없이 생생하다. 하지만 이야기는 수전노가 벌을 받는 것에서 그치지 않는다. 셰익스피어는 샤일록을 무시하는 안토니오를 통해, 유대인을 향한 당시 기독교도들의 증오심을 함께 그려 냈다. 셰익스피어가 치밀하게 깔아 놓은 이런 장치들 덕에 『베니스의 상인』은 박해받는 유대인 샤일록 세계의 비극이자, 선악이 분명치 않은 이 세계에 대한 증언이 되었다.

가엾은 악인 샤일록, 맴도는 인간 햄릿, 눈먼 사랑 로미오와 줄리엣. 그가 만든 인물들은 16세기 영국의 생생한 인간들인 동시에, 모든 세기를 가로질러 재해석되고 새롭게 변주되는 '보편형'으로 남아 있다. 셰익스피어가 아니었다면, 우리는 우리 안에 꿈틀거리는 햄릿을, 로미오와 줄리엣을, 리어와 샤일록을 만날 수 없었을 것이다.

셰익스피어, 세상 모든 문학의 이름

셰익스피어의 작품에는 순수 창작이 거의 없다는 게 정설이다. 『로미오와 줄리엣』의 가슴 아픈 이야기는 「로메우스와 줄리엣의 비극적인 이야기」라는 시에서, 이성의 붕괴로 지옥을 맛보는 『맥베스』의 이야기는 「맥베스의 전기」에서, 눈먼 왕 리어의 비극적 말로를 그린 『리어 왕』은 「리어 왕과 그의 세 딸들의 실록」에서 가져왔다. 지금으로서는 납득하기 어렵지만, 창작물과 비창작물의 구분이 엄격하지 않았던 당시로서는 빈번한 일이었다.

우리가 주목해야 할 점은, 필요에 따라 자기 '검색엔진'을 사용해 파편을 모으고 그것을 제 것으로 흡수한 뒤 이를 '보편적 이야기'로 업그레이드시키는 셰익스피어의 능력이다. 인간과 시대에 대한 통찰력 없이 파편들을 직조하기란 불가능하다. 셰익스피어는 햄릿 식의 고뇌와 절망, 오셀로 식의 애욕과 질투, 맥베스 식의 야망과 불안을 꿰뚫는 직관력을 지녔다. 그리고 이 직관을 생생한 인물과 사건들로 풀어 냈다. 그가 어떻게 이런 직관력을 연마했는지, 글쓰기 테크닉을 누구에게서 사사(師事)했는지, 우리는 아무것도 알 수 없다. 그는, 비평가 존 드라이든(John Dryden)의 말처럼 "지식을 타고난" 천재였을 수도 있고, 어쩌면 레오나르도 다 빈치처럼 "신적인" 호기심과 관찰력을 지닌 초인(超人)이었을지도 모른다.

셰익스피어는 남의 이름으로 발표된 글도 죄책감 없이 가져오고, 필요하다면 스토리의 내적 논리도 무시했다. 그런가 하면 리듬을 통한 긴장감을 위해 말장난을 일삼고, 심지어 전에 없던 말들까지 만들어 내기 시작했다. 예컨대, 단어들 앞에 'un'이라는 접두사를 붙여 순식간에 발랄한 느낌의 단어들로 조립하는가 하면, countless나 lonely 같은 귀여운 조어들도 거침없이 만들어 냈다. 라틴어에 밀려 천대당하던 영어가 저만의 생기와 뉘앙스를 부여받게 된 건 순전히 셰익스피어 덕분이라 해도 과언이 아니다. 기록에 의하면, 셰익스피어는 2,305개의 영어 단어를 만들었다고 한다. 흡사 오늘날 네티즌들이 웹사이트를 오가며 빠르게 신조어를 탄생시키듯이, 그는 역사서와 민간 동화 사이를 기민하게 오가며 수많은 신조어를 탄생시켰다.

낯선 언어, 무수한 빛의 뉘앙스로 반짝이는 언어, 시시각각 변화하는 세계를 미세하게 포착하는 언어. 그가 보고 들은 모든 것이 작품 속의 인물로 되살아났고, 그가 수집하고 조립한 모든 언어가 그 인물들을 통해 발화되었다. 셰익스피어를 통해 언어는 그렇게 또 하나의 새로운 용법을 지니게 되었다.

세상에는 머리말 말고는 볼 게 없는 소설책과 시집을 내는 작가들도 많지만, 작품 이외에는 어떤 말도 남기지 않았으나 그 작품으로 모든 것을 말한 작가도 있다. 셰익스피어는 후자다. 셰익스피어, 이는 16세기 영국을 수놓는 모든 삶의 이름이고, 시공을 가로질러 여기에 와 닿은 모든 눈물과 웃음의 이름이다. 과거의 문학, 현재의 문학, 미래의 문학, 그 모든 문학들의 이름이다.

_수경

문인의 뜻 화폭에 품고 그림의 道 넓히다

>> 조선 '훈남 아티스트', 김홍도

김홍도, 그림으로 길(道)을 넓히다

서책더미와 서화 두루마리, 지필연묵, 파초잎사귀, 칼, 호리병, 생황 등이 여기저기 툭툭 흩어진 방안. 그 가운데 사방관을 쓴 맨발의 선비가 당비파를 연주하고 있다. 일체의 배경이 생략된 때문인지 사물들은 비파 소리와 함께 공간을 부유하는 듯하고, 선비의 표정은 흡사 다른 시공간을 사는 듯, 꿈을 꾸는 듯, 아련하다. "종이로 만든 창과 흙벽으로 된 집에 살며 종신토록 벼슬하지 않고 그 안에서 시나 읊조리며 살려 하네"라는 화제(畫題)는 주인공이 지향하는 삶의 태도일 터. 일명, 포의풍류(布衣風流). 김홍도(金弘道, 1745~1806?)의 자화상이 있다면, 아마도 이 그림일 것이다.

> 아름다운 풍채와 태도에 마음이 활달하고 구애됨이 없어 사람들이 신선 같은 사람이라고 지목하였다.(조희룡趙熙龍)
> 군의 초상을 대하고 보니 옥이 비치는 듯 난이 향기로운 듯 소문에 듣던 것보다 훌륭하며 바로 온화하고 고상한 군자의 모습이다.(이용휴李用休)

그 생김생김이 빼어나게 맑으며 훤칠하니 키가 커서 과연 속세 가운데의 사람이 아니다.(홍신유洪信裕)

김홍도에 대한 대체적인 평가다. 추측건대, 용모가 꽤 준수하고 풍기는 인상이 매우 단아하고 우아했던 모양이다. 게다가 비파와 퉁소를 연주하는 솜씨까지 일품이었다고 하니, 조선 후기 최고의 '훈남 아티스트'를 꼽으라면 단연코 김홍도다.

김홍도라는 천리마, 정조라는 백락

김홍도는 화원(畵員)이다. 여기에는 여러 가지 의미가 함축되어 있다. 조선시대에는 국가에서 도화서(圖畵署)를 설치하고 정기적으로 화원을 뽑아 국가와 왕실의 도화작업을 담당하도록 했다. 그러니까 당시 화원은 국가 소속 공무원, 그것도 천시되던 손기술을 쓰는 하급공무원이었다. 게다가 그들의 업무량 또한 만만치 않았다. 각종 의궤도와 행렬도 같은 국가행사기록은 말할 것도 없고, 수시로 중국의 화보와 오래된 그림들을 모사하는가 하면, 종종 사대부들의 계모임이나 연회에도 불려 다녔으니, 자신만의 자유로운 '예술'을 한다는 건 언감생심. 직업의 성격이 이렇다 보니, 화원은 화원 가문에서 대를 이어 배출되는 것이 일반적이었다. 그런데 김홍도는 화원 집안 출신도 아니었고, 다른 화원들과 달리 자신만의 독자적인 스타일을 이뤄낸 것이다. 그의 재능이 천부적이었다고는 하나, 재능만으로 될 일은 아니다.

김홍도는 김해 김씨 가문 출신으로, 그의 집안은 하급 무반벼슬을 지낸 중인계급이었고, 그나마도 조부대부터는 벼슬한 기록이 없다. 그런 그가 어떤 경유로 화원이 되었는지는 불분명하다. 다만, "김홍도 군이 어린아이로 내 문하에 다닐 적에…… 이따금 그의 솜씨를 칭찬하기도 하고 더러는 그림 그리는 방법을 일러 주기도 하였다"는 강세황(姜世晃, 1713~1791)의 기록으로 보아 그 주변에서 그림을 배우지 않았을까 추측할 뿐이다. 21세(1765)에 화원으로서 중요한 화사를 맡았다는 기록이 있고, 29세에는 영조와 정조의 초상을 그리는 어용화사 작업에 참여하는 등 이미 20대에 그의 명성은 자자했다.

그러나 김홍도를 논할 때는 누구보다도 그, 정조를 빼놓을 수 없다. '문화통치' 혹은 '철인(哲人)통치'를 꿈꿨던 이 깐깐한 주자주의자는 김홍도에 대한 애정을 숨기지 않았다. 정조 원년(1777)부터는 일반적인 화역(畵役)에 김홍도의 이름이 없고, 1783년에 왕실에서 유능한 화원들을 수시로 데려다 쓰기 위해 따로 시험을 치러 뽑는 차비대령화원제(差備待令畵員制)를 실시했을 때도 김홍도는 제외되었다. 김홍도를 일반 공무에서 제외시킬 정도로 정조가 특별대우했다는 얘기다. 정조는 김홍도가 그림을 그려 올릴 때마다 흡족해했다고 하고, 김홍도는 임금의 부름에 대비하여 거의 대궐 안에서 살다시피했다는 기록도 있다. "바깥사람 중에는 사실 아는 사람이 드물지만 임금께서는 미천하고 비루하다고 버려 두지 않으셨으니, 김홍도는 밤마다 감격하여 눈물을 흘리면서 어떻게 보답해야 할지 몰라했다."(강세황)

정조의 폭풍 같은 배려가 아니었다면, 화원 김홍도가 아티스트 김홍도가 될 수 있었을까. 알 수 없는 일이다. 천재도 때(時)가 만들어 내는 법이니. 여하튼, 김홍도는 정조의 배려 덕분에 자신의 재능을 십분 발휘할 수 있었고, 덕분에 우리는 김홍도의 눈을 통해 18세기 조선의 산천과 사람들을 만날 수 있게 되었다.

문인의 뜻을 품은 단원

정조라는 백락을 얻었으니, 김홍도는 운이 좋은 편이다. 하지만 좋은 운도 운용할 줄 모르는 자들이 허다하지 않은가. 김홍도는 자신의 운을 타고, 마음을 다해 화가의 길을 걸었다. '문인화'만을 최고로 치며 화원을 천시하는 문인들의 오만함이 내심 역겨웠을 법도 한데, 김홍도는 개의치 않고 자신의 그림에 문인의 뜻을 담았다. 그가 마흔 살 이전에 주로 사용하던 자 '사능'(士能)은 "일정한 재산(恒産)이 없으면서도 한결같은 마음(恒心)을 갖는 것은 선비만이 가능하다"라는 『맹자』의 한 구절에서 따온 것이다.

그러나 뭐니뭐니 해도 우리에게 가장 익숙한 호는 '단원'(檀園)이다. 사십대에 그는 두 차례에 걸쳐 안기찰방과 연풍현감을 역임한다. 화원으로서는 파격적인 인사였다. 관리로서의 능력을 뚜렷이 검증할 길은 없다. 다만, 연풍현감 당시에는 중매를 일삼고 아랫관리들에게 노비와 가축을 상납케 한다는 내용의 상소 때문에 압송될 뻔 했다가, 정조의 특별사면으로 도화서로 복귀했다고 한다. 그의 나이 51세였다.

사십대의 벼슬 경험을 거치면서 김홍도는 '단원'이라는 자호를 사용하기 시작한다. '박달나무 정원'이라는 뜻의 '단원'은 명나라의 문인화가 이유방(李流芳)의 호를 본뜬 것이다. 이와 관련한 정황은 강세황의 「단원기」에 자세히 기록되어 있다. 이유방은 문사로서 고상하고 밝았으며 그림이 전아했다고 한다. 하여 김홍도가 그의 사람됨을 흠모하여 자호를 단원이라 하고 자신에게 기문(記文)을 부탁했다는 것. "그의 솜씨가 옛사람을 따라 잡을 수 있는 것은 말할 것도 없거니와 그 풍채도 훤칠하여…… 이유방 같은 사람에게 비할 수 있을 것이다. 그런데 이미 고원하여 그만 못할 것이 없다." 기품이나 실력에서 자네가 이유방만 못할 게 뭔가, 화원이라고 기죽을 것 없네, 라는 격려의 말. 김홍도에 대한 진한 애정과 배려가 느껴진다.

문인의 뜻을 품은 화원 김홍도. 많은 문인들이 그의 재능을 아끼고 그의 기품을 흠모했지만, 그만큼 또 많은 문인들은 그의 재주를 '속되다'고 평가했다. 1800년, 김홍도의 든든한 백그라운드였던 정조가 세상을 떠나자 많은 정조의 남자들처럼 김홍도 역시 휘청, 했다. 예순의 나이에 차비대령화원(差備待令畫員)으로 차정되어 젊은 화원들과 함께 시험을 치르던 김홍도의 소회가 어떠했을지.

그러나 김홍도는 자신의 필치를 잃지 않았다. 여느 '전설 속 화가'들처럼 세상을 원망하거나 술에 취해 울부짖지도 않았다. 여전히 단아하고 우아하게, 자신의 스타일을 다듬었다. 말년작 「추성부도」(秋聲賦圖, 1805)에는 구양수의 「추성부」가 전하는 정취와 함께 가을날의 스산함이 짙게 배어 나온다. 그런가 하면 은퇴한 사대부들이 개성 송악산 만월대에서 계모임을 하고 있는 장면을 그린 「기로세련계도」(耆老世聯契圖, 1804)에는 김홍도 특유의 서사 가득한 풍속이 유머러스하게 펼쳐져 있다. 이용휴의 말처럼, 김홍도는 스스로의 긍지를 버리지 않았고, 누가 뭐라든 그림을 가볍게 여기지 않았다. 원하는 자에게는 흔쾌히 마음을 담아 그림을 그려 주

었지만, "자신의 마음과 손재주로
써 교제의 예물이나 기방의 장식
품 따위를 제공하기를 원하지 않
았다."(이용휴, 「대우암기」對右菴記)
힘이 닿는 한 그렇게 그림을 그리
다가, 1805년에서 1806년 사이의
어느 날엔가 세상을 떠났다.

홍도(弘道), 그림의 도를 넓히다

김홍도 하면 대개 풍속화를 떠올
리고, 많은 이들이 김홍도를 '풍속
전문화가' 정도로 취급한다. 하지
만 이건 다분히 현대적 관점에서
18세기 문화사를 재구성한 결과
다. 어떻게든 그 시기에서 민족적
자각의식을, 민중적 현실주의를
찾아내고자 했던 근대주의의 산
물이다. 물론, 김홍도의 풍속화는
독보적이다. 하지만 그의 독보성
은 그가 민중의 현실을 그렸다는

김홍도의 「기로세련계도」. 허연 수염을 달고 잔칫상
을 받는 노인들, 술이 거나하여 몸을 가누지 못하는
노인, '기로'의 급에 끼지 못해 밖에서 구경하는 이
들에서부터 구걸하는 거지들까지, 환갑의 김홍도는
150명이 넘는 인물을 이 그림에 세세하게 담아 냈다

사실 자체가 아니라, 그의 그림이 갖는 다층적 유머와 파격적 구성, 펄떡
거리는 현장감, 지나쳐 버릴 수 있는 디테일에 현미경을 들이대는 그의 경

이로운 시선에 있다. 이는 18세기에 연암 박지원, 이덕무, 박제가, 이옥 등이 보여 준 새로운 글쓰기와도 공명한다. 역사의 딱딱한 지층으로부터 새로운 균열이 생기고 있었고, 김홍도는 그 힘을 유일무이한 스타일로 형상화한 것이다.

한 화가가 인물, 산수, 선불(仙佛), 화조 등 전 장르에 두루 뛰어나기란 쉽지 않다. 김홍도에게 이 세계에 존재하는 모든 것은 그릴 만한 가치가 있었고, 그는 마음을 담아 그 가치를 표현해 냈다. 홍도(弘道). 그렇다. 사람이 도를 넓히는 것이지 도가 사람을 넓히는 것이 아니다(人能弘道 非道弘人). 그가 낸 길은 무엇이었을까. 분명한 건, 그로 인해 우리가 만나는 세상의 길이 널찍해지고 풍요로워졌다는 사실이다. 예술의 '道'는, 그것으로도 충분하지 않은가.

_채운

神이라 불린 사나이

>> '천재 화가', 레오나르도 다 빈치

대자연의 수레바퀴가 굴러가면서 가장 위대한 재능의 비가 천상의 작용을 거쳐 사람들의 몸을 적시기도 하는데 가끔 단 한 사람만이 초자연적인 이유에서 이러한 아름다움, 우아함, 능력으로 흠뻑 젖기도 한다. 그 사람의 일거수일투족은 너무나도 신비하여, 모든 사람들이 그를 뒤따르면서 그 사람이야말로 인간세계에 태어난 존재가 아니라 바로 신이 점지한 천재, 혹은 그 자신이 바로 신이란 것을 재삼 확인하게 하는 것이다. (조르조 바사리, 『르네상스 미술의 명장들』)

조르조 바사리(Giorgio Vasari)는 자신보다 한 세대 앞서 태어난 레오나르도 다 빈치(Leonardo da Vinci, 1452~1519)를 "놀랍도록 신적인 사람"으로 묘사한다. 레오나르도는 고상한 교양인 행세를 하면서도 이름 없는 풀을 스케치하려고 풀밭에 엎드리고, 30구가 넘는 시체를 해부했는가 하면, 낯선 풍경과 기괴한 얼굴을 찾아 시장을 누볐다. 거의 모든 것에 대한 호기심이야말로 인간의 한계를 넘어 신에 도전하는 '천재'의 면모였다.

피렌체의 공방, 천재를 품다

이탈리아 피렌체 근처의 조용한 시골 마을 빈치(Vinci)에서 태어난 레오나르도는 17살에 아버지를 따라 피렌체로 이사한다. 15세기의 피렌체는 흑사병이 창궐했던 불결하고 역겨운 과거의 이미지를 탈피하고, 길을 닦고 성당을 지으며 우아한 문명의 도시로 거듭나고 있었다. 상업과 금융으로 성장한 부르주아 계급은 독자적인 윤리를 만들어 가며 변화를 주도했다. 그곳은 그야말로 낡은 세계가 부서지고 인간의 손에 의해 새로운 세계가 창조되는 신천지였다.

레오나르도의 아버지는 능력 있는 공증인으로서 피렌체의 변화를 민감하게 주시했다. 그러나 레오나르도는 아버지의 직업을 물려받지 못한다. 사생아였기 때문이다. 사생아라는 사실은 당시로서는 별로 부끄러운 것이 아니었으나 새로 성장한 계급은 부정한 이미지를 가진 사람이 자신의 집단에 들어오는 것을 철저히 금했다. 하지만 다행히도 레오나르도에겐 남다른 재주가 있었다. 아들의 재능을 간파한 부친은 그를 당시 최고의 장인이었던 베로키오(Andrea del Verrocchio)의 공방에 보낸다. 베로키오는 청동 주물과 회화, 건축에서 인정받는 장인이자 '기술 개혁가'였다. 그의 공방은 최신 공법의 실험실이었으며, 정치 토론의 장이었고, 고대 철학을 비롯하여 음악과 문학을 즐기는 문화의 메카였다.

이런 지적 활기는 소년 레오나르도를 자극했다. 그는 이곳에서, 새로운 시대의 장인은 스스로 경험하고 탐구하여 새로운 것을 창안해야 한다는 르네상스의 시대정신을 배웠다. 배움과 창조의 매력은 그를 사로잡았고, 더 많은 것을 알수록 앎에 대한 그의 열정은 더해 갔다.

새로운 창작 의욕으로 가득 찬 재주 많은 젊은이 레오나르도. 하지만 스승에게서 독립한 이후 그는 이렇다 할 성공을 거두지 못한다. 전쟁에 시달리던 피렌체의 재정은 파탄나기 시작했고, 교황과의 갈등도 심해져 성당을 신축할 수도 없었으며, 흑사병의 창궐로 아름다운 도시는 혼돈의 장으로 변했다.

보티첼리, 페루지노, 피에로 디 코시모 등은 교황의 부름을 받아 신축 성당의 벽화 작업을 위해 로마로 떠나갔다. 하지만 레오나르도는 명단에 없었고, 몇몇 작업을 의뢰 받았으나 작품을 완성하지도 못했다. 피렌체에서 그는 아직 "재주가 많으나 일을 마무리 짓지 못하는 사람"일 뿐이었다.

장인에서 창조자로

레오나르도는 새로운 길을 찾아 밀라노로 향한다. 밀라노에서 세력을 잡은 루도비코 일 모로(Ludovico il Moro)가 부친의 청동기마상을 제작하고 싶어 한다는 정보를 알아낸 것. 레오나르도는 일 모로에게 보낸 '구직 편지'에서 "쉽게 운반할 수 있도록 만들어진 아주 가볍고 튼튼한 다리", "성을 무너뜨리는 기계", "공포를 자아 내는 여러 종류의 포" 등 온갖 전쟁 기술을 안다고 자랑을 늘어놓는다. 그리고 이렇게 덧붙인다. "저는 대리석이나 청동 또는 진흙으로 조각을 할 수 있을 뿐 아니라 그림도 그릴 줄 압니다."

레오나르도의 예상은 적중했다. 밀라노는 프랑스와 이탈리아 반도 사이에 위치한 군사와 상업의 요충지로, 격렬한 쟁탈전과 복구 작업이 번갈아 일어나고 있었다. 젊은 지배자 일 모로는 군사력을 기르는 한편 밀라노를 피렌체와 같은 문화 도시로 재정비하고자 했다. 레오나르도는 각종 분야를 넘나드는 박학한 지식과 놀라운 언변, 우아한 태도로 일 모로를 사로잡았다.

일 모로의 후원하에 그는 자동으로 연주되는 악기를 만들고 화려한 축제를 기획하는 한편, 햇빛이 잘 들고 굴뚝의 연기는 잘 빠져나가는 쾌적한 가옥을 설계했으며, 밀라노 외곽의 강물을 도심으로 연결하여 물레방아를 돌리고, 화초를 키우고 자동으로 거리를 세척하는 설비를 고안한다. 신이 창조한 자연이 고유한 법칙대로 작동하듯이, 그 역시 자신의 '창조'에 따라 작동하는 도시를 꿈꾸었던 것. 밀라노에서 레오나르도는, 말 그대로 신에 필적하는 창조자로서 명성을 얻었다.

700쪽에 이르는 레오나르도의 노트북은 온갖 그림과 암호 같은 문자들로 가득했고, 사람들은 그것을 다빈치 코드, 즉 신비한 '비밀'로 생각했다. 하지만 그것은 비밀이나 암호보다는 거의 모든 것을 망라한 백과사전의 초고와 같다. 회화에 필요한 원근법, 빛과 그림자의 원리, 색채론은 물론, 비행원리, 인체와 동식물에 관한 생물학적 연구, 예술가의 윤리적 지침과 죽음에 관한 철학적 사색까지, 그의 노트북은 눈에 보이는 현상을 더듬는 화가의 잡담이 아니라 자연에 숨겨진 신의 창조 법칙을 알아내고자 하는 탐험가의 일지에 가깝다.

레오나르도의 왕성한 탐구욕은 회화에서도 드러났다. 그는 기존의 관습적 도상을 깨고 전에 없던 화면을 구성한다. 예를 들어 「암굴의 성모」에서는 옥좌에 앉은 성모가 아니라 어두운 동굴 안에서 사랑스러운 아들 예수가 가야 할 길을 안타까워하는 성모의 마음을, 「최후의 만찬」에서는 고상한 성인들의 만찬이 아니라 저녁식탁에서 갑자기 "너희들 중 나를 배반하는 사람이 있을 것이다"라는 예수의 발언이 몰고 온 충격을 포착했다.

일 모로가 실각한 뒤에도 레오나르도는 이탈리아의 여러 도시를 떠돌면서 자신의 연구를 멈추지 않았다. 그 결과를 우리는 「모나리자」에서 확인할 수 있다. 「모나리자」에는 윤곽을 명확하게 그리지 않고, 멀어질수록 대상을 뿌옇게 처리하는 스푸마토(sfumato) 기법이 사용되었다.

세밀하게 표현된 풍경은 안개가 쌓인 듯 흐려지면서 사실감을 더했고, 살짝 흐릿하게 표현된 그녀의 입술은 보는 이의 마음에 따라 미묘하게 다른 표정을 지었다. 레오나르도가 그린 것은 입술이 아니라 미소였고, 얼굴이 아니라 내면이었다. 대상을 재현하는 단순한 손 기술자를 넘어서 인간의 영혼을 눈앞에 되살려 내는 창조자가 된 것이다.

> 시인은 이야기나 글로 형태를 정확히 묘사할 수 있지만, 화가는 얼굴 표정을 드러내는 빛과 그림자를 이용해 인물들이 살아 있는 것처럼 보이게 그릴 수 있다. 그리고 바로 이것이 시인의 펜으로는 할 수 없지만, 화가의 붓을 통해서는 이룰 수 있는 일이다.(『레오나르도 다 빈치 노트북』)

위대한 탐구자의 위대한 겸허함

레오나르도의 완성작은 10점 남짓이다. 바사리에 따르면, 이는 그가 "그조차도 실현할 수 없는 높은 수준"을 상상했기 때문이다. 또 어떤 이들은 미완성 상태가 더 예술적이기 때문에 일부러 완성하지 않았다고도 한다.

가장 설득력 있는 것은, 레오나르도 스스로가 완성하는 일보다는 착상하는 일에 더 큰 기쁨을 느꼈다는 해석이다. 예술은 그에게 과학과 철학을 위한 하나의 도구였다. 꽃과 시체를 관찰하고 스케치하는 일은 생명의 원리를 파악하는 일이었으며, 대포를 고안하는 일은 물리법칙을 알아내기 위한 실험설계였다. 그리고 그 모두는 자연의 섭리를 숙고하는 과정이었다. 그림은 목적이 아니라 사유를 돕는 도구였기에 생각이 완성되면 붓도 멈추었던 것이다.

그러나 지칠 줄 모르는 탐구욕으로 자연을 탐사하던 레오나르도는 말년에 이렇게 고백한다. "자연은 경험이 절대로 보여 주지 못한 무한한 원인들로 가득 차 있다." 그러면서도 그는 수첩 한 구석에 이렇게 쓴다. "나는 계속하리라."

위대한 탐구자만이 만날 수 있는 인간 이성과 경험의 한계에 이른 뒤에, 그는 겸허한 태도로 경이로운 자연에 대한 연구를 계속한다. 지금까지 그래 왔던 것처럼, 눈을 크게 뜨고 생의 마지막까지 자연을 탐구한다. 그것이야말로 레오나르도 다 빈치를 "놀랍도록 신적인 사람"으로 만들어 준 위대함이었다.

_구윤숙

주자가 권위적이고 꽉 막힌 사람이라고?

>> 이기론 확립한 주자

"사람을 잡아먹는 가르침"(루쉰), "우주에 가득 찬 엄숙한 기운"(주자학을 접한 한 유학자), "한없이 지루한 학문"(육상산). 동아시아 700년을 좌지우지한 요지부동의 사상, 엄숙주의와 비장함으로 유학자들조차 손사래를 치던 학문, 타도되어야 할 전근대의 표상. 우리에게 각인된 주자(朱子, 1130~1200)의 이미지다. 그러나 그는 우리의 예상과 달리 높은 관직에 오른 적이 없다. 그는 여러 번 금주선언을 하지만 실패한 애주가였고 제자들을 그 누구보다도 아끼던 스승이었으며 자식들에 대한 끔찍한 사랑을 보여 준 평범한 가장이었다.

그의 삶은 배움을 향한 여정

주자는 1130년 남송(南宋)의 산골마을에서 태어나, 1200년 조용한 서재에서 죽음을 맞았다. 그의 삶은 배움을 향한 여정이었다. 스승들을 찾아다니기에 바빴던 10대와 20대, 친구들에게 배우며 자신의 한계에 직면해야 했던 30대와 40대, 거짓학문이라는 비난과 눈병으로 글을 볼 수 없게 되었음에도 나아가야 할 길을 더 명확하게 보게 된 50대와 60대. 주자에게 공부하는 순간만큼 즐거운 일은 없었다.

주자는 큰 질문을 품고 공부의 세계로 들어섰다. 5살이 되던 해, 주자는 아버지에게 묻는다. "하늘 위는 무엇일까요?" 우주의 끝을 알고 싶어 했던 소년 주자. 이후 이 질문은 그만의 독특한 우주관으로 변주된다. 주자는 우주의 끝을 알기 위해 일단 세상의 모든 것을 알아야겠다고 마음먹는다. 격물(格物)하고 치지(致知)해서 우주의 모든 이치를 꿰뚫으려는 공부가 시작된 것이다. 그러나 주자가 질문을 품고 세계를 향해 나아갈수록 세계는 더욱 커져 갔다. 주자는 죽기 3일 전까지도 책을 읽고 글을 고치며 제자들과 토론하기를 멈추지 않았다. 주자에게 우주는 끝이 없는 앎의 배움터였다.

주자는 불교와 도교, 역사와 병법 등을 가리지 않고 공부했다. 한번은 역사책을 읽다가 눈병이 나고 책에 밑줄을 너무 많이 그어서 글자가 보이지 않게 된 적도 있었다. 독서의 경계를 두지 말 것, 책을 꼼꼼하게 읽을 것, 자신의 질문을 향해 오늘 하루 진보할 것. 주자는 배움을 청하러 오는 이들에게 이렇게 절실하게 공부해야 한다고 조언했다. 주자는 이 길이 아니고서는 어떤 공부도 높이와 깊이를 가질 수 없다고 생각했다. 앎이 곧 삶이 되기 위해서는 숱한 반복과 연습이 필요하다.

흔히 주자의 학문을 집대성(集大成)이라고 부른다. 잡다한 것을 모아 크게 이루었다는 뜻이다. 하지만 오해하지 말아야 할 것은 집대성이 단순한 종합이 아니라는 사실이다. 그것은 이질적이고 서로 섞이기 힘든 것들을 자기 질문을 가지고 통과하려고 했던 노력의 소산이다. 주자는 유교적 전통에 도교의 우주론과 불교의 인식론을 받아들여 자신만의 독특한 철학으로 재구성한다. 그가 구한 답처럼 학문은 근본적으로 우주라는 무한한 배움터로 향하는 하나의 질문이어야 했다.

술과 사람을 사랑한 '인간' 주자

주자는 평생 가난하게 살았다. 50년 동안 관직에 있었지만 그는 늘 한직에 머물렀다. 공부 때문이기도 했지만 체질적으로 정치와 맞지 않는 그의 성품 탓이기도 했다. 말년의 주자는 황제의 측근이 되어 중앙정계로 나간다. 하지만 직언을 서슴지 않다 결국 45일 만에 쫓겨나고 말았다. 이런 상황 때문에 주자는 늘 생활고에 시달렸다. 주자는 친구의 죽음에 부조조차 할 수 없는 처지가 되어 버린 자신을 안타까워하기도 했다.

하지만 주자는 제자들을 위해서라면 뭐든 아끼지 않는 스승이었다. 한때 주자의 제자들은 2,000~3,000명에 달했다. 주자는 곤궁한 생활에도 이들이 공부하는 데 필요한 서재는 계속해서 늘려 갔다. 제자들이 많아질 때는 체계도 없고 어수선하기만 한 학당의 잔소리꾼이었다. 특히 공부하지 않고 밤새 딴짓을 하는 제자들에게는 단호했다. "가는 길이 다르니 이제 충고 따위는 하지 않겠습니다."

주자가 늘 호랑이선생이었던 것은 아니다. 술을 좋아했던 주자는 제자들과 술을 마실 때면 흥에 겨워 시를 읊고 취묵(醉墨)을 써 주곤 했다. 제자가 자신을 떠나 고향으로 돌아가야 할 때면 어린애처럼 매달렸다. "내일 꼭 떠나지 않으면 안 되겠습니까?" 떠나간 제자들에게도 주자는 수시로 편지를 썼다. "보고 싶습니다, 만나서 이야기를 나누고 싶습니다."

주자는 자식들 걱정에 안절부절못하는 아버지이기도 했다. 장남을 친구 여조겸에게 보내 놓고 마음이 놓이지 않았는지 주자는 자주 편지를 썼다. 공부에 뜻을 두지 않으면 엄하게 다스려 달라는 부탁과 함께 아들의 안부가 궁금하다고 적었다. 주자는 특히 손자들을 귀여워했는데 손자에게 애교가 잔뜩 섞인 편지를 쓰곤 했다. "이 할애비를 기억하고 있습니까? 벽에 걸린 사자그림을 좋아했으므로 지금 한 장 그려 보냅니다."

이런 이유로 주자 주변에는 늘 사람들로 가득했다. 손님들은 끊이지 않고 찾아왔다. 병이 심할 때는 제자들이 손님 만나는 것을 줄이라고 충고했지만 주자는 거절했다. "사람들은 모두 손님 만나기를 싫어하는데 대관절 무슨 마음일까? 나는 한 달이라도 만나지 않으면 한 달 큰 병을 앓을 것 같은데. 문을 닫고 손님을 만나지 않는 사람들은 어떻게 하루를 보내는 것일까?"

하지만 주자의 만년은 외롭고 쓸쓸했다. 주자학은 국가(남송)로부터 사이비 학문으로 낙인 찍혔고, 이에 따른 주자 탄핵 열풍이 그의 신변을 뿌리째 뒤흔들었다. 제자 채원정은 유배지에서 목숨을 잃었고 이른바 위학자(僞學者) 리스트는 주자의 주변인물 59인으로 채워졌다. 주자를 주살해야 한다는 탄핵문도 등장했다. 위협을 느낀 제자들은 하나둘씩 뿔뿔이 흩어졌다. 주자의 운명과 더불어 주자학이 사실상 와해된 것이었다.

주자의 학문과 국가학으로서의 주자학

주자학의 핵심은 이기론이다. 기(氣)는 세상의 모든 현상을, 리(理)는 그 현상이 일어나는 이치를 의미한다. 주자 이전까지 유학은 기본적으로 윤리론(실천론)이었다. 인간은 어떠한 삶을 살아가야 하는가. 주자는 이러한 유학의 범위를 우주까지 확대시킨다. 만물은 어떻게 살아가는 것인가. 주자는 리와 기에 의해 만물이 생성되고 살아간다고 생각했다. 우주를 떠다니는 기가 뭉쳐서 만물이 되고 만물은 자신이 가지고 있는 리를 다하며 살아가는 것. 이때 만물은 자신의 본모습에 가장 가까운 삶을 살아가게 된다는 것이다.

주자의 이기론은 전통적인 기일원적 사유에 대해 리의 우위를 주장한 새로운 차원의 존재론이자 인식론이었다. 이기론은 거대한 우주로부터 미물까지를 관통하는 사유의 틀이었지만, 다른 한편 그것은 자신이 품었던 평생의 질문에 스스로가 구한 답이기도 했다.

그러나 주자 사후 이기론은 다시 윤리론으로 축소되어 버린다. 이와 함께 주자에게서 중요하게 다루어지던 우주, 지리, 풍수, 귀신 등은 잡술이나 미신으로 여겨져 주자학에서 퇴출된다. 존재와 윤리를 일치시키고자 했던 주자의 기획은 아이러니하게도 '주자학'으로 신봉되면서 생생불식(生生不息)하는 우주의 리듬 대신 인간의 도덕만을 남겨 버렸던 것이다.

1313년, 주자의 학문은 원나라의 관학(官學), 즉 국가의 학문이 되었다. 하지만 주자의 학문은 국가학이 되면서 오히려 퇴색되어 간다. 따지고 보면 위학의 참변을 당한 것이나 사후 40년 만에 해금(解禁)된 것, 이후 동아시아 사상의 주류가 된 것 등도 모두 학문적이라기보다는 정치적인 이유 때문이었다. 원나라가 유학 지식인들을 포섭하기 위해 주자학을 관학으로 규정했을 때, 주자학을 사이비 학문이라 몰아세웠던 남송은 부랴부랴 주자학이 자신들의 학문이라고 주장하기 시작했다.

이 때문일까. 오늘날 우리에게 주자학은 국가학으로서의 권위적이고 위압적인 모습으로 남아 있다. 생동감 넘치는 철학이나 앎의 현장이 아니라 무겁고 피하고 싶은 과거의 낡은 유산. 하지만 주자가 원했던 것은 자신의 학문이 이 세상의 이치를 공부해 가는 사다리가 되는 것이었다.

학문에 임하는 주자의 마음과 도그마가 된 주자학은 구별되어야 한다. 주자는 평생을 통해 배움을 갈구하는 모든 학인들의 마음으로 삶을 개척했다. 앎에 대한 욕망과 무한한 열정, 그리고 삶에 대한 소박하면서도 진정어린 따뜻함은 오늘날의 우리에게도 여전히 유효한 화두가 아닌가. 앎을 향한 과정과 삶의 간격 없음, 삶의 끝없는 과정 위에서 배움을 실현하기! 주자는 말한다, 아니 그렇게 살았다.

_류시성

배움을 즐긴 '공부의 신', 주자를 넘어서다

>> 주자학자, 퇴계 이황

퇴계 이황(退溪 李滉, 1501~1570)은 생후 7개월 만에 아버지를 잃고 홀어머니 밑에서 자랐다. 그는 엄격한 숙부 밑에서 수학했으며 기묘사화(1519) 등을 경험하면서 사림의 처세에 긴장감을 놓을 수 없는 시대를 살았다. 경(敬)의 실천으로 요약되는 그의 일생은 이와 같은 내적·외적 이력의 결과였다. 하지만 퇴계는 이 모든 사실을 훌쩍 뛰어넘는, 보다 근본적인 차원의 존재감을 보여 주었다. 퇴계는 한 인간이 의지와 노력으로 성취할 수 있는 높고 깊은 인격의 다른 이름이었다.

얼핏 보면 퇴계의 삶은 건조하고 답답하다. 매우 진지하고 실수가 없을 것 같은 느낌도 든다. 공부만 해도 그렇다. 더우면 더워서, 추우면 추워서 공부를 못하겠다는 말을 입에 달고 사는 우리로서는, 퇴계의 공부 사랑이 결코 이해가 쉽지 않다. 하지만 퇴계에게 공부는 일상이었다. 그는 밥 먹듯이 공부했던 사람이 아니라 앉거나 서거나 걷는 것처럼 공부하는 사람이었다. 공부가 생활이고 놀이이자, 단순히 배움을 좋아하는 것을 넘어 그것을 즐길 수 있는 자. 퇴계는 실제로 그런 인물이었다.

퇴계가 정확히 언제부터 주자학에 몰두하게 되었는지는 확실치 않다. 하지만 주자를 만나면서 퇴계는 인생의 분명한 비전을 가질 수 있었다. 그는 자신이 가지고 있던 『주자전서』의 글자가 희미해질 정도로 주자를 읽었다. 그에게 책을 읽는다는 것은 "반드시 성현의 말과 행동을 마음에 본받아서, 조용히 찾고 가만히 익히는 것"이었다. 요컨대 공부는 삶으로 표현되어야 한다.

그가 보기엔 "바쁘게 말하여 넘기고 그저 예시로 외우기만 하는 것"은 가장 나쁜 독서다. 성현의 말씀과 내 생각이 다르다면 일단 나에게서 문제를 찾는다. 그럴 때 "성현의 말을 더욱 믿어서 딴 생각이 없도록 간절히 찾아야" 한다. 이 간절함이 퇴계 공부의 요체다. 간절했기에, 퇴계에게 책 속의 글자들은 일상으로 들어와 이리저리 출렁이며 되살아나야 했다. 퇴계는 책과의 치열한 싸움만큼, 일상의 유연함 속에서 배움을 일궜다. 그렇기에 그의 노력에 엄숙함이나 비장함을 떠올리는 건 사실상 오늘날의 우리가 공부에 대해 갖는 편견의 결과일 뿐이다. 퇴계는 천재라기보단 노력파였다. 천지가 배움으로 가득 차 있어 끝없이 질문하는 것에 머물고 싶었던 진솔함. 배움 앞에선 자신을 잊어버리면서까지 까마득히 몰입해 들어가고 또 무얼 배웠는지 따져 보지 않으면서도 어느 순간 배움을 이루어 내는 성실함. 퇴계는 배움을 '즐기는' 사람만이 보여 줄 수 있고 도달할 수 있는 한 경지를 인상 깊게 보여 준다.

책과 치열한 싸움·일상의 유연함으로 배움 실천

퇴계는 34세의 비교적 늦은 나이에 출사했다. 홀어머니를 생각하라는 주위의 충고가 없었다면 아예 벼슬할 생각조차 접었을지도 모른다. 하지만 애초 벼슬에 뜻이 없었던 까닭에, 그는 곧 자신의 선택을 후회했다. 사대부로서 출사하는 일 자체가 무용하다고 말할 수는 없었지만, 그곳은 자신이 있을 곳이 아니었다. 그는 좀더 자유롭고 유연하고 큰 공부를 원했다. 이후 공직에서 물러나기 위해 그가 벌인 노력은 처절하리만치 눈물겹다. 번번이 사표는 반려되었고, 사양할수록 더욱 높은 품계와 작위가 되돌아왔다. 한번 잘못 발을 내디딘 세계는 그렇게 늪처럼 퇴계를 붙잡았다.

완전한 물러남! 퇴로를 찾을 때까진 어떠한 틈도 보이지 말아야 했다. 명종의 눈물겨운 구애에도 불구하고, 퇴계는 마치 자동응답 기계처럼 사퇴의 이유들을 되풀이했다. 아픕니다, 능력이 부족합니다, 관례에 어긋납니다, 시기가 적절치 않습니다, 집안에 상이 있습니다. 또 아픕니다……. 줄기찬 줄다리기. 급기야 몸이 단 임금의 친필까지 등장했지만, 퇴계는 의지를 꺾지 않았다. "어리석음을 숨기면서 벼슬하는 것은 도둑질입니다!" 이쯤 되면 우리가 종종 보게 되는 인사청문회는 퇴계 인사 풍경의 네거티브 버전이라 할 만하다.

퇴계를 향한 구애는 명종에서 선조로 이어졌다. 68세의 퇴계는 5개월 간 7차례나 관직을 제수하는 선조의 공세에 대해 바른 군주의 몸가짐을 충고하는 여섯 조목(「무진육조소」戊辰六條疏)과 주자학의 핵심을 간추린 열 장의 그림(「성학십도」聖學十圖)을 올리며 버텼다. "제발 성학으로 정치의 근본을 삼고, 도덕과 학술로 인심을 밝히시길"(「무진육조소」), "길(道)은 형상이 없고, 하늘은 말이 없는 법!"(「성학십도」) 요컨대 답은 이미 자신에게 있으니, '부디 나를 찾지 말고, 스스로 답을 구하시라!'

퇴계에게 공부란 자신의 마음을 들여다보고 스스로의 길을 찾아 삶을 완성하는 것이었다. 그런데 정치란 어떤 것인가. 그것은 항상 다른 사람의 시선 앞에 나를 세울 것을 요구한다. 시선들을 계산하고 챙기느라 바쁜 곳, 그것이 관직의 세계다. 한마디로 나를 위한 공부(爲己之學)의 장이 아니라는 것! 이것이 퇴계가 140여 회나 계속되는 군주의 청을 거절한 이유였다.

1558년 겨울, 성균관 대사성이었던 퇴계는 이제 막 과거에 급제한 고봉 기대승(高峰 奇大升)의 방문을 받았다. 젊은 고봉은 퇴계의 학설을 비롯해 성리학에 대한 날카로운 질문들을 던졌다. 그리고 몇 달 후, 한 통의 편지가 도착한다. "논박을 듣고 나서 (나의 생각이) 더욱 잘못되었음을 알았습니다. 그래서 그것을 고쳐 보았습니다." 얼핏 보면 이 문장은 마치 선배에게 가르침을 받은 후배의 문장처럼 보인다. 하지만 이 편지를 쓴 것은 퇴계였다. 이에 대한 기대승의 답장. "그렇게 고친다면 비록 지난 번의 설보다는 나은 것 같지만, 제 의견으로는 그래도 불만스럽습니다."

유명한 기대승과 서신 논쟁

퇴계-고봉의 서신 논쟁이 시작되었다. 고봉은 주자의 글을 배경 삼아 따졌고, 퇴계는 주자의 마음을 가지고 응수했다. 논쟁의 핵심은 순수 도덕 감정인 사단(四端; 측은, 수오, 사양, 시비)과 비도덕 감정인 칠정(七情; 희로애락구오욕)을 어떻게 볼 것인가였다. 퇴계는 사단과 칠정을 각각 리(理)와 기(氣)에 속하는 것이라고 주장했다. 이렇게 되면 이에 해당하는 사단이 기와 상관없이 존재해야 했다. 하지만 주자의 기본 구도에 따르면 이치는 결코 기를 떠나 존재할 수 없었다. 8년에 걸친 논쟁의 결론은 파격적이었다. 퇴계는 결국 '이치도 (스스로) 움직인다'고 주장했던 것. 퇴계와 고봉의 논쟁은 표면상 '고봉의 승리'처럼 보인다. 퇴계가 주자(학)를 이탈해 버렸기 때문이다.

하지만 그렇지 않다. 퇴계에게 주자는 세계(우주)였다. 그에게 그 세계 밖은 상상의 외부였다. 그러했기에 퇴계는 자신이 상상할 수 있는 모든 언설들이 주자의 구도라는 사실을 믿어 의심치 않았다. 논쟁의 한복판에서, 기대승의 날카로운 비판에 직면한 퇴계가 두 차례나 자신의 논지를 수정할 수 있었던 것은 이 때문이었다. 고봉이 주자의 논리에 근거했다면, 퇴계에게 중요한 건 주자의 '뜻'에 서는 것이었다.

사람들은 종종 성인의 길을 묻는다. 주자는 그 길을 보여 주었다. 그러면 사람들은 다시 묻는다. 그런 길을 정말 우리가 갈 수 있느냐고. 불가능하다고, 너무 이상적이라고. 그런데 퇴계는 묻지도 따지지도 않고 그 길을 정말 걸어가고 있었다. 길을 바라보는 자가 아니라 길 위에 서서 걷는 자! 하지만 그 길은 이전의 길이 끝난 길이었고 새로운 길이 시작되는 자리였다. 그렇게 퇴계는 주자를 넘어서 버렸다. 주자의 삶을 살고자 한 자, 그래서 주자가 다다르지 못한 길마저 개척한 자. 그럼으로써 주자마저도 새롭게 만든 자. 퇴계는 주자학의 내부에서 주자를 넘어가 버린 전무후무한 주자학자였다.

_문성환

'수'(數)는 답을 알고 있다

>> 상수학 대가, 소강절

결혼 첫날밤, 소강절(邵康節; 소옹, 1011~1077)은 부인을 재워놓고 밤새 점을 치고 있었다. 그가 궁금했던 건 이 첫날밤 행사로 자식이 생겼을까 하는 것. 점을 쳐 보니 과연 아들이 들어섰다는 점괘가 나왔다. 내친김에 손자와 그 다음 후손들의 앞날까지 점을 쳤다. 그러던 중, 9대손에 이르러 불길한 점괘가 나왔다. 9대손이 역적 누명을 쓰고 죽을 운명이었던 것이다. 세월이 흘러 소강절은 임종을 앞두고 유품 하나를 남겼다. "이것을 9대손에게 물려주고 집안에 큰일이 생기면 풀어 보게 하라"는 유언과 함께.

9대손의 목숨을 구한 점괘

300년 후, 소강절의 9대손은 정말 역적 누명을 쓰고 멸문지화를 당할 처지에 놓였다. 그는 9대조 할아버지의 유품을 열어 볼 때가 되었음을 직감했고, 드디어 보자기를 풀었다. 그 안에는 "지체하지 말고 이 함을 형조상서에게 전하라"는 메시지가 있었다.

그는 그 길로 형조상서를 찾아 갔다. 형조상서는 300년 전 대학자인 소강절의 유품이 왔다는 소식을 듣고 황급히 나와 예를 다해 유품을 받았다. 그런데 그가 유품을 받기 위해 마당에 내려서자마자, 서까래가 내려앉으며 집이 무너지고 말았다. 순식간의 일이었다.

더 충격적인 것은 가져온 함 속에 있었던 소강절의 편지 내용이었다. 거기엔 "대들보에 깔려 죽었을 당신 목숨을 내가 구해 주었으니, 당신은 나의 9대손을 구해 주시오"라는 내용이 적혀 있었다. 상서는 그 길로 재수사를 명했고, 9대손의 무죄를 입증해 주었다.

9대손의 운명까지 예측할 정도로 그의 점복술은 그야말로 최고 경지였다. 소강절의 생애에 관해선 기록이 별로 남아 있지 않고, 대신 이 같은 신비한 얘기들이 많이 알려져 있다. 그런 기막힌 예지력 때문에 그는 신비한 점쟁이의 대명사처럼 취급되기도 한다. 그러나 소강절은 수리(數理)를 성리학적으로 완성한 상수학(象數學)의 대가이다. 그의 예지력은 영감이나 직감이 아닌 바로 '수(數)의 이치'에서 나온 것이었다.

숫자로 천지(天地)의 이치를 헤아리다

소강절은 북송 시대의 유학자이자 시인으로, 북송 5자(주렴계, 소강절, 장재, 정호, 정이) 중 한 사람이다. 그는 어려서부터 입신양명의 꿈을 키웠고, 밤낮을 가리지 않고 열심히 과거를 준비했다.

그러던 어느 날 문득, "옛사람들은 시간을 뛰어넘어 더 옛날의 사람과도 소통하였는데, 나는 지금 내 주위 사방(四方)에도 못 미치는구나" 하며, 집을 떠나 천하를 떠돌아 다녔다. 그리고 돌아와서는 "도(道)가 여기에 있다"고 말한 후, 다시 나가지 않았고 더 이상 과거공부도 하지 않았다. 진정한 소통은 입신양명 같은 외적 확대가 아니라 우주와 직접 연결되는 내면의 확장이라고 깨달은 것일까.

이 무렵 이지재(李之才)가 소강절이 학문을 즐긴다는 소문을 듣고 그를 방문했다. 이지재는 주렴계의 스승인 목수(穆修)의 제자로 고문에 정통한 학자이자 관리였다. 이지재는 소강절에게 물리(物理)와 성명(性命) 공부를 권했다. 뜻이 깊으면 그 방면에 반드시 스승이 나타난다고 했던가. 그런데 소강절의 경우는 한술 더 떠서 스승이 제 발로 찾아와 스승 되기를 청한 것이다. 이때부터 소강절은 『춘추』를 배우고 역학(易學)을 전수받았다. 이지재는 그의 잠재력과 학문적 그릇을 꿰뚫어 보았다. 훗날 소강절의 사상이 주자학(신유학)의 사상적 기틀이 된 것을 보면 이지재의 안목도 대단하다고 하겠다.

소강절은 이지재로부터 도교의 연단술에 운용되던 선천도(先天圖)를 전해 받았고, 그것을 재해석하여 '선천역학'(先天易學)이라는 역학의 새로운 해석체계를 세웠다. 이 이론의 핵심은 '가일배법'(加一倍法)이라는 단순한 원리에서 시작된다. 가일배법은 사물이 분화되는 법칙으로 하나(2^0)는 2^1, 2^2, $2^3 \cdots 2^n$으로 나누어진다. 이렇게 두 배씩 분화되는 것이 가장 자연스러운 만물생성의 이치라는 것이다.

이 중에서 소강절은 숫자 '4'에 주목했다. 그가 생각하기에 역사는 '4'라는 수의 변천과 순환일 따름이다. '춘·하·추·동'과 '역·서·시·춘추'로부터 시작된 하늘과 인간의 네 국면은 그 순서대로 생(生, 낳고), 장(長, 자라고), 수(收, 수렴하고), 장(藏, 저장한다)하는 사이클을 가지고 2배수씩 분할된다. 그렇게 분할되어 낳은 것 중에는 '인·의·예·지' 같은 윤리적인 이치도 있고, '문왕·무왕·주공·소공' 같은 역사적 인물도 포함된다.

이런 식으로 확장해 가면 우주만물과 그 시공간을 모두 헤아릴 수 있을 뿐만 아니라, 생장수장의 운명적 리듬을 통해 만물의 운명도 예측할 수 있게 된다. 예를 들어, 소강절의 대표 이론인 원회운세론의 '원(元)·회(會)·운(運)·세(世)'는 우주의 시간단위로서 이것은 '연·월·일·시'의 주기성과 통한다. 즉, 원(元=12회)은 우주의 1년이고 지구의 시간으로는 12만 9,600년에 해당하고, 회(會=30운)는 우주의 한 달이며 지구시간으로는 1만 800년에 해당한다. 그리고 운(運=12세)은 우주의 하루로서 지구시간으로 360년이고, 세(世)는 우주의 한 시간, 지구시간으로는 30년이다. 이로써 인류를 포함한 만물의 역사는 '원회운세' 안에서 피할 수 없는 준칙을 갖게 되었고, 천지(天地)와 인간은 같은 패턴의 시간성 안에서 물리와 생리를 연결할 수 있게 되었다. 이렇게 원회운세와 더불어 「관물내편」(觀物內篇)과 「관물외편」(觀物外篇) 그리고 「성음율려」(聲音律呂)를 더해 대작 『황극경세서』(皇極經世書)가 완성되었다.

그런 의미에서 그의 예지력은 '초월적 능력'이라기보다, '숫자'와 숫자에 연결된 이치를 통해 합리적이고 객관적으로 사물을 관찰한 결과인 것이다. 그런데 사물의 관찰, 즉 관물(觀物)이 객관적이기 위해서는 편견의 주체인 '나'의 판단을 소거해야 한다. 그래서 소강절은 '나로써 사물을 보'(以我觀物)지 않고, '사물로써 사물을 보기'(以物觀物)를 강조한다.

결국, 소강절에게 관물은 주체를 만물 속에 깃들게 하는 동시에 만물이 스스로의 이치를 말하게 하는 것이다. 이렇게 되면 '나'는 우주만물이 되고, 내 마음의 움직임은 곧 천지자연의 변화와 다르지 않다. 이를 일컬어 '심법'(心法)이라 말한다. 그러므로 수의 이치를 꿰고 마음의 변화를 읽으면 만사를 알 수 있다. 이것이 그의 예지력의 원천인 셈이다.

> 몸은 천지 뒤에 태어났지만 마음은 천지가 생기기 전부터 있었네. 천지도 나로부터 나오는데 다른 것은 말해 무엇하리!(『이천격양집』(伊川擊壤集)

천명을 깨달은 자의 자유

그러나 그는 이 앎의 위험성을 경계했다. 만일 "수를 써서 지름길로 가려는 것은 하늘의 이치를 왜곡"하는 것이고 그렇게 "억지로 취해서 반드시 얻어 내려 하면 화와 근심이 따르게 된다"는 것이다. 왜냐하면, 사욕에 머물러 "요행을 바라는 것은 천명을 거스르는 일"이기 때문이다. 그래서 "학문을 하고 마음을 수양하는 일을 올바르게 해"야 한다고 강조한다. 그 올바름이 바로 도가가 유가의 수양과 만나는 길을 열었으며, 신유학의 기틀로 작용하였다. 이것이 성리학의 토대를 다진 북송 5자 중에 소강절이 들어가게 된 연유다.

그는 인생의 후반기를 뤄양(洛陽)에서 살면서 당대를 주름잡던 사상가인 사마광, 장재, 정명도, 정이천과 가깝게 지냈다. 그러나 그들과 달리 그는 관직에 나가지 않았다. 그래서 평생 가난하게 살았지만 그의 몸과 사유는 그만큼 자유로웠다. 스스로 '유가'(儒家)임을 선언했지만 다른 북송의 현인들과 달리 불교나 도교에 적대적이지 않았다. 오히려 그는 도교의 이론을 잘 활용했고, 또한 그의 시 중에는 「불가의 가르침을 배우며」라는 시가 있을 정도로 유·불·도 사이를 자유롭게 노닐었다.

무엇보다 "학문이 즐거움에 이르지 않으면 학문이라고 말할 수 없다"는 그의 말이나, 정명도가 쓴 그의 묘비명, 즉 '그는 편안했을뿐더러 이루기도 했다'는 구절에서도 짐작할 수 있듯이 천명을 안다는 것은 인생역전을 위한 도구가 아니었고, 앎 그 자체가 삶이자 자유였다. 때문에 그의 길은 늘 사방으로 열려 있었다.

눈앞의 길은 모름지기 널따랗게 만들어야 하느니, 길이 좁으면 자연 몸을 둘 곳이 없네. 하물며 사람들을 다니게 하는 데 있어서는 어떻겠는가!(황종희, 『송원학안』宋元學案)

_안도균

삶의 목적은 단지 삶이다

>> 청년 불복종자, 헨리 데이비드 소로

법정 스님이 가장 사랑했다는 책, 『월든』(Walden)! 우리는 흔히 그 책을 나이 지긋한 은자의 기록으로 생각한다. 그러다 막상 책을 펼치면 도처에서 마주치는 신랄한 풍자와 전투적 문체 때문에 깜짝 놀란다. 그러나 이상할 건 없다. 우리가 '월든'에서 만나는 주인공은 높은 이상과 패기만만한 열정 이외는 아무것도 없었던 불과 스물여덟의 젊은 청년이기 때문이다. 고작 2년 동안의 숲 생활로 『월든』을 쓰고, 단 하루의 감옥 경험으로 『시민불복종』을 썼던 자. 그러나 단 두 권의 이 책들로 전 세계에 지울 수 없는 영향을 끼친 사람. 바로 헨리 데이비드 소로(Henry David Thoreau, 1817~1862)!

스물여덟 살 청년의 독립선언

19세기 초 미국, 하느님의 영광은 자본주의의 영광이 되었다. 고작 인구 2,000명 정도의 작은 마을에서조차 사람들은 "호수에서 헤엄을 치거나 그 물을 마시는 대신 호수의 물을 수도관으로 마을까지 끌어와 설거지를 할 생각"이나 하고, 철도는 "귀가 찢어질 듯 비명을 마을 구석구석까지 울리고" 있었다. 또한 사람들은 각종 '비즈니스'를 통해 돈 벌기에 열을 올리고 있었다. 그러나 인디언의 땅 콩코드에서 나고 자란 소로. 어디에서나 인디언의 기억과 전통이 배어 있는 부싯돌과 화살촉을 발견할 수 있던 평원에서 여섯 살부터 암소를 몰고 맨발로 쏘다닌 소로가 보기에 이 모든 것은 어리석거나 부질없는 일이었다.

왜 야생딸기를 직접 따 먹는 대신에 사람들은 딸기를 사기 위한 돈을 벌기 위해 아침부터 밤까지 동분서주해야 한다는 말인가. 부자가 되기 위한 가장 확실한 방법은 아무것도 원하지 않는 것 아닐까. 그런 산발적 질문을 체계적 사유로, 나아가 글쓰기로 인도한 것은 소위 '초월주의운동'을 통해 미국의 문예부흥을 이끈 19세기의 대표적인 지성, 랄프 에머슨(Ralph W. Emerson, 1803~1882)이었다.

물론 누구에게나 직업이 필요하다. 소로 스스로도 먹고 사는 문제를 해결하기 위한 '직업'으로 자기 자신을 학교교사, 가정교사, 측량기사, 정원사, 농부, 페인트공, 목수, 석공, 날품팔이 일꾼, 연필 제조업자, 사포 제조업자, 작가 또는 삼류시인이라고 말한 바 있다. 그러나 소로가 진정으로 원하는 것은 "나 자신을 가장 나은 상태로 유지하는 것"이었다. 그러기 위해서는 야생자연에 대한 탐구를 유일한 '비즈니스'로, 산책을 유일한 '직업'으로 삼아야 한다. 그렇게 살자!

1845년 7월 4일, 미국독립기념일. 모든 사람들이 축포와 성조기로 '미국이여 영원하라'를 외치며 찬양하던 그날, 소로는 신이나 돈 혹은 국가가 아니라 완전한 내면의 목소리를 듣고 따르기 위해 숲으로 간다. 스물여덟의 독립선언! 그리고 '가장 단순한 삶'에 대한 위대한 실험이 시작된다.

삶의 목적은 삶, 그 자체이다

내가 숲으로 들어간 이유는 깨어 있는 삶을 살기 위해서였다. 나는 삶이 아닌 삶을 살고 싶지 않았다. 삶은 정말로 소중하다. 그리고 가능한 한 체념하지 않는 삶을 살고 싶었다. 나는 깊이 있는 삶을 통해 삶의 정수를 모두 빨아들이고, 굵직한 낫질로 삶이 아닌 모든 것들을 짧게 베어 버리고 삶을 극한으로 몰아세워, 최소한의 조건만 갖춘 강인한 스파르타식 삶을 살고 싶었다.(『월든』)

그가 월든 숲에서 가장 먼저 한 일은 자신의 거처인 오두막을 손수 짓는 일이었다. 대부분은 혼자, 가끔씩은 친구의 도움을 받아 다락방과 벽장이 갖춰져 있는 오두막을 완성했다. 오두막을 짓는 데 쓴 비용은 단돈 28달러. 그리고 침대 하나, 식탁 하나, 책상 하나, 의자 셋, 거울 하나, 냄비 하나, 프라이팬 하나, 국자 하나, 세숫대야 하나, 나이프와 포크 두 벌, 접시 세 개, 컵 하나, 스푼 하나, 기름단지 하나, 당밀단지 하나와 램프가 그의 전 살림목록이었다.

그의 눈에 사람들이 필수품이라 생각하는 물건들은 언제나 '너무' 많았다. 그걸 위해 너무 많은 시간을 스스로 자신의 노예감독관이 되어 쉴 새 없이 일을 하고, 쉴 새 없이 물건을 구입하러 다닌다. 비교적 작은 시골 마을 콩코드에서도 그랬다. 농부들이 집을 장만하게 되면 부유해지기보다 더 빈곤해진다. 그가 집의 주인이 되는 것이 아니라 집이 그의 주인이 된다. 오우, 가련한 하우스 푸어들!

삶의 모든 곁가지들을 들어내자. 할 수 있는 한 단순하게 살자. 먹는 것은 쌀과 거칠게 간 옥수수 가루와 감자가 전부였으나, 필요하다면 숲에서 잘 익은 월귤을 따서 먹을 수 있었다. 다소 거칠지만 실용적인 옷을 입고 살면 입는 데는 거의 돈이 들지 않았다. 살고 있는 집은 어찌나 단출한지 집안 청소를 위해서는 모든 가구를 밖에 내놓고 오두막 안에 물을 뿌려 박박 닦은 후, 햇볕과 바람에 집을 말리기만 하면 청소 끝이었다. 그리고 산책과 노동!

매일 아침 숲을 산책하고 모든 관목과 야생 열매와 새와 동물들, 그리고 호수의 변화를 관찰했다. 그리고 땅을 갈아 콩, 감자를 심고 가꿨다. 첫 해의 수익은 고작 8달러뿐이었지만 상관없었다. 돈이 더 필요하면 그때마다 마을에서 날품을 팔면 그뿐이었다. 대신 더 많은 시간, 더 많은 느낌, 더 많은 감정, 더 많은 만족감을 얻었다.

점점 더 생활의 달인이 되어 가는 소로. 그는 걷고, 뛰고, 수영하고, 배를 젓는 데 전문가였고, 거리와 높이를 발과 눈으로 정확히 측정할 수 있었으며, 무게를 손으로 정확히 달 수 있었다. 심지어 커다란 통 속에 있는 연필을 한 번에 열두 개씩 꼬박꼬박 집어낼 수 있을 정도였다. 척도-되기!

동시에 점점 더 신비해지는 소로. 그는 어떤 사냥개보다도 더 냄새를 잘 맡을 수 있었고, 인디언처럼 땅에 귀를 대지 않고서도 먼 곳의 희미한 소리를 들을 수 있었다. 부시맨-되기! 이제 숲 속의 오두막은 그의 거처일 뿐 아니라 숲 속의 모든 살아 있는 생명체의 거처가 된다.

두 해 후 소로는 월든을 떠난다. 물론 오두막에서의 삶은 자족적이고 충만하였다. 그러나 소로에게 오두막은 마치 외투나 모자 같은 것이었다.

언제나 입을 수도 있고 벗을 수도 있는 것이었다. 그가 진정으로 원한 것은 '자연' 그 자체가 아니라 '자연스러운 삶'이었기 때문이다.

자신의 삶이 때에 맞춰 무르익는 것! 완전히 무르익은 곡식이 열매를 맺고, 완전히 자란 나무의 열매가 떨어지듯, 그렇게 자신의 삶의 완벽한 자연스러움을 얻는 것. 그것이 소로가 원하는 절대자유, 어떤 공리적 목적도 없는 일체무위의 삶이었다. 소로는 집으로 돌아온다. 자기가 머무는 곳이 자연이 되길 바라면서.

나는 정부의 통치를 거부한다

1846년 미국은 멕시코전쟁을 통해 단 1,500만 달러로 텍사스, 뉴멕시코, 캘리포니아를 양도받았다. 많은 미국인들이 자신의 이익을 위해 이 전쟁을 지지하였다. 물론 대부분이 노예제도 지지자였다. 소로는 다른 많은 당대의 개혁가들처럼 이런 상황을 참을 수 없었다. 자신의 물질적 이익을 위해 타인의 자유와 존엄을 짓밟는 이런 전쟁과 노예제도는 결단코 받아들일 수 없는 일 아닌가?

하지만 말로 하는 반대 이상의 것이 필요했다. 소로의 선택은? 세금 납부 거부! 소로는 6년간 인두세를 내지 않았고 결국 체포되고 투옥된다. 단 하루 동안(소로의 동의 없이 가족이 세금을 납부했기 때문에 소로는 하루 만에 풀려난다)! 그리고 감옥에서 더 절실히 깨닫는다. 감옥 안에는 국가가 없으며 감옥은 결코 자유로운 정신을 가둘 수 없다고. 소로는 면회를 온 에머슨이 "자네, 왜 그곳에 있는가?"라고 묻자 "선생님은 왜 밖에 계십니까?"라고 응수한다. 그리고 그는 그 하루 동안의 경험을 바탕으로 몇 년

후『시민불복종』을 집필한다.

그가 생각하기에 국가란 자유롭고 독립적인 개인들이 상호 공존할 수 있도록 하기 위해 만든 '편의적인 체제'이다. 그런데 그런 편의적인 체제가 갑자기 '다수결'의 원칙을 내세워 부당한 질서에 모두를 굴복시키려 한다면? 그때 '저항'은 의무이다. 생명을 걸고서라도 그 부당한 국가의 작동을 멈추게 해야 한다. 누가? 바로 내가!

1859년 노예해방론자인 존 브라운이 노예를 도망시키다가 체포되어 교수형에 직면했을 때 존 브라운을 옹호하는 첫번째 공개강연을 한 것도 소로였다. 아마 소로는 존 브라운을 실질적으로 구원할 수 없다는 것을 알고 있었을 것이다. 그럼에도 불구하고 "자기가 소유한 생명력과 힘을 자신의 의지대로 사용할 수 있는" 사람이라면 어떤 불이익에도 불구하고 불의에 가담하지 않아야 한다는 게 소로의 생각이었다.

월든을 떠나 온 후 소로는 주로 글쓰기와 강연을 하면서 살았다. 물론 생계를 위한 측량기사의 일을 꾸준히 하면서 말이다. 살아생전, 두 권의 책이 출판되었으나 자비 출판한 첫책『콩코드 강과 메리맥 강에서의 일주일』은 초판 1,000권 중 700권이 반품되었다.

『월든』역시 그가 살았을 때는 큰 주목을 받지 못했다. 그래도 상관없었다. 여전히 소로는 간결하고 평화롭게 일상을 살았다. 너무 일찍 찾아온 병마 때문에 마흔여섯의 나이에 세상을 떴지만 "회한은 없었다." 어떤 것들은 끝마치는 것이 당연히 더 좋은 것이기 때문이다.

12년간 주로 편지로 소로와 교류했던 신학자 해리슨 블레이크(Harrison Blake)는 소로가 죽은 지 30년 가까이 지난 후에 이렇게 회상한다. "나는 때때로 그의 편지를 다시 읽어 보곤 한다. 그의 글을 거듭 읽으면서 새로운 의미를 찾아내기도 하고, 전보다 더 강력한 가르침을 받기도 한다. 따라서 어떤 의미에서 그것들은 여전히 개봉되지 않았고, 아직 나에게 완전히 도달하지 못했으며, 어쩌면 내가 죽기 전까지는 도착하지 않을지도 모르겠다. 그 서신들은 거기에 담긴 진정한 가르침을 가장 잘 이해할 수 있는 사람에게 발송된 것이다."

과연 우리는 소로의 편지를 받을 수 있을까. 우리의 부박한 일상 속에서 '월든'을 발견할 수 있을까. 각자 물을 일이다.

_이희경

지금 자신의 삶에서 자유를 생산하라!

>> 무한 긍정의 철학자, 스피노자

1677년 네덜란드 헤이그. 판 데르 스픽은 자신의 집에 하숙했던 친구의 책상을 조심스레 포장하기 시작했다. 방금 전 그는 시신도 없는 텅 빈 관 (棺)으로 친구의 장례식을 치르고 돌아온 참이었다. 친구의 시신은 교회에 안치되어 있던 중 도난당했다. '신을 모독한 불경스러운 자'라는 꼬리표가 시신 역시 편치 못하게 한 게 틀림없었다. 그 친구는 몇 주 전, 자신이 죽으면 책상을 암스테르담의 한 출판사에 보내 달라고 부탁했다. 포장재에는 어떤 것도 적지 말고 세관에 내용물을 신고하지도 말아 달라는 당부와 함께. 조심성 많은 친구의 도움 덕에 책상은 무사히 출판사에 도착했다. 그리고 얼마 후 『에티카』라는 한 권의 책이 출간되었다. 하지만 그 책은 곧 금서로 지정돼 압수되었다. 비록 익명으로 출간되었지만, 사람들은 그 글의 주인이 누군지 바로 알아보았던 것. 그 책의 저자는 '베네딕투스 스피노자'(Benedictus de Spinoza, 1632~1677)였다.

베네딕투스가 불경한 자로 낙인 찍힌 것은 1656년, 그의 나이 겨우 24세가 되던 해였다. 그는 종교재판을 피해 에스파냐에서 포르투갈로, 그리고 다시 네덜란드 암스테르담으로 이주한 유대인 상인 집안에서 1632년에 태어났다. 아이러니하게도 그의 아버지가 아들에게 준 이름은 '바뤼흐'(Baruch). 이 말은 히브리어로 '축복받은 자'라는 뜻이었다.

불경한 자에게 저주가 있으리니

당시 신생 공화국이었던 네덜란드는 유대인 상인들을 받아들여 번영을 이루고자 했다. 하지만 이 공화국은 종교와 인종에 관용적이었던 만큼 한계 또한 분명히 규정하고 있었다. 유대인들은 기존의 신앙 이외에 이단적 교리를 만들면 안 된다는 것. 그런데 바뤼흐 스피노자는 이 금지의 선을 넘어 버렸다.

> 낮에도 그에게 저주가 있을 것이고, 밤에도 그에게 저주가 있을지어다. 그가 앉아 있을 때에도 저주가 있을 것이고, 그가 일어서 있을 때에도 저주가 있을지어다. 그가 밖에 나가도……그가 안에 있어도 저주가 있을지어다. 신은 그를 용서치 않을 것이며……모든 천계의 저주를 통해 그를 전체 이스라엘 부족으로부터 격리시킬 것이다.(스티븐 내들러, 『스피노자』)

스피노자가 신성모독의 발언들을 하고 다닌다는 소문이 파다해지자, 유대인 공동체는 그의 파문을 결정했다. 하지만 스피노자가 태어난 이후 발생한 14건의 파문 중 이와 같은 분노의 파문서는 없었다. 그것은 공식적인 책이나 가르침을 퍼뜨린 적 없는 청년이 받기에는 너무나 가혹한 저주였다.

대개의 경우 사람들은 파문을 전후해 회개하고 돌아오는 것이 상례였다. 요컨대 파문은 일종의 경고였던 셈. 그러나 스피노자는 '회개'하지 않았다. 돈을 주겠다는 회유도, 격리시키겠다는 협박도, 암살 기도의 공포도 그를 움직이지 못했다. 스피노자는 부모님의 침대를 제외한 모든 상속을 거부했고, 유대인의 흔적을 없애려고 라틴어 '베네딕투스'로 이름을 바꾸었다. 그리고 평생토록 이 파문 사건에 대해 어떤 억울한 심정도, 항변도 토로하지 않았다. 스피노자는 그저 이렇게 말했다. "나는 나에게 열려 있는 길로 기쁜 마음으로 들어서련다."

신성모독죄에도 불구하고, 스피노자는 자신을 그 누구보다 신을 사랑하는 자라 여겼다. 그는 신의 뜻에 따라 살기를 원했다. 신이란 말 그대로 무한하고 절대적이고 완전한 존재다. 그런 존재는 외부의 어떤 것에도 흔들리지 않는 완전한 자유 속에서 자족적인 삶을 영위할 것이다. 요컨대 신이란 스스로 그러한 존재인 자연 그 자체며, 세상 만물 속에 깃들어 있다. 인간이 성취해야 할 것은 신의 본성에 따라 사는 것, 즉 자유로운 삶이었다. 스피노자에게 자유로운 삶을 일구는 것이야말로 구원이었다.

하지만 기존 교회 속의 신은 복종을 원했다. 스피노자가 보기에 그러한 신은 인간을 자유가 아닌 예속 상태에 두기 위한 상상의 작품이었다. 교회는 응답하고, 심판하고, 처벌하는 신, 즉 인간화된 신을 꾸며 냈다.

스피노자에게 공화국이란 종교의 예속과 반대되는 자유를 의미했다. 전제군주와 결탁한 교회의 종교적 핍박을 피해 유대인들이 정착했던 자유의 국가, 바로 이곳 네덜란드가 그러한 공화국이었다. 하지만 그 공화국은 1669년 스피노자의 친구인 쿠르바흐에 대한 종교적 탄압에 협조하는 모습을 보였다. 스피노자의 『신학정치론』은 이 믿을 수 없는 현실에 대한 응답이었다.

전제주의 최고의 비결이자 그것을 떠받치는 큰 기둥은 사람들을 계속 기만의 상태에 처해 있게 만드는 것이다. 그리고 그들이 억압될 수밖에 없게끔 공포를 조장하고 그것을 종교라는 허울 좋은 이름으로 포장하는 것이다. 그러면 그들은 마치 그것이 구원인 양 오히려 자신들의 예속을 위해서 싸우게 될 것이다.

전제주의를 이끄는 원리가 공포라면, 공화국의 존립 근거는 무엇보다도 자유에 있었다. 그렇다면 쿠르바흐에 대한 탄압을 공모한 공화국은 스스로 자기의 존재 근거를 무너뜨려 버린 셈이었다. 자유에 대한 억압, 그것은 곧 공화국의 종말을 의미했다. 스피노자의 이러한 우려는 2년 후 현실로 드러난다.

자유인, 그 불온한 자

1672년 프랑스의 침공에 네덜란드는 가까스로 나라를 지켰다. 하지만 전쟁은 사람들의 삶을 피폐하게 만들었다. 죽음과 기근이 만연했다. 이 절망의 틈새를 군주제를 원했던 오란예(Oranje) 집안이 파고들었다. 그들은 위기의 원인을 공화국의 탓으로 돌렸다. 폭도로 변한 군중은 공화국의 지도자인 데 비트 형제를 거리로 끌어내 처참하게 살해하고, 살점은 구워 먹거나 기념품으로 팔았다. 비통함에 빠진 스피노자는 「극한의 야만인들」

이란 격문을 들고 거리로 나서려 했지만 하숙집 주인이자 친구는 방문을 걸어 잠그고 완강히 스피노자를 막아 세웠다.

이 사건은 스피노자에게 커다란 질문을 던졌다. '왜 사람들은 자신의 자유를 보장해 주는 공화국을 거부하고 전제주의라는 예속을 향해 달려가는가?' 스피노자는 공화국이 무너지는 것을 보며 알았다. 자유는 국가가 '보장'한다고 생기는 것이 아니라는 것을. 각자가 자신의 삶에서 자유를 '구성'하지 않는 한, 어떤 국가 체제도 소용없다는 사실을. 스피노자는 자신의 생각을 『에티카』에 적어 내려간다.

『에티카』는 수학책을 방불케 하는 공리와 정의, 증명들로 가득하다. 이 건조한 윤리학의 주제는 우리의 감정이다. 스피노자에게 자유인의 열쇠는 감정에 있었다. 감정이란 우리 신체에 일어나는 변용에 대한 표현이다. 일반적으로 우리는 감정에 휘둘리며 산다. 요컨대, 우연적인 외적 원인에 끌려다니는 수동적 상태다. 그렇기에 "더 나은 길을 알고 있음에도 불구하고 더 나쁜 길을 따라"간다. 자유인이 된다는 것은 이 수동적 신체를 능동적이게 만드는 것이었다.

권력은 오로지 수동적 신체를 통해서만 작동할 수 있었다. 그들은 돈과 명예, 신의 이름으로 쾌락과 절망, 희망과 공포를 조장함으로써 우리에게 복종을 이끌어 냈다. 지배자들에게 두려운 것이 있다면 그것은 외부의 적이 아니라, 자신들이 작동할 수 없는 능동적 신체를 가진 자유인이었다. 『에티카』는 단지 자유인이라는 자기 구원을 위해 능동적 신체를 구성하는 길을 보여 주고 있을 뿐이다. 하지만 그 길이야말로 지배자들에게는 불온한 것이었다.

자유를 생산하는 앎과 삶

스피노자는 1676년 하이델베르크의 교수직 제안을 거절한다. 그에게 대학이란 기존의 법과 종교의 계율 위에서 작동하는 공간일 뿐이었다. 대학은 철학함의 자유를 제한할 뿐 아니라, 자유의 철학을 생산하기에도 부적합한 곳이었다. 대학교수직을 거절한 스피노자는 하숙집 책상 위를 자기의 공부 현장으로 삼았다. 지인들과 주고받는 편지와 만남은 그 자체로 배움의 과정이었다. 그는 대학 강당 대신 헤이그의 하숙집에서 조용히, 하지만 뜨거운 열정으로 자유인의 삶을 만드는 공부를 멈추지 않았다.

스피노자는 말한다. "자신이 할 수 없다고 생각하는 동안, 사실은 그것을 하기 싫다고 다짐하고 있는 것이다. 그러므로 그것은 실행되지 않는 것이다." 그는 국가나 돈, 명예나 신, 그 무언가에 의해 미래에 찾아올 자유를 꿈꾸지 않았다. 미래로 유예된 자유란 존재하지 않으며, 그런 자유란 자신의 게으름에 대한 변명일 뿐이었다.

시신마저 사라진 뒤 스피노자의 이름으로 남은 것은 바지 두 벌, 셔츠 일곱 장, 손수건 다섯 장뿐이었다. 예속에 대한 단호함과 자기 구원의 열정. 그리고 자유인의 소박하지만 정갈했던 삶. 바로 이것이 혁명을 외친 적 없었던 스피노자를 역사상 가장 위험한 철학자의 한 사람으로 남게 했다.

_신근영

모든 지배와 억압에 저항하라!

>> 하얀 가면을 벗은 프란츠 파농

나는 누구인가

"Je suis français."(나는 프랑스인입니다)

파농(Frantz Omar Fanon, 1925~1961)이 학교에서 가장 먼저 배운 문장이다. 비록 프랑스 식민지 마르티니크 섬에서 흑인 노예의 후손이었던 아버지와 흑백 혼혈이었던 어머니 사이에서 태어났지만 완벽한 불어를 구사하는 중산층 집안에서 전형적인 프랑스식 교육을 받고 자란 파농이 스스로를 프랑스인으로 여기는 것은 당연했다.

　　1939년 로베르 제독이 이끄는 함대와 1만 명의 군대가 마르티니크 섬에 도착한다. 조국 프랑스가 독일의 침공으로 위기에 처해 있지만 위풍당당한 함대는 자랑스러웠다. 다른 친구들처럼 파농도 그 함대와 군인들을 열렬히 환호하고 환영했다. 그러나 군인은 "자랑스러운 우리 프랑스 군인들"이 아니었다. 섬에 상륙한 프랑스 군인들은 호텔에서 창녀촌까지 모든 건물을 몰수했고, 공공시설에 흑백의 인종을 철저히 구분하는 칸막

이를 쳤고, 조금이라도 항의를 하는 흑인들을 무지막지하게 두들겨 팼다. 노골적인 점령군의 행태!! 대부분의 마르티니크 흑인 주민들은 모욕을 느끼고 동시에 공포를 느꼈다.

하지만 그들은 '진정한 프랑스인'이 아닐지도 모른다. 자유, 평등, 박애의 나라, 진정한 프랑스인이라면 인종주의적인 '나치즘'에 대항해야 하는 것이 아닐까? 파농은 가출을 감행하여 도미니카로 건너가 군사훈련을 받고, 자유프랑스군에 자원한다. 그러나 1944년 출정식 당일, 자부심에 가득찼던 마르티니크의 자원병들은 어떤 환송 의식도 없이 밀항자나 나병환자들처럼 한밤중에 전함에 태워진다. 예전의 흑인 노예가 그랬던 것처럼.

배에서 내린 후의 상황은 더 처절했다. '자유프랑스군' 제5대대는 철저히 피부색에 따라 위계화되어 군수품의 배급부터 의복, 야영 시설까지 차별을 분명히 했다. 이 피라미드의 맨 위는 유럽의 백인병사, 맨 아래는 세네갈 원주민병사였다. 그럼 흑인이면서 프랑스 국적이었던 파농은? 소위 앤틸리스 제도의 의용병은 '유럽인'으로 분류되었다. 아프리카 출신 의용병들은 원통형의 모자를 썼지만, 파농은 유럽의 백인 병사와 같은 등급의 베레모를 썼다. 만약 베레모를 쓰지 않고 유럽인 막사를 출입하면 "호되게 엉덩이를 걷어 차였다." 유럽인이되 늘 '모자'로 자신을 증명해야 하는 2등 유럽인, 하지만 아프리카의 흑인들과는 다른 우월한 흑인!

웃을 수도 울 수도 없는 이 상황은 참전 내내 계속되었고 마침내 파농은 처절하게 깨닫는다. 자신은 프랑스인이 아니라는 것을. 당시 파농은 자신의 어머니에게 다음과 같은 편지를 쓴다. "우리 아들은 대의를 위해 싸우다 죽었다는 식의 말로 위안을 삼지는 말아 주십시오. 어리석은 정치인들의 방패일 뿐인 그런 거짓 이데올로기는 더 이상 우리를 환히 비춰 주지 않을 것이기 때문입니다. 지금 여기에 저의 갑작스러운 결정을 정당화해 주는 것은 아무것도 없습니다." 전쟁은 끝나고 고향으로 돌아온 파농에게 남은 것은 "나는 누구인가?"라는 질문뿐이었다.

정신분석은 정치적이다

완벽한 불어를 구사하지만 파농은 결코 백인이 될 수 없는 '검은' 피부색을 가졌다. 그렇다고 '검은색은 아름답다'는 네그리튀드의 사상에 동의하기도 어려웠다. 도대체 온전한 흑인이라는 게 존재할 수 있는 것일까? 아름다운 아프리카 전통이라는 것이 있기나 한 것일까? 전쟁이 끝난 후 고향을 떠나 파리로 온 파농은 "파리에는 흑인이 너무 많아"라며 파리를 떠나 리옹으로 향한다. 육체적 고향인 마르티니크를 떠나고 정신적 고향인 파리를 떠나면서 백인도 흑인도 될 수 없었던, 아니 되지 않기로 했던 파농의 최종 선택은 정신의학이었다.

파농이 보기에 식민 지배란 단순한 총칼의 지배만을 의미하는 것이 아니다. 유럽의 백인 식민주의자들은 흑인들을 '비코'(새끼염소), '부뉼'(깜둥이), '라통'(쥐새끼), '믈롱'(멜론)으로 부른다. 물론 백인들이 흑인들을 우호적으로 대할 때도 있다. 그러나 그때조차 그들은 "피부색에도 불구하고" 좋아한다고 말한다. 하지만, 일상적으로는 흑인은 "피부색 때문에" 경멸당한다. 검은 것은 모두 '후진' 것이다. 어떤 경우라도 '피부색'으로부터 벗어날 수 없는, 옴짝달싹도 못하는 처지!

흑인의 무의식을 지배하는 타자는 백인이다. 그러나 백인의 무의식을 지배하는 타자는 결코 흑인이 아니다. 백인의 타자는 백인이다. 흑인의 거울은 백인인데 백인의 거울은 흑인이 아닌 상황. 이런 완벽한 비대칭성에서 흑인은 사라진다. 그는 아무렇게나 던져진 물건에 불과하다. 파농은 맑스의 '소외'와 '사물화'를 이런 상황으로 이해했다. 정신착란은 이런 사물화의 한 극한이다. 말을 빼앗기고 삶을 빼앗긴 자들의 유일한 쉼터. 미치지 않고는 살 수 없는 자들의 유일한 자유의 공간!!

정신분석은 미친 자를 정상인으로 돌아오게 하는 것이 아니다. 혁명은 단순한 주권의 회복이 아니다. 무의식조차 식민 지배자들에게 저당 잡힌 사람들이 스스로 자신이 갇힌 덫에서 빠져나오는 것. 타자들이 서로에게 말을 거는 타자들의 공동체를 회복하는 것. 파농에게 이것은 정신의학의 과제임과 동시에 정치적 과제였다.

1953년 정신의학자가 된 파농은 또 다른 프랑스 식민지, 알제리로 간다. 그곳에서 그는 당시에 지배적이었던 두 가지 정신분석 담론과 대결한다. 하나는 "무의식은 역사가 없다"는 프로이트의 보편주의 정신분석학이다. 또 하나는 "정상적인 아프리카인은 전두엽 절제수술을 받은 백인과 같다"라고 주장하는 인종주의적 정신분석.

그러나 파농이 몸으로 체득한 바, 흑인의 무의식은 전두엽과 아무 상관이 없다. 물론 유럽인의 무의식과도 다르다. "무의식은 역사가 있다" 흑인들의 무의식은 식민 지배라는 역사와 식민 통치라는 구조 속에서 형성된다.

그는 새로운 담론을 만들었고 정력적으로 일했다. 그리고 『검은 피부,

하얀 가면』, 『앤틸리스의 아프리카인』 등 쓰는 글마다 엄청난 논란을 야기했다. 또한 그를 백안시하는 동료 의사, 그를 미심쩍어하는 알제리 간호사들을 설득하여 정신병원-수용소라는 제도 자체를 변혁하는 활동을 전개한다. 다른 좌파 정신분석학자들과 함께 그가 사용한 '제도요법'은 환자들을 좀더 인간적으로 대우하자는 것이 아니다. 그것은 '광기'를 가두는 것이 아니라 '광기'를 다른 방식으로 표현하도록 하는 것, 의사와 간호사, 환자가 함께 협력하여 환자가 광기의 고통에서 벗어나도록 하는 것, 스스로 삶의 준거를 다시 찾게 하는 일, 자기가 자신을 해방시키는 일이었다.

유럽과 결별하라!

당시 알제리는 민족해방운동이 활활 타오르던 제3세계 민족해방운동의 메카였다. 알제리 민족해방전선의 투사들이 식민 통치자들의 악랄한 탄압에 맞서 몸을 숨기기에 정신병원만큼 안성맞춤인 곳이 또 있었을까? 그들의 대의에 동의했을 뿐 아니라 이미 몇몇과는 개인적 친분이 있었던 파농은 자신이 일하는 병원에 그들을 숨겨 주기도 하고, 다친 투사들을 치료해 주기도 했다. 파농의 병원이 프랑스 당국에 의해 '빨치산의 소굴'로 지목받는 건 피할 수 없는 일이었다. 시시각각 파농에게도 탄압의 손길이 뻗쳐왔다. 그곳을 떠날 때가 되었다.

그러나 알제리의 정신병원을 떠난 것은 단순히 탄압 때문은 아니었다. 파농이 보기에 그의 동료이기도 했던 프랑스의 좌파 정신의학자들에게는 식민지 문제가 부차적이었다. 그들은 식민지 상황과 개인의 광기 사이의 관계에 대해 진정으로 무지했다. 아니 무의식적으로 무시했다. 그 점은 사르트르도 마찬가지였다. 파농은 사르트르가 알제리혁명과 관련하여 단호한 정치적 결단을 내리지 않고 있다고 생각했다. 이제 프랑스인들과 파농은 결코 같은 길을 갈 수가 없었다. "유럽과 결별하라!" "프랑스인으로서의 '나'와 영원히 결별하라!"

파농은 "오늘날 우리는 모든 것을 할 수가 있다. 그러나 조건이 있다. 유럽을 흉내 내고, 유럽을 따라잡겠다는 욕망에 사로잡히지 않겠다는 조건이 그것이다"라고 선언하면서 알제리를 떠나 튀니지로 가고 그곳에서 알제리혁명에 본격적으로 뛰어든다. 그는 알제리 민족해방전선의 기관지에서 기사를 쓰기도 하고, 알제리 임시정부의 외교관 자격으로 아프리카 신생독립국과의 연대투쟁을 조직하려고 애쓰기도 한다.

그러나 투쟁의 과정은 동시에 시련과 갈등의 과정이었다. 그 자신이 프랑스 제국주의자에 의해 테러를 당하는 일은 오히려 부차적이었다. 그는 알제리 민족해방운동 안의 수많은 분파투쟁을 목도했고, 자신이 사랑하던 동지들이 적에 의해서뿐만 아니라 또 다른 동지들에 의해 처형되는 모습을 봐야 했다. 그 투쟁의 한가운데에서, 시련의 한복판에서 파농은 '백혈병'으로 서른여덟 해의 짧은 생을 마감한다.

브리태니커 인명사전에 그는 "프랑스의 정신과 의사이자 사회학자"라고 소개되어 있다. 파농이 평생 프랑스인이라는 그 호명에서 벗어나기 위해 투쟁했다는 점을 생각해 보면, 죽어서 다시 프랑스인이 되어 버렸다는 그 사실은 역사의 어떤 아이러니, 어떤 '비극'처럼 보이기도 한다. 그의 투쟁은 실패했는가? 그러나 그가 원한 것은 프랑스인이 아닌 다른 무엇이 되는 것이 아니었다. 그 어떤 것이든 자신을 억압하는 모든 것에 저항하는 것. "나는 누구인가?"라는 질문에 "나는 내가 아니다"라는 방식으로 살아 내는 것이었다. 그렇다면, 우리가 그렇게 사는 한 파농의 투쟁은 여전히 현재진행형이 아닐까?

_이희경

공자를 존경하고, 천리를 믿었던 사회주의 혁명가

>> 인민의 벗, 호치민

역설의 혁명가, 호 아저씨

1945년 8월 15일. 그날을 함석헌은 이렇게 표현했다. "해방은 도둑같이 뜻밖에 왔다." 한마디의 예고도 없이, 도둑처럼 다가온 해방. 조선 땅에 해방은 그렇게 소리소문도 없이 도래했다. 반면, 같은 시간 베트남 하노이에서는 며칠 전부터 일본이 항복할 것이라는 소문이 돌고 있었다. 베트남해방군은 도시를 탈환하기 위한 만반의 준비를 갖추고 일본의 항복소식을 숨죽여 기다렸고, 군중들은 독립의 기대에 부푼 채 도심을 배회했다. 기대와 불안이 공존하는 폭풍전야의 하노이. 오랜 기다림 끝에 드디어 하노이에 입성한 호치민(胡志明, 1890~1969)은 하노이의 한 건물에 자리잡고 앉아, 자신과 고락을 같이해 온 낡은 타자기로 새로운 베트남 독립정부의 출범을 위한 독립선언문을 작성하고 있었다. 이 순간이 자신의 화양연화(花樣年華), '인생에서 가장 행복했던 시절'이었다고 호치민은 회고한다.

허름한 카키색 옷에 검은 구두 차림의 '호 아저씨'는 지금도 베트남 곳곳에서 만날 수 있다. 비쩍 마른 몸에 움푹 들어간 눈, 유난히 동그랗고

맑은 눈동자를 지닌 그의 모습은 구소련이나 중국의 사회주의 리얼리즘 회화에서 흔히 볼 수 있는 전투적 혁명가의 모습하고는 한참 멀다. 시골의 촌부나 훈장의 모습에 가깝다고 해야 할까. 인자한 품성, 선량하고 소박한 이미지, 헌신적인 태도, 그러면서도 단번에 상대를 사로잡는 단호함과 지조. 많은 이들이 이구동성으로 증언하는 호치민의 인격은 '베트남공산주의'의 전형이 되었다. 과장의 위험을 무릅쓰고 말한다면, 호치민은 베트남이요, 베트남은 호치민이다.

그런데 정작 호치민에 대한 자료나 신뢰할 만한 평전은 많지 않다. 워낙 오랜 기간 세계 곳곳을 돌아다니며 은밀하게 활동했을뿐더러, 50개 이상의 가명을 사용한 탓에 1차 자료에 접근하기가 쉽지 않기 때문이다. 하여, 종종 이 어메이징한 혁명가를 규정하는 말들은 모순적이고, 그에 대한 평가는 극과 극을 넘나든다. 인자한 혁명가, 애국자인 사회주의자, 선비적인 맑스-레닌주의자 같은 역설을 허용할 수밖에 없는 사정이 여기에 있다. 그러나, 그게 바로 호치민이다. 평생 공자를 존경했다고 하니, 유가의 개념을 끌어와 말한다면, 양단(兩端)을 버리고 집중(執中)하는 삶, 그게 호치민의 한평생이었다.

시련이란 그대를 옥으로 다듬는 것이라

쌀이 찧어질 때 그 고통 심하나 / 찧어진 다음에는 솜같이 하얗구나

세상에 인생살이 이와 같으니 / 시련이란 그대를 옥으로 다듬는 것이라.

(「쌀 찧는 소리를 들으며」, 『옥중일기』)

호치민(어린 시절 이름은 응우옌 신 쿵)이 태어난 당시 베트남은 이미 프랑스의 지배하에 있었다. 호치민은 전통적인 유교 교육을 받은 부친에게서 유교적 소양을 배웠지만, 유교보다는 근대의 개혁이론에 관심을 보였다. 형과 함께 후에(Hue)에 있는 프랑스식 국립학교인 국학에 다니던 호치민은 조세 반대시위에 참여했다는 이유로 퇴학을 당한 후, 1911년 프랑스 기선에 오르게 된다. 해외로 나가 정세를 알고 싶었다는 것이 그가 밝힌 이유다. 그로부터 베트남으로 귀환하는 1941년까지, 호치민은 유럽과 아프리카, 중국과 소련을 떠돌며 베트남 독립에의 열망을 버리게 된다.

호치민은 베트남을 떠난 후 미국, 영국 등을 떠돌다 대략 1917년쯤 파리에 정착한 듯하다. 여기서 사진 수정일로 생계를 잇던 호치민은 응우옌 아이 쿠옥(阮愛國, 애국자 응우옌)이라는 이름으로, 베트남인들의 정치적·경제적 자유를 요구하는 청원서 「안남 민족의 요구」를 작성하여 프랑스의 지배층에게 전달하는데, 이 사건으로 응우옌 아이 쿠옥은 베트남 공동체와 프랑스 당국의 '요주의 인물'로 부각된다. 아울러 프랑스 사회당에 가입하여 맑스-레닌주의를 본격적으로 공부하기 시작한다. '제국 본토' 파리의 실상을 체험하며 제국과 식민주의 문제에 골몰하던 호치민에게, 제2차 코민테른 대회에서 레닌이 발표한 논문 「민족과 식민지 문제에 대한 테제」는 흡사 깨우침의 일갈(一喝)과 같았다. "나는 방 안에 혼자 앉아 있었음에도 마치 수많은 군중에게 연설하듯이 큰 소리를 질렀다. 열사들이여, 동포들이여! 이것이 우리에게 필요한 것이다. 이것이 우리가 해방에 이르는 길이다." 민족의 독립이 혁명의 출발이 되어야 한다는, 평생토록 호치민이 견지했던 원칙은 이렇게 잉태되었다.

파리에서 호치민은 사회당원으로 활동함과 동시에 좌파 신문이나 잡지에 꾸준히 식민지의 삶과 세계정세론을 발표했다. 호치민의 글은 단순하고 명확하며, 종종 통계를 이용함으로써 인민들에게 상황을 생생하게 이해시키는 힘이 있었다고 한다. 자신의 호소를 들어 줄 청중은 맑스주의자들이 아니라 노동자, 농민이라는 믿음 때문이었다. 일련의 활동을 통해 프랑스사회당의 스타로 떠오른 호치민은 1923년 소련 코민테른 관리의 요청을 받아, 존경해 마지않는 레닌이 있는 곳, 혁명의 땅 모스크바를 향한다. 스탈린 학교에서 맑스-레닌주의를 학습하는 한편, 코민테른 극동국에서 혁명가의 자질을 연마하던 중, 이윽고 때가 왔다. 돌아가자! 1924년, 호치민은 광저우에 도착한다.

당시 베트남은 "암흑에 내동댕이쳐진" 신세였다. 식민주의자들의 이익 독점은 심화되고, 농민은 토지를 잃었으며, 문맹률은 95%에 달했다. 상황을 타개하기 위해선 긴 시간이 필요하다고 판단한 호치민은 혁명정당을 위한 '씨앗'을 심기로 결심한다. 1925년 광저우에서 '베트남혁명청년회'를 결성, 민족주의와 사회혁명을 두 축으로 삼고 교육운동을 시작한 것. 그리고 1930년에는 인도차이나에서 투쟁하던 세 분파인 안남공산당, 인도차이나공산당, 인도차이나공산주의연맹을 통합하여 '베트남공산당'을 창설하기에 이른다. 그러나 이듬해 홍콩에서 영국경찰에 체포되어 1년 반을 감옥에 있다가 홍콩을 탈출하여 모스크바에 도착. 이후 중국을 거쳐 마침내 귀환, 비엣박에 해방구를 만들고 '호치민'이라는 이름 사용하기 시작한 때가 1941년. 이제 망명은 끝나는가 보다 했으나, 1942년에 (아마도) 베트남 독립을 위한 지원을 호소할 목적으로 중국으로 가던 도중 첩자로 오해받아 국민당 감옥에 수감되었으니, 이 모든 것이 운명이라 할 밖에. 그 감옥 안에서 써 내려간 134편의 한시(漢詩) 모음집 『옥중일기』에는 당시 호치민의 다짐, 탄식, 웃음, 기대가 정갈하게 표현되어 있다. 어쨌든, 우여곡절 끝에 그날은 왔다. 1945년 9월 2일 하노이 바딘 광장에서 독립선언서를 낭독하고, 호치민은 새 베트남 정부의 주석으로 취임한다.

꿈은 이루어졌다. 그러나…

그러나 해방은 또 다른 시련의 시작이었다. 인도차이나 반도의 상황은 오리무중이었다. 안으로는 민족주의와 공산주의, 공산주의의 각 분파들이 반목했고, 베트남과 프랑스의 전쟁과 협상이 지루하게 이어졌으며, 위로는 공산화된 중국이 지원사격을 하는가 하면 인도차이나 반도의 공산화를 경계하던 미국은 호시탐탐 개입의 시기를 엿보고 있었다. 호치민은 끝까지 제국 열강의 개입을 경계하며 어떻게든 협상을 통해 베트남의 독립과 자치권을 확보하려 했지만, 어느덧 일흔을 앞둔 호치민의 영향력은 점차 약화되어 갔다. 그리고 1964년, 북베트남 군사시설 공격을 시작으로 장장 10년에 걸친 베트남전쟁이 시작되었다.

호치민의 평생 꿈은 베트남의 독립이었다. 어떤 제국의 지배로부터도 자유로운 독립이 최우선의 과제였고, 사회주의 혁명은 그 다음이었다. 이 원칙을 견지했기 때문에 그는 위기의 순간마다 협상 테이블로 달려가 수완을 발휘했고, 또 이 때문에 기회주의자라는 비난을 감수해야 했다. 스탈린은 볼품도, 원칙도 없는 이 동양인을 대놓고 무시했고, 미국은 그가 뼛속까지 공산주의자라는 의심을 끝까지 거두지 않았다.

미국의 공격이 본격화된 1965년, 75살의 호 아저씨는 마오쩌둥을 만나 정치회담을 끝낸 후, 산둥성의 공자 출생지를 찾았다고 한다. 공자를 존경한 이 노인은 어린 시절 아버지에게서 배운 공자의 말씀을 떠올렸을 터. 그리고 돌아와서는 머지않은 죽음을 예감하며 유언장 초안을 작성했다. 그의 유언장 말미에는 이렇게 적혀 있다.

내가 죽은 후에 웅장한 장례식으로 인민의 돈과 시간을 낭비하지 말라. 내 시신은 화장해 달라. 나는 화장이 점차 일반화되기를 바란다. 위생상 좋고 땅도 절약되기 때문이다. 재는 언덕에 뿌려 달라. 탐다오와 바비 근처에 좋은 언덕이 있는 듯하다. 재가 뿌려진 곳 위에는 단순하고 넓고 튼튼하며 통풍이 잘 되는 집을 세워 방문객들을 쉬어 가게 하는 것이 좋겠다. …… 만일 내가 나라가 통일되기 전에 죽게 되면 재의 일부를 남베트남 동지들에게 전해 주라. 마지막으로 우리 인민 모두에게, 우리 당과 군인 모두에게, 내 조카와 사촌들, 젊은이들과 어린이들에게 끝없는 애정을 보낸다. 또한 내 동지들과 친구들과 모든 나라의 젊은이들과 어린이들에게도 형제로서 같은 축복을 보낸다. 내 마지막 희망은 우리 당과 인민 전체가 당당히 뭉쳐 평화 베트남, 통일된 독립 민주 베트남, 번영된 베트남을 건설하여 세계혁명에 값진 기여를 하는 날까지 모든 노력을 다하는 것이다.(1965. 5. 15 작성한 초안)

호치민은 베트남 독립선언 24주년이 되는 1969년 9월 2일 숨을 거뒀다. 예상대로, 당지도부는 유언을 무시한 채 호치민의 유해를 기념관에 보존하고, 호 아저씨의 신화화에 착수했다.

"사물의 순환은 원래부터 일정함이 있으니, 비 그친 다음에는 반드시 개리라"며 옥중에서 '자연의 이치'를 노래하던 그였다. "혁명가는 무엇보다도 낙관적이어야 하며, 결국 승리한다는 것을 믿어야 한다"던 낙관주의자, 예순이 훌쩍 넘은 나이에도 배낭을 메고 꼬불꼬불한 산길을 행군하던 불굴의 전사(戰士), 화려한 궁을 거부하고 조그만 정원사의 오두막에 기거하기를 자처했던 처사(處士), 젊은이들을 품어 주고 어른들을 공경하는 마을의 선비이고자 했던 지사(志士), 싸우지 않고 이기는 것이야말로 가장 크게 이기는 것이라는 고대의 병법을 믿었던 전술가. 혹자는 이런 호치민을 두고 "반은 레닌, 반은 간디"라고 표현하기도 한다. 모르겠다. 그의 진짜 정체성이 무엇인지는. 폭력에 대한 그의 입장, 계급과 민족에 대한 사고, 프랑스·미국·중국을 비롯한 제국 열강에 대한 그의 속내 등등 속시원히 풀리지 않는 문제들도 많다. 다만 분명한 건, 호치민의 한평생이 그의 질문이었다는 사실이다. 누구보다 치열하게 자신의 신념을 살았다는 사실이다. 한없이 겸허하고 소박하게, 인내하고 포용하면서.

검소, 인내, 겸허, 공정, 다정다감함, 배움, 관대. 호치민이 제시한 혁명가의 덕목이다. 놀랍도록 단순한 이 덕목이야말로, 어떤 이론이나 전략보다 혁명적이지 않은가! 영웅이 되기는 쉬워도 인민의 벗으로 남을 수 있는 혁명가는 많지 않다. 베트남의 역사를 넘어, 세계혁명의 역사 속에서 호치민이라는 이름이 빛날 수 있는 이유다.

_채운

혁명을 '혁명'한 아웃사이더,
20세기 정치 지형을 바꾸다
>> 꿈꾸는 혁명가, 블라디미르 일리치 레닌

1917년 7월 9일 레닌(Vladimir Il'ich Lenin, 1870~1924)과 지노비예프는 서둘러 페트로그라드를 빠져나갔다. 3개월 전 레닌은 「4월 테제」에서, '모든 권력은 소비에트로!', '임시정부 타도!'라고 폭풍처럼 선언했었다. 임시정부는 곧 무너질 것 같았다. 하지만 지금은 독일 스파이로 몰려 도피하는 처지가 되었다. 턱수염을 깎고 가발을 쓴 레닌은 호숫가 마을 라즐리프(Razliv)의 헛간 고미다락에 몸을 숨겼다. 간혹 인근에서 총소리가 나자 그는 "이제 어떻게 죽어야 할지 택해야겠군"이라고 내뱉기도 한다. 그만큼 한 치 앞이 안 보이는 벼랑 끝.

하지만 그런 긴박한 와중에도 레닌은 은신처 라즐리프의 거센 비바람 그리고 수도 없이 날아드는 모기떼와 싸우며, 『국가와 혁명』이라는 원고와 씨름한다. 놀라운 집중력이고, 엄청난 에너지였다. 그리고 벗들에게는 낡은 계급들, 낡은 당들, 낡은 소비에트를 넘어서야 한다고 외쳐 댔다. 그는 지칠 줄 모르고 쉼 없이 새로운 길을 냈다. 이런 레닌을 두고 정적이었던 한 당원은 "하루 24시간을 혁명에 몰두하는 사람은 그 사람뿐이오. 그는 심지어 꿈

속에서조차 혁명에 관한 꿈을 꾼다오"라며 혀를 내둘렀다. 오직 혁명만을 꿈꾸었던 사람 그리고 그 꿈을 쉼 없이 실천하려 했던 사람, 블라디미르 일리치 레닌은 바로 그런 사람이었다.

스타리크, 창조적인 아웃사이더가 되다

레닌은 둥근 대머리의 사나이다. 그리고 몽골인의 작고 검은 눈에다 수염은 성기고 뾰족했다. 옷은 언제나 구김살투성이였고, 바지는 헐렁한 데다 너무 짧았다. 언뜻 보면 러시아의 여느 농민과 다를 바 없었다. 간혹 체스에서 승기를 잡으면 눈이 작아지고, 눈가에 잔주름이 잡히며 크게 웃었다. 훗날 레닌의 연인으로 알려진 이네사 아르망의 장례식에선 눈물을 펑펑 흘려 구설수에 오르기도 한다. 그만큼 시골 농부같이 털털한 사람이었다. 하지만 얼굴에는 사려 깊음, 조롱, 접근할 수 없는 차가움이 함께 서려 있었다. 구사하는 언어는 언제나 논리적이고 창의적이면서 전투적이었다. 이런 레닌을 동료들은 '스타리크'(starik, '노인' 혹은 '현인'이라는 의미의 러시아어)라고 불렀다.

레닌은 1870년 볼가 강변 심비르스크에서 장학사의 아들로 태어난다. 본명은 블라디미르 일리치 울리야노프(Vladimir Il'ich Ulyanov). 독일계이자 유대계인 어머니의 뛰어난 외국어 능력은 어린 레닌에게 그대로 이어졌다. 레닌의 가족은 교육자의 집안답게 항상 독서와 토론을 즐겼다. 특히 레닌은 라틴문학과 러시아문학을 열성적으로 읽었다. 어느 순간 그것들은 학교 교육을 넘어서서 농민, 노동자 등 가난한 자들의 '또 다른 러시아'에 눈뜨게 한다. 푸시킨, 레르몬토프, 고골, 투르게네프 등은 그에게 일종의 반체제 교육을 한 셈이었다. 특히 니콜라이 체르니셰프스키(Nikolaj G. Chernyshevskii)의 소설 『무엇을 할 것인가?』(1863)는 청년 레닌의 의식을 새롭게 단련시켰다. 훗날 레닌은 이 소설이 자신을 완전히 바꾸어 놓았다고 회상한다. 소설 속 인물들의 혁명공동체와 '특별한 인간' 라흐메토프의 모습은 레닌에게 혁명과 혁명가에 대한 특별한 인상을 심어 주었다.

1887년 레닌에게 일생일대 중대한 사건이 발생한다. 황제 알렉산드르 3세 암살 공모로 형 알렉산드르가 처형당한 것이다. 형의 죽음은 열일곱 살 레닌의 사고를 혁명가의 그것으로 바꾸어 놓았다. 체르니셰프스키에게 편지를 쓰고, 비밀 서클에 가담하고, 맹렬하게 책을 읽었다. 특히 맑스의 『자본』을 만난 것은 운명적이었다. 그것은 레닌에게 앞으로 무엇을 해야 할지 확실하게 말해 주었다. 이 무렵 레닌은 혁명적 테러리스트의 뜨거운 마음에 공감하기도 한다. 그러나 모든 것을 사려 깊게 분별할 줄 알아야 하며, 어떤 궁지에 몰리더라도 스스로 헤쳐 나가야 한다는 것 또한 분명히 깨닫는다. 그렇지 않으면 형처럼 헛된 죽음을 맞이할 뿐이었다. 그는 뜨거운 열정을 가슴에 묻어 둔 채 대담하면서도 논리적인 혁명 전략가로 변해 갔다.

하지만 레닌은 언제나 주류 밖을 떠돈 아웃사이더였다. 카잔대학 시절, 그는 불법집회 문제로 대학에서 쫓겨나 '고졸' 아웃사이더가 되어야 했다. 심지어 변호사 자격증도 청강생으로 공부해 받았다. 1895년 스물다섯 살 레닌은 스스로 서유럽을 돌아다니며 플레하노프, 악셀로트 등 러시아 망명객들을 찾아간다. 그는 아직 애송이였지만, 거물들과 대담하게 토론하고 돌아왔다. 하지만 훗날 정적이 될 친구 마르토프와 '노동계급해방투쟁동맹'을 만든 일로 급기야 시베리아 유형을 떠나게 된다. 우여곡절 끝에 3년간의 유형 생활을 마치고도 또 다시 15년간의 길고 파란만장한 해외망명 생활에 들어가야 했다. 아웃사이더 레닌은 쉴 새 없이 돌아다녔다. 그런 중에도 수백 편의 논문, 기고, 팸플릿을 써 냈다. 그만큼 시간을 엄격하게 사용하고 관리했다. 자전거 타기를 좋아했던 그의 취미도 이런 방랑 생활과 무관하지 않을 것이다. 훗날 아내 크루프스카야는 "우리는 항상 여행 가방 위에 있었다"고 푸념하기도 했다.

또 레닌은 늘 궁지에 몰렸지만, 매번 새로운 길을 낸 창조적인 소수자였다. 1903년 당원 자격에 대한 표결에서 계속 연패 중이던 레닌은, 잠시 두 표를 더 확보하자 그 짧은 순간을 놓치고 않고 자신들은 '볼셰비키' (Bolsheviki, 다수파), 정적 마르토프의 세력은 '멘셰비키'(Mensheviki, 소수파)라고 부른다. 이후 상대편인 마르토프조차 자신들을 멘셰비키라고 불러야 했다. 하지만 볼셰비키는 이후 단 한번도 이름에 걸맞은 '다수'가 되지 못한 이상한 '다수파'였다. 차라리 레닌은 이 명칭을 깃발 삼아 비로소 혁명 대중을 만들어 갔던 '소수자'라고 해야 옳을 듯하다. 훗날 돌이켜 보면 '볼셰비키'는 혁명을 향한 의지와 운명을 극적으로 보여 준 창조적인 명명이었다. 실로 시작은 미약하였으나, 그 끝은 창대하였다.

무엇을 할 것인가? 혁명을 '혁명'하다!

레닌은 혁명의 과정 자체도 창조적으로 접근했다. 이런 그의 창의성을 유감없이 드러낸 저서가 바로 『무엇을 할 것인가?』(1902)이다. 임금인상이라는 경제주의에만 매몰된 당시 주류적 노동운동은 대중이 자발적이기만 하면 만사 오케이라는 무기력한 믿음에 의지하고 있었다. 레닌은 이를 간파하고, 이른바 '전위당'을 통해 지식인 등 '외부의 의식성'을 새로이 끌어들여 정치투쟁을 해야 한다고 주장한다. 레닌은 남들과 달리 혁명 방식 자체를 문제 삼고 있었다. 레닌에게 혁명은 자생성에 의해 자동적으로 '재현'되는 것이 아니라, 새로운 의식성과 함께 '창안'해야 할 것이었다. 혁명은 창조적으로 구성해 가는 것이지, 스스로 무르익는 열매가 아니었다. 혁명이 혁명일 수 있으려면 혁명의 대상(사회)뿐 아니라 혁명의 과정(운동) 그 자체도 끊임없이 바꾸어야 한다!

이런 창조적 사유는 그후에도 계속된다. 1차 세계대전이 발발하자 유럽 사회주의는 각국의 이해관계에 따라 분열된다. 당시 레닌은 스위스에서 완전히 고립되었다. 또 다시 찾아온 궁지였다. 하지만 묘하게도 전쟁은 '스타리크', 레닌에게 새로운 통찰, 새로운 돌파를 선사한다. 레닌에게 제국주의는 자본주의가 생산한 새로운 단계의 자본주의였다. 카우츠키류 정통파들의 자동붕괴론과 달리, 제국주의와 전쟁은 파국이 아니라, 새로운 단계, 새로운 과정이었다. 또한 역설적으로 대중은 이 전쟁에 연루되면서, 통제할 수 없는 힘으로 변할 수 있었다. 그것은 제국주의와 제국주의에 대항하는 식민지 대중 사이의 투쟁으로 나타날 것이다. 이것은 놀라운 전회였다. 사회주의는 전쟁을 막을 수 없었지만, 전쟁은 대중들의 '세계혁명'을 생산할 수 있을 것이다. 레닌은 전쟁 속에서도 혁명 자체를 '혁명'한 혁명의 발명가였다.

1917년 가을, 핀란드에 피신해 있던 레닌은 마침내 포문을 연다. 코르닐로프 장군의 쿠데타 실패로 부르주아 진영은 엉망진창이었고, 전쟁과 경제 파탄으로 대중들은 더 이상 잃을게 없었다. 레닌은 확신에 차서 "지금이라면 승리할 수 있다. 아니 내일이면 모든 것을 잃고 말 것이다"라고 선동한다. 10월 24일, 넉 달 만에 귀국한 레닌은 면도를 깨끗이 한 모습으로, 페트로그라드 소비에트 긴급회의 단상에 올라선다. 임시정부가 아직 제거되지도 않았고, 페트로그라드 시내는 여전히 아수라장인데도 레닌은 "노동자와 농민의 혁명이 성취되었습니다. 억압받았던 대중들 스스로가 자신들의 권력을 만들어 나갈 것입니다. 낡은 국가기구들은 뿌리까지 철저히 파괴될 것입니다"라고 선언하였다. 헛간과 오두막을 전전하며 집필한 원고『국가와 혁명』(1917)은 바로 이런 내용이었다.

마침내 20세기 정치 지형을 완전히 바꾸어 버린 세계 최초의 프롤레타리아 혁명정부, '소브나르콤'(Sovnarkom, 인민위원평의회)이 탄생하였다. 의장은 레닌이었고, 외무 인민위원은 트로츠키(Leon Trotsky)였으며, 스탈린(Iosif Stalin)은 민족 인민위원이었다.

프랑스 맑스주의자 루이 알튀세르(Louis Althusser)는 "철학자들은 세계를 해석해 왔다. 하지만 문제는 세계를 변혁하는 것이다"라는 「포이어바흐에 관한 11번째 테제」가 오직 레닌에 의해 비로소 의미를 얻게 되었다고 말한다. 늘 "꿈꾸어야 한다!"(『무엇을 할 것인가?』)고 외쳤던 꿈꾸는 혁명가 레닌, 그리고 항상 새로운 실천을 창조했던 아웃사이더 레닌. 그는 러시아혁명과 함께 20세기 모든 저항하는 자들의 영원한 전위투사가 되었다.

21세기, 우리는 무엇을 할 것인가?

레닌은 1924년 1월 21일 고리키시(市)에서 뇌동맥경화증으로 사망했다. 숨을 거두기 직전 레닌은 스탈린을 후계에서 배제하라는 유언을 남겼지만 이루어지지 않았다. 이후 오랫동안 레닌은 스탈린 진영이 만들어 낸 '맑스-레닌주의'라는 가면을 통해서만 유통되었다. 1991년 소비에트연방(소련)이 공식적으로 해산되고, 이어서 레닌 동상마저 크렘린궁 중앙광장에서 철거되었을 때, 사람들은 이제 레닌의 혁명도 함께 사라졌다고 여겼다.

그럼에도 불구하고 우리는 왜 레닌을 다시 읽을 필요가 있을까? 레닌은 시베리아 유형, 1905년 혁명의 실패, 오랜 망명과 당내 분란, 제2인터내셔널의 붕괴 등 늘 파국적인 상황 속에서 매번 다시 시작해야만 했다. 그러나 그런 상황 속에서도 그는 '무엇을 할 것인가?'라고 끊임없이 물으며 항상 새롭게 혁명을 창안하고, 늘 책임 있게 그것을 실천하였다. 우리가 레닌을 다시 읽어야 할 것이 있다면 바로 그 정신, 그 실천일 것이다. 이른바 현실 사회주의 국가들이 무너진 자리에 또 다시 금융자본주의가 위기를 맞고 휘청거리고 있는 지금, 우리는 이제 무엇을 꿈꾸고, 무엇을 할 것인가? 레닌이라면 이렇게 말했을 것 같다. "이거 보라구, 친구들. 이제 새로운 걸 꿈꾸어 보게나. 낡은 계급, 낡은 당들을 넘어 좀 새롭게 시작해 봐! 혁명은 그리 호락호락한 게 아닐세. 하하하."

_강민혁

젊은이여, 멈춤 없이 가라

>> 질풍노도의 아이콘, 괴테

18세기의 끝자락, 독일의 청년들은 자신의 영혼이 세상과 불화한다고 느끼고 있었다. 종교개혁과 그로부터 시작된 종교전쟁이 30년전쟁(1618~1648)으로 종결되면서 비로소 장장 2세기에 걸친 소란 상태를 접고 독일은 간만에 평화를 맞이했지만 독일 청년들은 도리어 미칠 지경이었다. 여전히 구시대의 귀족이 지배하는 강력한 신분제 사회에서 그들은 갈 길을 잃었다. 청년들의 부모 세대는 그들에게 출세를 강요했고, 귀족과 법률가들은 궁정 생활에 몰두할 뿐 젊은이들에게 어떠한 비전도 제시하지 못했다. 새로운 삶, 자유와 독립의 길은 대체 어디 있는가. 당시 청년들은 "망령을 본 것도 아니고 아버지의 원수를 갚아야 할 것도 아닌데" 하나같이 햄릿의 독백을 암송했고, 망령에 찬 분위기와 망한 영웅들의 이야기, 비극적 로맨스에 정신없이 탐닉했다. 글자 그대로 '질풍노도'의 시대! 괴테(Johann Wolfgang von Goethe, 1749~1832)가 스물네 살에 발표한 『젊은 베르테르의 슬픔』은 바로 이 거대한 폭풍우의 한가운데 서 있던 청년의 이야기다.

질풍노도에서 부르는 노래

베르테르는 낯선 고장을 떠돌던 중 로테라는 여인을 사랑하게 된다. 하지만 그녀는 이미 약혼한 상태. 좌절한 베르테르는 새로운 삶을 시도해 보지만 허례허식으로 가득 찬 사회에 더욱 절망한다. 당시 청년들은 베르테르를 자신의 대변자로 느꼈다. 마음만이 "모든 행복과 불행의 원천"이라는 베르테르의 목소리는 계몽주의적 이성에 반발하고 자연과 순수한 마음으로의 회귀를 외치던 독일 젊은이들의 목소리이기도 했다. 그들은 베르테르와 함께 절망했다. 그들 모두 베르테르와 같은 병을 앓고 있었던 것이다.

이 병은 한편으로는 위선과 가식으로 점철된 구세대가 만든 것이었고, 또 한편으로는 자신의 열정을 쏟아낼 어떤 출로도 만들어 내지 못한 베르테르 자신이 만든 것이었다. 베르테르는 로테에게 모든 열정을 쏟아부었지만, 그녀는 어떤 출구도 찾지 못한 베르테르의 열정이 도달한 막다른 골목이었다. 외부와 교감하지 못하는 열정은 결국 내파하여 베르테르를 죽음으로 몰아갔다. 당시의 괴테 역시 그랬다.

그는 아버지로 대표되는 구세대에 대한 반항심으로 넘쳤고, 두 번에 걸쳐 배반당한 사랑에 절망한 상태였다. 그러니까 『젊은 베르테르의 슬픔』은 절망에 빠진 자신의 문제를 바라보기 위해 괴테 스스로가 시도한 가상 여행이자 저 자신에게, 아니 길을 잃고 주저앉은 세상 모든 젊은이들에게 보내는 작은 선물, 깊은 공감의 노래다.

모든 것이 모든 것을 성장케하리라

베르테르는 자살하지만 괴테는 살아간다. 1776년, 아우구스트 대공의 초

청으로 신흥 공국 바이마르의 추밀외교관으로 일하게 된 괴테에게 온갖 업무들이 쏟아졌다. 그는 엄밀한 규칙과 질서가 작동하는 세계에 적응해 질풍노도기의 자기중심적 태도에서 벗어나고자 했다.

그러나 1786년, 그는 돌연 10년간 머물렀던 바이마르를 빠져나와 이탈리아로 떠난다. 갇혀 있던 열정이 그를 어린 시절부터 꿈꾸었던 고전의 세계로 이끌었던 것이리라. 괴테는 다짐한다. 나 자신을 기만하지 말자. 부지런히 배우면서 나 자신을 수양시키자.

지중해의 자연은 괴테의 마음을 사로잡았다. 폐허가 된 폼페이 유적, 팔라디오의 건축물, 미켈란젤로와 라파엘의 그림들은 그를 울렸다. 편협한 시선에서 벗어나기 위해서는 기존의 방식대로 사물을 포착하기를 멈추고 사물을 있는 모습 그대로 보는 것이 중요하다. 괴테의 마음에 풀 한 포기, 돌 조각 하나, 무엇보다 무너진 과거의 잔해들이 어떤 '전체'로서 새롭게 들어왔다. 낡은 것과 새로운 것, 위대한 것과 하찮은 것, 자연과 예술이 빚어내는 질서와 조화의 세계. 이탈리아는 괴테에게 새로운 시각과 관점을 선물했다.

약 2년 뒤 바이마르로 돌아온 괴테는 한층 단단해져 있었다. 그는 바이마르 국정에 참여하여 광산사업과 문화예술 업무에 집중했다. 그러다 천한 신분 출신인 크리스티아네와 동거해 아이를 낳았고, 고전적이면서도 관능적 사랑으로 충만한 「로마의 비가」를 발표했다. 사람들은 괴테가 타락했다고 비난했다. 베르테르의 음울함을 벗어 버리고 시대적 습속을 무시한 이 중년의 사내를 사람들은 이해할 수 없었던 것이다. 하지만 괴테는 흔들리지 않고, 그에게 새로운 빛을 보여 주었던 예술 및 자연과학 연구에 힘을 쏟기 시작한다.

이 무렵에 일어난 프랑스혁명이 독일 청년들을 뒤흔들 때도 정작 괴테는 담담했다. 전체의 조화와 사물의 유기적 변화, 발전을 믿었던 그에게는 오히려 혁명에 수반되는 폭력과 유혈사태가 저주스럽기만 했다. 바스티유의 파괴와 루이 16세 처형에 환호하는 사람들에게 괴테는 당부한다. 스스로의 삶에 충실하라.

1792년, 프랑스혁명군이 독일을 침공하자 바이마르의 공무원이었던 괴테 역시 출정에 동참해야 했지만, 그는 전장에서도 관찰자로서의 태도를 견지하면서 이렇게 질문한다. 폭력 없는 혁명, 평화로운 변화란 진정 불가능한가. 이런 문제의식은 실러(Friedrich von Schiller, 1759~1805)와의 만남으로 심화된다. 실러 역시 혁명을 회의하며 '미적 교육'을 통한 인간 성장의 길을 모색하고 있었던 것. 두 사람은 공히 고대에서 그 길을 찾고자 했다. 그들은 1,000통이 넘는 편지를 교환했고, 「크세니엔」을 비롯한 공동작업에 착수한다.

특히 자연 전체의 고려 속에서 개별적인 것을 해명하려는 괴테의 비전에 끌렸던 실러는 그것이 작품으로 형상화될 수 있도록 괴테를 도왔다. 실러가 죽자 괴테가 "내 존재의 절반을 잃었다"고 했을 만큼 실러는 또 다른 괴테였다. 실러와의 교류 속에서 탄생한 『빌헬름 마이스터의 수업시대』(1796)에서 괴테는 인간의 삶이란 결국 '수업'이라는 결론에 도달한다. 우리 삶에 무엇이 닥쳐올지는 알 수 없으나, 모든 것들의 상호작용 가운데서 한 송이 꽃이 피어나듯 인간 역시 온갖 사건과 관계들 속에서 성장한다는 것이다.

'인류'니 '자유'니 하는 사명들은 내려놓고 오직 내적 충동에 몸을 맡긴 채 당당히 세상 속으로 향하라. 모든 것은 "오직 모든 사람을 합해서만", "모든 힘을 통합함으로써만" 성장한다. 주인공 빌헬름이 그의 연극체험과 '탑의 결사'라는 공동체와의 만남을 통해 성장했듯이 괴테는 실러와 헤르더, 셰익스피어, 호메로스, 그리고 이탈리아의 무수한 사물, 사람들과의 만남을 통해 성장했다. 중년의 괴테는 그렇게 모든 만남이 그를 성장시키는 위대한 사건일 수 있음을 깨닫는다.

순간이여, 너는 참으로 아름답다

세상은 여전히 소용돌이쳤다. 1806년, 프랑스 황제로 등극한 나폴레옹은 전 유럽을 압박했고, 라인동맹 가입을 거부하는 프로이센을 공격했다. 괴테는 홀로 남아 피난민들과 약탈자들로 혼란한 바이마르를 지켜보았다. 사람들은 그가 나폴레옹의 총애를 받으며 프랑스에 대해 침묵하고 있음을 비난했다.

하지만 "증오심이 없는데 어떻게 무기를 들 수 있겠나"라며 전체와의 관계 속에서 삶을 바라보았던 괴테는 민족적 편견이 만들어 내는 선악 시비에 동요하지 않았다. 조국을 사랑하는 방법은 오히려 그러한 편견들을 제거하는 것이라고 믿었기 때문이다.

그는 묵묵히 바이마르 예술극장을 꾸렸고 예술과 고전, 자연의 탐구를 멈추지 않았다. 60살이 넘어 출간한 『색채론』과 『동물의 변형』에는 노년의 괴테가 깨우친 자연의 비밀이 담겨 있다. 그리고 『파우스트』. 사람들은 신과 같이 자연을 향유하고자 하였던 파우스트 박사가 인간의 한계에 절망하여 악마 메피스토펠레스의 꼬임에 빠졌다고 말한다. 하지만 파우스트는 악마와 계약하여 "자유로이 자연의 혈관 속을 흐르며 창조적으로 신의 삶을 향유"할 수 있었다. 오류와 시도, 성공과 실패, 선과 악은 약동하는 생명의 에너지가 매순간 만들어 내고 또 무너뜨리는 한 가지 형태일 뿐 우리를 힘들게 하는 것은 이 순간적인 것들에 의미를 부여하고 지속시키고자 하는 열망이다. 그러한 열망 너머 자연의 힘에 몸을 맡긴 자, 영원히 푸른 소나무로 살리라.

괴테는 오래 살았다. "사랑했고 증오했고 무관심했던 사람들과 왕국들, 수도들"보다도, "젊을 때 씨뿌리고 심은 숲의 나무들"보다도. 그는 그 모든 것들의 삶과 죽음을 지켜보아야 했다. 때로는 아팠고, 분노하고 절망한 날들도 적지 않았다. 그럼에도 불구하고 그는 깨닫는다.

"순간이여, 너는 참으로 아름답구나!" 부패는 생명의 한 과정이며 죽음은 탄생이다. 가장 천한 것, 가장 혼란하고 절망스러운 것 속에는 언제나 아름다운 것들이 함께 있으니, 이 혼돈 속을 첨벙거리며 계속 가는 것, 그 자체가 우리들의 숙명이며 또한 참된 기쁨이다. 그러니 부디 살아가기를, 천천히, 하지만 멈춤 없이 길을 나서기를. 우리, 세상 모든 베르테르들에게 주는 괴테의 가르침이다.

_박수영

참회와 공동체, 출가, 끝없는 순례자 톨스토이

>> 멈추지 않는 자기혁명가, 톨스토이

톨스토이의 마지막 순간

1910년 10월 28일, 82세의 톨스토이(Lev Nikolaevich Tolstoi, 1828~1910)는 평생의 터전 '야스나야 폴랴나'를 떠난다. 부인 소피아 안드레예브나로부터 자유로워지기 위해서였다. 며칠 뒤, 톨스토이는 아스타포보 역의 역장 집에서 폐렴으로 죽어 간다. 27년을 헌신했던 제자 체르트코프와 톨스토이주의자들, 부인 소피아 안드레예브나, 사샤와 세르게이를 비롯한 자녀들, 톨스토이의 마지막을 지키려는 사람들이 아스타포보로 몰려들었다. 1910년 11월 7일 새벽, 톨스토이는 세상을 떠났다. 제자들은 임종사진을 찍기 위해 시신에 방부제를 주사하고, 스승을 야스나야 폴랴나의 자카즈 숲에 안치했으며, 장례식에는 4천여 명의 군중들이 운집했다. 그리고 이 모든 순간들은 뉴스 영화의 선구자인 파테와 카메라 기사인 메예르에 의해 촬영되었다.

　러시아의 대문호 톨스토이의 마지막 순간은 영화보다 더 영화 같았다. 남편을 만나려는 소피아의 노심초사, 톨스토이를 20세기의 위대한 성자로 각인시키려는 제자들의 움직임, 역전에 모인 대중들의 탄식과 술렁거림까지, 어떤 위대한 인물의 최후도 이처럼 극적으로 포착되기는 어려울 것이다. 보다 흥미로운 사실은 '장례식에 모인 수천의 사람들 중에 톨스토이의 유명한 소설『전쟁과 평화』에 대해 들어 본 사람은 극소수에 불과했다'는 점이다. 장례식에 참석한 대부분의 사람들은 톨스토이가 사랑한 문맹의 농부들이었기 때문이다.

레프 니콜라예비치 톨스토이는『전쟁과 평화』,『부활』,『안나 카레니나』,『이반 일리치의 죽음』,『사람은 무엇으로 사는가』 등의 명작을 남긴 러시아의 걸출한 소설가임에 틀림없다. 그러나 톨스토이는 소설가로서만 활약하지 않았다. 그는 하나님의 복음을 전파하는 순례자이자 동시에 비폭력 무정부주의 혁명가였다. 소설가에서 복음주의 사회운동가로 변신하는 순간, 그의 일거수일투족은 주목의 대상이 되었으며 추종자들이 줄을 이었고 이내 러시아와 세계가 뒤흔들렸다.

방랑자, 소설에서 길을 찾다!

톨스토이는 러시아의 유서 깊은 귀족집안 출신으로 모스크바에서 200킬로미터 떨어진 야스나야 폴라냐 영지에서 태어나 평생을 이곳에서 살았다. 결혼 전까지, 술과 여자와 도박에 빠져 살며 낮 두 시가 되도록 곯아떨어지는 생활을 반복했다. 나태와 방종으로 점철된 젊은 시절, 톨스토이가 유일하게 시도한 생산적인 일은 일기 쓰기였다. 19살 때 시작한 글쓰기는 이후 63년에 걸쳐 멈춘 적이 없었다. 톨스토이에게 글쓰기는 자기 관찰이자 자기를 찾아가려는 몸부림의 일환이었다. 그 방랑의 길에서 톨스토이는 자신의 문학적 재능을 발견했다. 23살에 집필하기 시작한 자서전『유년시대』, 『소년시대』, 『청년시대』가 출판되어 예기치 않은 명성을 안겨 주면서, 톨스토이는 비로소 작가의 길에 들어서게 된다.

톨스토이는 1852년, 1854년 네크라소프가 주도했던 잡지『동시대인』에 「습격」과 「소년시대」를 게재하면서 상트페테르부르크의 문학계 인사들과 만난다. 그 시기에는 투르게네프, 도스토예프스키, 페트, 곤차로프, 드루지닌 등의 진보적 지식인들이 『동시대인』의 동인으로 활동하고 있었다. 톨스토이는 투르게네프, 페트와 교류하면서, 푸루동, 쇼펜하우어, 루소의 저작을 읽으면서, 무정부사회주의, 농노해방, 교육 문제에 대해 관심을 갖는다. 이때부터 톨스토이는 "지주로서의 지위를 포기하고 마을 끝에 허름한 초가집을 짓고 농부의 딸과 결혼하여, 풀을 베고 땅을 갈며, 농부처럼 살고 싶다"고 소망한다.

1862년 34살의 톨스토이는 18살의 소피아 안드레예브나와 결혼을 하고, 이후 소설가로서 대성공을 이룬다. 『카자흐 사람들』, 『전쟁과 평화』, 『안나 카레니나』와 같은 대작을 집필하면서 젊은 시절의 망나니 같은 생활엔 종지부를 찍는다. 『전쟁과 평화』의 방탕하고 음울한 귀족 피에르 베주호프, 『안나 카레니나』의 순수한 시골 귀족 레빈과 같은 소설 속 주인공들은 방황 끝에 자신을 찾고 '영혼의 정화'를 일궈 낸 톨스토이의 초상이라 할 수 있다. 톨스토이에게 소설은 영혼을 구원하기 위한 순례길이나 마찬가지였다.

1865년 첫부분을 출판하고 1869년에 탈고한『전쟁과 평화』, 1875년 첫회분을 출판하고 1877년 탈고한『안나 카레니나』는 톨스토이에게 세계적인 대문호라는 명성을 안겨 주었다. 1865년『죄와 벌』을 발표한 도스토예프스키와 함께 톨스토이는 19세기 러시아를 소설의 시대로 이끌었다고 해도 과언이 아니다.『전쟁과 평화』와『안나 카레니나』이 두 편의 대장편소설에서 톨스토이는 소설가로서의 역량을 다 쏟아부었다. 그리고 톨스토이는 이 두 작품을 쓰면서 길을 찾았다. 역사는 위대한 영웅의 산물이 아니라, 사건의 장에 참여한 무수히 많은 사람들, 특히 민중들이 순식간에 발휘한 매우 우연적인 힘들에 의해 이루어진다는 사실을 깨달았다. 톨스토이는『전쟁과 평화』에서 영웅주의를 부정하고 민중의 에너지를 발견했다. 예술적 경지로 진입한『안나 카레니나』에서 톨스토이는 주인공 레빈을 통해 신을 아는 것과 살아가는 것은 하나임을 확신한다. 톨스토이는 소설계의 혁명을 일으킨 작품을 쓰면서 동시에 자신도 변화를 겪는다. 톨스토이에게서 젊은 날의 방탕한 젊은 귀족의 잔영은 사라졌다.『안나 카레니나』를 탈고한 이후 톨스토이는 레빈 그 자체로 살아가기 위해 호흡을 가다듬고 내면으로 침잠했다.

문제는 자기혁명이다!

적어도 1879년(51세)『참회록』을 발표하기 전까지 톨스토이는 행복하고 만족스러웠다. 그러던 어느 순간 거짓으로 살아온 날들에 대한 두려움 그리고 쇠락과 죽음에 대한 공포가 그를 짓눌렀다. 인간은 무엇 때문에 사는지, 어떻게 살아야 하는지, 어떻게 구원받을 수 있는지에 대해 고민하며『성서』, 공자, 붓다, 노자, 스토아철학 등을 섭렵했고, 톨스토이는 답을 얻었다. 이후 그는 소설 속 인물을 주조하는 작업만으로는 만족할 수 없었다. 톨스토이 자신이 변하지 않는 한, 소설 속의 인물에 자신의 바람을 투사하는 일은 거짓에 불과했다. "사람들을 훌륭한 삶으로 인도하는 방법은 단 한 가지다. 스스로 훌륭한 삶을 사는 것이다."

마침내 『참회록』에서 러시아정교회가 아니라 하나님의 말씀을 실천하는 종교에 귀의하기로 선포한다. "그러므로 하늘에 계신 너희 아버지께서 완전하신 것같이, 너희도 완전하여라." 톨스토이에게는 하나님의 복음을 실천하는 것만이 완전해지는 길이다. 그 복음은 인류애다. 인류애가 실현되려면 자신을 먼저 구원해야 한다.

> 단 하나의 영구적인 혁명만이 있을 뿐이다. 바로 도덕적인 혁명, 영혼의 갱생이다. 이 혁명이 어떻게 일어날 것인가? 이 혁명이 인류에게 어떻게 일어날 것인가는 아무도 모른다. 하지만 모든 사람들이 자기 자신의 존재 가운데서 이 혁명을 분명히 느끼고 있다. 그럼에도 불구하고 우리 시대에 모든 사람들이 인류를 변화시킬 생각을 하고 있지만 정작 아무도 자기 자신을 변화시킬 생각은 하지 않고 있다.(「아나키즘에 대하여」, 1900)

자기 구원은 이제까지와는 다르게 살아야만 가능하다. 즉 무정부, 무소유, 무차별의 삶을 실천해야 스스로를 구원할 수 있다. 톨스토이는 모든 사람을 노예로 만드는 국가와 차르(제정 러시아 황제) 그리고 교회의 권력에 저항하여 노동하는 민중의 차별 없는 기독교공동체를 제안한다. 기독교공동체는 '파괴'하지 않는다. 다만 비폭력적으로 저항할 뿐이다. 국가권력에 저항해 국가에 소속되지 않고, 소유에 저항해 소유하지 않고, 불평

등에 저항해 모두를 차별 없이 평등하게 대할 뿐이다. 그렇게 하면 "전혀 투쟁하지 않으면서 내부로부터 국가의 기초는 저절로 무너진다." 톨스토이는 작위를 버리고 재산을 아내와 가족에게 양도했고, 소설가로서 저작권을 거부했으며 채식주의자가 되었다. 그는 농부처럼 옷을 입었고 낫과 쟁기를 들고 들판에서 일했으며 가죽신을 직접 만들었다. 이러한 행동은 청년 지식인들만이 아니라 무산자, 문맹자, 농부들의 마음까지 움직였다.

톨스토이 부부. 결혼 48주년을 기념하여 찍은 사진이다. 하지만 이들의 오랜 결혼 생활은 사진처럼 다정하지만은 않았다. 더구나 톨스토이 나이 여든둘에 감행한 출가는 세간 사람들이 부인 소피아를 '악처'로 몰아 가기에 충분했다.

그러나 부인 소피아의 마음은 끝내 움직이지 못했다. 열세 명의 자식을 낳아 길렀으며, 가정과 영지를 충실하게 돌봤을 뿐만 아니라 톨스토이의 모든 위대한 걸작들을 필사하고 창작을 독려한 소피아이기에, 야스나야 폴랴나의 가족과 영지와 작품들은 톨스토이의 것이기도 했지만 그녀의 것이기도 했다. 소피아의 입장에 서면 톨스토이와의 반목은 어쩔 수 없었던 듯하다. 그녀는 귀족의 특권과 작품에 대한 권리와 가족이라는 사적 울타리를 포기할 수 없었다. 톨스토이 역시 가족을 버리는 일이 쉽지 않았기에 그 오랜 세월을 불화하며 괴로워한 것이 아닌가? 그럼에도 불구하고 톨스토이는 완벽한 무소유를 위해 생의 끝자락에서 '출가'를 감행했다.

순례자 톨스토이

톨스토이는 일기, 편지, 소설 등 그의 모든 글에서 자신의 약점과 모순과 방황을 가감 없이 드러냈다. 톨스토이는 한번도 자신을 완벽한 성자로, 인류를 구원할 순교자로 보이고 싶어 하지 않았다. 그는 매 순간 자신의 오류를 인식하며 자기를 완성하려 노력했을 뿐이다. 그는 비틀거리면서도 하나님처럼 완전한 영혼이 되기를 포기하지 않았고, 서툴지만 농부가 되기를, 제화공이 되기를 그치지 않았다. 그리고 많은 사람들이 그의 공동체에 접속했다. 러시아 대중의 마음을 흔든 것은 톨스토이의 이런 점이 아닐까? 개인의 자유와 존엄을 막을 수 없음을. 미약하지만 멈추지 않는 자기 혁명이 세계를 바꿀 수 있음을.

톨스토이와 무려 40살의 차이가 나는 막심 고리키(Maksim Gor'kii)는 톨스토이를 사랑했다. 그는 톨스토이를 살아 있는 위대한 성자로 보는 세간의 시선을 경계했다. 고리키는 톨스토이라는 사람 그 자체에 감응했다. 그리고 이렇게 전했다. 톨스토이에게 건네는 막심 고리키의 이 담박한 헌사보다 더 잘 톨스토이를 표현할 길은 없을 듯하다.

그(톨스토이)를 보면 평생 동안 손에 지팡이를 쥐고 수천 마일을 걸어 수도원을 찾아 한 성인의 유골을 보고 또 다른 것을 찾아다니는 순례자가 떠오른다. 철저하게 집도 사람도 물건도 소유하지 않는 순례자. 그의 세계는 자신을 위한 것도 하나님을 위한 것도 아니다. 그는 습관적으로 신에게 기도하지만 그 내밀한 영혼은 신을 싫어한다. 왜 신은 그 같은 사람을 이 세상 끝으로 내모는 것일까? 무슨 목적으로? 레프 니콜라예비치 같은 사람은 길가의 쭉정이, 돌부리, 나무뿌리와 같다. 사람들은 길을 가다 그것에 걸려 넘어진다. 심지어는 그것에 깊은 상처를 입기도 한다. 사람들은 그 같은 사람이 없어도 그럭저럭 잘 지낼 수 있을 것이다. 그러나 자신이 미처 깨닫지 못하는 점, 혹은 전혀 다른 세계를 보고 놀라는 일은 즐겁다.(막심 고리키, 『톨스토이와 거닌 날들』)

_길진숙

세속화된 교회 권력에 맞선 또 하나의 '예수'

>> 진보적 신학자, 이반 일리히

1992년, 이반 일리히(Ivan Illich, 1926~2002)는 암 선고를 받는다. 그러나 그는 일반적인 병원 치료를 거부하고, 요가 같은 자기 수양으로, 고통이 극심할 때는 생아편을 피우면서까지, 최선을 다해 통증을 감당해 냈다. 일리히에게 병은 "피하려고 해서는 안 되는 시련"이었고, 삶이 준 선물이었다. 그는 병을 얻음으로써 새롭게 열리는 세계에 대한 숙고가 우리의 삶을 고귀하게 만든다고 믿었다. "죽음에 이르기까지 몇 분 몇 초밖에 남지 않았을지라도, '안녕'이라는 작별 인사를 온전히 자기 의지로 할 수 있는 것이다." 그로부터 10년이 지난 어느 날 아침, 일리히는 조용히 세상을 떠났다. 스스로 고귀해지는 길. 그 길을 최선을 다해 걸어간 이 시대의 현자, 이반 일리히.

이반 일리히는 1926년 오스트리아 빈에서 태어났다. 부친이 제2차 세계대전 도중 사망하자 유대계 독일인이었던 어머니는 나치의 박해를 피해 피렌체로 갔다. 일리히는 피렌체에서 학교를 마친 후 사제가 되기 위해 로마의 그레고리안 대학교에서 철학과 신학을 공부했고, 잘츠부르크 대학교에서 역사학으로 박사학위를 받았다. 교황청은 신실하고 총명한 이 젊은 사제가 로마에 남아서 추기경이 되어 주길 바랐다. 그러나 일리히는, 사제란 교회라는 제도에서 복음을 독점적으로 전파하는 사람이 아니라 청빈과 무권력과 비폭력을 실천하며 사는 또 하나의 예수여야 한다고 생각했다. 이때부터 교회와 일리히 사이의 갈등은 예견되고 있었다.

새로운 길에 나선 파문당한 신부

일리히는 교회를 '그녀'(she)와 '그것'(it)으로 구분해서 불렀다. 전자는 "개개인이 따로 또는 함께 믿음과 사랑의 삶을 살아감으로써 그리스도의 삶을 이어 나가는" 초기 기독교공동체 모습을 간직한 교회였고, 후자는 "사랑을 세속적으로 만들고 진실한 믿음을 강제화하는 제도화를 통해 삶을 타락하게 하는" 세속화된 교회였다. 그는 둘 중 '그녀-교회'에, 즉 권력 없는 '어머니공동체'로서의 교회에 머물고자 했다.

일리히는 로마교회의 관료제도를 뒤로한 채 미국으로 떠난다. 당시 뉴욕은 푸에르토리코 이민자들로 넘쳐났고, 일리히는 그들이 사는 지역의 사제직을 자청했다. 그러나 기존의 천주교단은 이주민들을 새로운 구성원으로 받아들이지 않았다. 일리히는 분개했고, 교회에 이들을 받아들일 것을 요구했다. 1956년, 푸에르토리코의 가톨릭대학교 부총장으로 임명되면서 일리히의 문제의식은 확장된다. 그는 학교라는 제도가 '경제 성장', '진보'라는 말로 포장된 자본의 배타적 경쟁 논리를 이식하고, 사람들에게 "의무교육을 마치지 못했다는 내면의 죄의식까지 새로 짐 지우는 역할"을 했다고 보았다. 일리히는 '교육'이라는 말 속에 계몽자가 수동적인 수혜자를 구원한다는 의미가, 서구 근대 문명에 기독교식 구원의 논리가 깔려 있음을 발견한다.

1960년, 미국의 대통령 선거 한 달 전, 푸에르토리코를 장악하고 있던 두 명의 가톨릭 주교가 사제 권력을 남용해 정치에 개입하는 일이 벌어진다. 일리히는 이 문제를 공개적으로 비판했고, 이 일로 추방된 후 멕시코로 건너가 국제문화형성센터(CIF)를 창설한다. 이를 1966년에 문화교류문헌자료센터(CIDOC)로 전환하고, 일리히는 여기서 주류적 흐름에 반하는 대항-연구와 지식운동을 전개해 갔다.

일리히가 멕시코로 건너간 그 해에 존 F. 케네디가 '진보를 위한 동맹' 계획을 발표한다. 내용인즉, 미국이 22개 중남미국가와 경제협력관계를 체결하여 그들의 경제 발전과 자유민주주의 정치 발전을 이룰 수 있도록 적극 지원하겠다는 것이었다. 그러나 이는 사실상 사회주의 확산을 두려위한 미국이 소수의 부유한 자를 위해 마련한 책략에 불과했고, 미국을 등에 업은 우익단체는 쿠데타를 일으켰다. 그럼에도 교회는 이를 묵인했을 뿐 아니라 미국의 보조를 맞춰 '평화봉사단'까지 창설했다. 심지어 제2차 바티칸공의회에서는 "원자폭탄을 보유하고 있는, 다시 말해 대량학살 도구를 가지고 있는 각국 정부를 아직은 규탄할 수 없다"는 발언까지 서슴지 않았다.

일리히 말대로, 교회는 "빈부격차가 더욱 심화되고 있는 세상에서 가장 합리적인 정치 수단"이 되었고, 교황은 "현대의 개발경제학이라는 전제 위에 복음주의적 문장을 처바르는 기회주의자"로 전락한 것이다. 일리히는 세속화한 교회권력에 대항하는 운동을 전개해 갔다. 기존의 가톨릭

사회에서 일리히는 '이상하고 불성실하고 미덥지 못하며 국적을 알 수 없는 사람', '호기심 많고, 교회를 곤혹스럽고 떠들썩하게 하는 눈엣가시'였다. 1967년, 교황청은 미국 중앙정보국(CIA)의 보고서를 도용해 그를 소환하고 심문했고, 침묵으로 저항한 일리히는 결국 파문당했다. 이제 일리히는 신부로서의 공식 임무를 버리고, 새로운 배움과 실천의 길을 찾아 떠난다.

구원은 우리 자신으로부터 시작된다

일리히는 세미나를 조직해 공부하고, 새로운 친구들을 만났으며, 푸에르토리코에서 품었던 질문을 정교화했다. 이를 바탕으로 1970년대에는 활발한 저술과 강연활동을 벌였다. 그리고 그가 전하는 새로운 '복음'에 사람들은 열광했다. 네 편의 팸플릿, 『학교 없는 사회』(1971), 『절제의 사회』(1973), 『행복은 자전거를 타고 온다』(1974), 『병원이 병을 만든다』(1976)는 건강, 죽음, 교통, 배움, 사랑과 같은 삶의 보편적 '가치'를 근본적으로 재검토한 것이었다.

　사람들은 좋은 삶을 위해 우선은 제도가 뒷받침되어야 하며, 그 제도에 의존해서만 잘살 수 있으리라고 착각한다. 그러나 일리히의 눈에 제도는 '사람을 잡아먹는 우상'일 뿐이었다. 사람들은 사랑과 제도적 허위를 구분하지 못한 채 생의 모든 가치들을 서비스나 보호의 결과로 여기고 제도의 노예가 되었다. 일리히는 넘쳐나는 제도가 인간을 구원하기는커녕 불필요한 소비를 증대시키는 방식으로 인간의 삶을 소외시켰다고 판단했다. 그는 이런 상황을 '가치의 제도화'라고 정의했다. '제도적 인간'은 자신에게 내재된 잠재적 가치를 실현하는 대신 제도라는 외적 척도에 의해서만 가치가 실현된다고 믿는다.

초기 기독교공동체가 전하는 복음은 잘 곳 없는 나그네들에게 기꺼이 잠자리를 내주고, 먹을 것이 없는 이들에게 먹을 것을 전해 주는 자발적 실천 행위였다. 이웃에게 복음을 전하는 데는 많은 제도가 필요치 않다. 우리는 최소한의 소유와 행위만으로도 복음을 실천하며 살 수 있는 것이다. 제도의 서비스를 구하지 말고, 스스로 자발적인 환대 능력을 키워라! 일리히가 존경했던 12세기 수도사 성 빅토르 휴(Hugh of St. Victor)의 말처럼, 구원은 나 자신과 "내가 같이 살아가는 사람들을 통해서 오는" 것이지 제도로부터 오는 게 아니었다. 일리히는 교회 제도와 계몽에 의해 인간을 구원하려는 오랜 기독교 전통을 폐기하고, 꺼져 가는 초기 기독교공동체의 불씨를 현재에 되살려야 한다고 생각했다.

누가 내 이웃인가

1980년대 이후에 나온 저서로는 『그림자 노동』(1981), 『젠더』(1982), 『H₂O와 망각의 물』(1985), 『ABC 민중지성의 알파벳화』(1988), 『과거의 거울 속에서』(1992), 『텍스트의 포도밭에서』(1993) 등이 있다. 이 시기부터 일리히는 인식의 역사에 대한 연구에 전념했다. 일리히는 역사로 눈을 돌린다. 그에게 역사는 "현재를 바깥에서 바라볼 수 있는 아르키메데스의 기준점"에 이르는 특별한 길이었다. 과거는 오직 현재의 경험에서 출발할 때에만 대안이 될 수 있다. 일리히는 역사와 고전을 배움의 보고(寶庫)로 새롭게 인식했다.

부단히 자신을 돌아보는 배움의 과정 없이는 다른 삶이란 불가능하다. 모든 사람이 자신의 삶에서 지혜를 이끌어 내고 그것을 다른 사람과 나누는 배움의 여정에서, 모든 사람은 누구에게나 가르칠 수 있고, 누구에게든 배울 수 있어야 한다.

"나는 얻어맞아 쓰러져 있는 유대인을 구해 주는 사마리아 사람, 유대인을 구해 주는 팔레스타인 사람으로 행동하고 싶다." '누가 내 이웃인가?'라는 어느 율법학자의 질문에 예수는 유대인과 사마리아인의 예를 들었다. 강도를 당해 반죽음이 된 유대인을 도와준 것은, 유대인들의 적이자 멸시의 대상인 사마리아인이었다. 사마리아인의 행동은 법, 의무, 종교와 같은 제도와 무관한, 보편적 인류애에서 기인한 것이다. 일리히는 예수의 답을 평생의 질문으로 간직했다. 누가 내 이웃인가? 끝없는 배움과 실천의 길 위에서 만나는 모든 이들에게 복음을 전하려 했던 자, 일리히는 또 하나의 예수였다.

_최태람

목사 꿈꾸던 이단아, 광기 뛰어넘고자 그림 그리다

>> 천재 화가, 반 고흐

모난 머리와 튀어나온 광대뼈, 그리고 꾹 다문 입술. 얼핏 봐도 비호감의 외모를 지닌 스물다섯의 청년 반 고흐(Vincent van Gogh, 1853~1890)는 네덜란드 암스테르담으로 향한다. 목사가 되고 싶었던 그다. 그의 부친 역시 개신교 목사였으나, 부친은 장남 반 고흐의 꿈을 달갑게 여기지 않았다. "신에게 직접 다가가려는 그의 열망에 방해가 되는 모든 것을 무시"하는 듯이 격렬한 그의 행동과 신앙이 부친에겐 한없이 위험해 보였기 때문이다. 그러나 그것이 다가 아니었다. 사실 반 고흐에게 치명적으로 결여되었던 것은 목사가 지님 직한 권위였다. 교구의 교사나 목사에게는 반 고흐의 옷차림이나 태도가 영 마뜩잖았다.

그러던 중, 반 고흐는 보리나주의 탄광지대에서 임시전도사로 활동할 수 있는 기회를 얻게 된다. 거기서 그는 "거칠고 세련되지는 못했으나 허위라고는 없는" 사람들을, "허술한 옷차림으로 그를 판단하지 않는 남자들"과 "자연스럽고 겁없이 마주할 수 있는 여자들"을, "그 자신처럼 가난한 사람들"을 만났다.

그는 거기가 바로 신이, 자신이 있어야 할 곳이라고 생각했다. 그러나 반 고흐는 위원회로부터 해고당하고 만다. 교구의 규칙을 따르지 않고, 사람들에게 자신을 너무 낮추고, 그들의 비참한 활동에 동참하기 때문이라는 것이 해고의 이유였다(1879년 광부 파업 당시 광부들의 편에 섰다는 것도 중요하게 작동했겠지만). 목사가 되고 싶었던 청년 반 고흐는, 그렇게 교회와 아버지를 옭아맨 소명에서 벗어났고, 더 이상 교회에 나가지 않았다.

1880년(28세), 나이 서른도 되기 전에 오십줄에 들어선 남자처럼 폭삭 늙어버린 이 사내는 화가가 되기로 결심한다. 동생 테오의 권유도 있었지만, 설교로 전하지 못하는 신의 말씀을 그림으로는 전할 수 있을지 모른다는 생각을 품어 온 터였다. 「감자 먹는 사람들」은 화가의 시선으로 멀찌감치에서 바라본 '민중의 풍경'이 아니라, 가난한 시절 반 고흐 자신의 초상이다.

나는 램프 불빛 아래에서 감자를 먹고 있는 사람들이 접시를 내밀고 있는 손, 자신을 닮은 바로 그 손으로 땅을 팠다는 점을 분명히 보여 주려고 했다. 그 손은, 손으로 하는 노동과 정직하게 노력해서 얻은 식사를 암시하고 있다.(1885년 일기)

감자를 먹는 그 손으로 그들은 땅을 일구고, 감자를 심고, 감자를 거뒀다. 예술이란 바로 그런 것이 아닐까. 농부처럼 뿌리고, 뿌린 대로 거둘 뿐이다. 농부들의 손처럼 화가의 손이 정직할 수 있다면! 농부들의 정직한 식사만큼이나 그림 또한 정직할 수 있다면!

화가가 되기로 결심한 반 고흐는 1886년 앤트워프 미술 아카데미에 입학하지만, 거기서도 그는 아카데미의 적이 되었다. 그의 취향, 기질, 그림의 스타일, 그 어느 하나 고상한 아카데미의 예술가들을 만족시킬 수 없었기 때문이다. 이후로 반 고흐는 주기적인 신경발작증에 시달리게 된다.

'노란집', 화가공동체의 꿈

동생 테오는 형에게 프랑스 파리행을 권유한다. 당시 모든 예술은 파리로 통했다. 파리는 멋진 댄디들로 북적였고, 순간의 빛을 담은 인상주의 회화가 유행했으며, 새로 단장한 거리는 스펙터클로 넘쳐 흘렀다.

이 모든 것이 반 고흐를 사로잡을 듯했으나, 시시각각 변하는 '모던 시티' 속에서 반 고흐는 기쁨보다는 환멸과 허무를 느꼈다. '성공한' 파리의 인상주의자들은 반 고흐의 세련되지 못한 행동을 용납하지 못했으며, 반 고흐 또한 흥청거리는 파리를, 그곳의 가볍게 살랑거리는 그림들을 참을 수가 없었다.

나는 성공이 끔찍스럽다. 인상파 화가들이 성공해서 축제를 열 수도 있겠지. 내가 두려워하는 것은 그 축제의 다음날이다.(1888년 일기)

1888년, 반 고흐는 파리를 떠나 아를로 향한다. 파리에 없던 풍경이 거기 있었다. "대기가 그의 짐들을 벗겨 주었고, 그래서 그는 마치 천한 가죽신 대신에 날개에 실려 다니기라도 하는 듯이 움직였다." 그는 그리기 시작했다. 그리는 것 외에 무엇을 할 수 있단 말인가. 무엇보다도, 아를의

'노란집'은 그의 오랜 꿈을 실현할 수 있는 기회이기도 했다. 화가공동체를 만들자!

반 고흐는 "사람들의 무관심은 내가 값비싼 구두를 신고 신사의 생활을 원한다면 기분이 나쁘겠지만, 나막신을 신고 나갈 거니까 그럭저럭 살아갈 수 있을 것이다"라는 밀레의 말을 가슴에 품어 왔다.

계속 그림을 그리면서 살 수만 있다면, 그럴 수 있는 최소한의 생계만 보장된다면 억지로 '잘 팔리는' 그림을 그릴 필요가 없지 않겠는가. 그럼 화가들이 함께 모여서 그리면 된다. 화가들이 고립되어 있으면 패배하기 마련이라고, 함께 의지하고, 함께 생계를 마련하며 살 수 있는 화가공동체를 만들면 외롭지도 가난하지도 않게 그림을 그리며 살 수 있을 거라고, 아를로 가는 기차에서 반 고흐는 생애 가장 환한 희망을 품었다.

그때 거기에, 그, 고갱이 왔다. 대단히 현실적이고, 지배하려는 성향이 강했던 고갱은 매사에 지나치게 열정적이고 물음이 많은 반 고흐를 도저히 견디지 못했다. 몇 번의 말다툼과 예기치 못한 자해. 꿈으로 설레던 '노란집'의 행복한 날들은 그렇게 저물었다.

생레미 요양소에서의 날들은 반 고흐의 삶에서 가장 비참했던, 동시에 가장 찬란했던 순간이었다. 마을 사람들은 '반 고흐를 미치게 한 것은 그림'이라며 그를 고발했지만, 반 고흐는 '그래도 나를 살게 하는 것은 그림뿐'이라는 사실을 절절하게 깨닫는다. 병원의 창문 밖으로 누렇게 익은 벼를 수확하는 농부들을 보며, 반 고흐는 저들처럼 정직하게 그림을 그리고 싶다는 의지를 다진다.

그림이 광기의 원인이라고 생각했던 사람들과, 그림만이 자신의 광기를 치유해 줄 거라고 믿었던 반 고흐. 병원을 나온 후 머물렀던 오베르 쉬 아즈의 정신과 의사이자 '예술애호가'였던 가셰 박사 역시 마을 사람들과 다르지 않았다. 그는 가셰와의 다툼 후 집을 뛰쳐나가 권총을 발사했다. 그리고 이틀 후 세상을 떠났다.

나는 해바라기고, 햇빛이고, 길이다

가난, 외로움, 정신발작, 자살. 드라마틱하다면 드라마틱한 인생이지만, 이런 몇 가지로 반 고흐의 삶을 드라마화하는 것은 대단히 부당하다. 예술 가의 삶을 이런 식으로 드라마화하거나 신화화하게 되면, 그의 예술이 갖 는 단단함과 특이성을 놓치기 십상이다.

사람들은 '불멸', '천재', '광기' 등의 수식어가 붙는 반 고흐의 화면에 서 무턱대고 죽음을 읽으려 하고, 그의 색채와 붓질에서 광기를 끄집어낸 다. 하지만 이런 식의 신화화야말로 반 고흐의 삶과 예술을 박제화시켜 버 리는 길이다.

그림을 그리는 순간, 반 고흐는 해바라기였고, 아를의 햇빛이었으며, 오베르 쉬아즈의 길들이었다. 그는 자신이 그리고 있는 바로 그것이 되기 위해 땅을 기고, 비를 맞고, 종일토록 꼼짝 않고 서 있었다. 이런 그에게서 사람들은 광기를 봤지만, 그는 그런 식으로 자신의 광기를 다스렸다. 중요 한 건, 그의 광기 자체가 아니라 그가 자신의 광기를 돌파한 그 지점이다.

흔히 생각하는 것과 달리, 반 고흐는 발작이 일어난 순간에는 붓을 들 지 않았다. 자신을 통제할 수 없는 자가 어떻게 손의 붓질을 통제한단 말 인가. 그는 자신의 병을 '이용해서' 그림을 그린 것이 아니라 병을 넘어서기 위해 그림을 그린다. 꾸준히, 인내심을 가지고서, 흔들림 없이. 바로 이것이, 예술을 예술이게 한다.

위대한 일이란 그저 충동적으로 이루어지는 것이 아니라 연속되는 작은 일들이 하나로 연결되어서 이루어진다. 그림이란 게 뭐냐? 어떻게 해야 그림을 잘 그릴 수 있을까? 그건 우리가 느끼는 것과 우리가 할 수 있는 것 사이에 서 있는, 보이지 않는 철벽을 뚫는 것과 같다. 아무리 두드려도 부서지지 않는 그 벽을 어떻게 통과할 수 있을까? 내 생각에는 인내심을 갖고 삽질을 해서 그 벽 밑을 파내는 수밖에 없는 것 같다. 그럴 때 규칙이 없다면, 그런 힘든 일을 어떻게 흔들림 없이 계속해 나갈 수 있겠니?(1882년 테오에게 보내는 편지)

반 고흐를 '드라마'로부터 구출해 내고, 그의 그림을 광기로부터 해방시키고 나면, 반 고흐의 삶과 예술이 말해 주는 진리는 지극히 단순하다. 흔들리고 넘어지더라도, 그것이 길이라면, 무소의 뿔처럼 혼자서 가라!

_채운

병이란 체질·마음 치우친 상태, 자신을 알고 타인을 통해 배워라

>> 사상의학의 창시자, 이제마

사람을 사랑한다는 것은 사람을 사랑하여 완성시키고 확립시키는 것이다. 사람을 사랑하여 완성시키고 확립시킨다는 것은 사람 하나하나를 사랑하고 모두 완성시키고 확립시킨다는 것이다. 사람 하나하나를 사랑하여 모두 완성시키고 확립시킨다는 것은 한신, 여포와 같이 용맹스러운 자도 사랑하고, 빌어먹는 거지와 같이 비겁한 자도 또한 사랑한다는 것이다.(『격치고』)

생명의 세계에는 시비도 선악도, 적도 친구도 없다. 차별 없는 생명에 대한 차별 없는 애정. 그것이 이제마(李濟馬, 1837~1900)가 평생 지키려 했던 무사의 마음이요, 의사의 마음이었다. 이제마는 사상의학(四象醫學)의 창시자로 알려져 있다. 사상의학이란 인간의 체질을 사상, 즉 태양(太陽)·태음(太陰)·소양(少陽)·소음(少陰)으로 구분하고, 이에 따라 성격, 관계 방식, 병증, 치료법을 설명하는 의학을 말한다. 이 분류에 따르면 이제마는 태양인이다. 태양인은 신체가 건장하고 가슴이 특히 발달했으며, 사고력이 뛰어나고, 진취적이고, 사교적이다. 실제로 이제마는 낯선 사람과도 금세 말을 섞을 정도로 친화력이 있었으며, 무사답게 일 처리에도 막힘이 없었다. 하지만 음식을 제대로 못 넘기고 계속 토하는 열격반위증(噎隔反胃症)에 시달렸는가 하면, 일찍부터 가족의 죽음을 경험하면서 외로운 삶을 살았다. 그가 무사의 신분으로 의학서를 저술하게 된 데는 아마 이런 개인적 경험도 작용했을 것이다.

'제마'(濟馬)라는 이름은 제주도에서 건너온 온 말을 선물 받는 조부의 꿈에서 비롯되었다. 서자 신분인 이제마가 적자가 된 것도 이 꿈 덕분이다. 예지몽이었던 걸까? 이제마는 '물을 건너는 말'처럼 무사와 의사, 유학과 의학, 몸과 마음의 경계를 넘나드는 유목적 삶을 살았다.

의사의 마음을 가진 무사

이제마는 함흥 출신으로, 딱히 내세울 것 없는 평범한 가문 출신이었다. 조부와 부친을 일찍 여의고 의지할 데가 없던 이제마는 10대 후반부터 20여 년간을 정처 없이 떠돌게 된다. 이 시기 그의 행적을 알 수 있는 기록은 없지만, 『동무유고』(東武遺稿)에 단편적으로 남아 있는 글들로 추측하건대, 서구 열강이 조선을 침략하는 현실과 민중의 곤궁한 삶을 목도하고 여기서 느끼는 바가 있었던 듯하다.

대화포(大火砲)라는 것이 있는데 한번 발사하면 마치 산이 무너지고 바다가 뒤집히는 듯 벽력 같은 소리가 울리며, 맞으면 부서지지 않는 것이 없다. …… 화룡선(火龍船)은 거대하고 넓어서 그것과 비교할 만한 배가 없다. 배를 운행하는 방법은 연통을 노로 삼고 연통 밑에 석탄을 쌓은 다음 석탄에

불을 붙여 연통으로 연기가 나오게 해서 하루에 천여 리를 갈 수 있다.(『동무
유고』)

서구 열강의 실체를 마주했을 때 이제마가 느낀 놀라움과 두려움을
짐작할 수 있는 구절이다. 그는 대포·전신·화룡선 등의 위력을 실감하면
서, 제국에 대항하려면 힘을 기르는 게 급선무라고 생각한다. 모든 사람들
이 병술을 익혀야 한다는 주장이나, 후당총을 보유한 10만 군대를 양성해
야 한다는 주장도 이런 생각에서 비롯되었을 것이다. 위태로운 조선의 현
실을 목격한 이제마는 마침내 긴 방황을 접고 무관이 되기로 결심한다. 그
리고 자호를 '동무'(東武, 동방의 무사)로 짓고, 무관으로서 일생을 마치게
된다.

그러나 무관으로서의 삶은 그를 무사가 아닌 의사로 살아가게 하는
계기가 되었다. 그는 민란을 진압하는 과정에서, 잦은 전염병의 창궐로 수
십만 명이 속수무책으로 목숨을 잃는 상황에 직면하여 병자에게 직접 약
을 처방하는 한편, 병인과 발병 조건, 치료법 등을 알기 위해 그들을 세밀
히 관찰하고 기록한다. 길 위에서 『격치고』(格致藁)와 『동의수세보원』(東
醫壽世保元)이 배태되고 있었던 것이다.

한편, 부인의 병사(病死)는 그의 의학적 사고를 발전시키는 계기가 된
다. 열병을 앓는 부인에게 의원이 관행적으로 열을 내리는 치료를 했는데,
부인은 결국 병이 악화되어 사망하고 만다. 이제마는 이 사건으로, 사람
의 병증은 체질에 따라 다르므로 그 치료법 역시 체질에 따라 달라야 한다
는 자신의 가설을 확신하게 된다. 일찍부터 내면화된 성리학적 사유에, 무

관으로서 민중의 병을 관찰한 임상 경험, 그리고 자신의 병과 부인의 병사 경험이 더해져 완성된 텍스트가 13년(1880~1893)동안 걸쳐 쓴 역작『격치고』다.

인간의 몸과 마음에 대한 격물치지, 『격치고』

『격치고』에서 '격치'는 격물치지(格物致知)의 약자로, 이는 세계를 관찰하고 탐구하는 성리학의 근본적인 공부 방법이다. 이제마는 인간의 병을 격물치지의 대상으로 삼아『격치고』에서 사상의학의 기본 구도를 구상하게 된다.『격치고』는 세 부분으로 구성되었다. 삶의 원칙을 밝히기 위한「유략편」(儒略篇), 삶의 기준점을 회복하기 위한「반성잠」(反誠箴), 수양을 위한 지침인「독행편」(獨行篇) 등이다. 이 구성에서 알 수 있듯이,『격치고』는 본격 의학서라기보다 성리학적 사유에 몸의 생리에 대한 사고를 접목시킨 의철학서라고 할 수 있다.

많은 연구자들이 지적하듯이, 사상의학의 논리는 맹자의 철학에 기초하고 있다. 맹자는 사단(四端)을 통해 인간 본성의 선함을 논하고, 사단을 확충하는 수양을 통해 본성을 회복하는 것을 학문의 과제로 삼았다. 이제마는 인의예지(仁義禮智)를 각각 태양, 소양, 태음, 소음에 연결시키고, 인의예지가 사욕(私慾)에 가려지듯이 타고난 체질의 장점이 사심(私心) 때문에 치우치게 된다고 보았다. 즉, 각각의 체질이 건강하게 발현되면 인의예지를 구현하게 되지만, 사심이 개입되면 탐비라박(貪鄙懶薄; 탐내고 무례하며 게으르고 천박함)으로 변질되어 욕심과 안일과 방종과 사사로움을 추구하게 된다. 예컨대, 태양인은 기질적으로 포용력이 있고 은혜를 잘 베풀지만, 사심이 생기면 계산적으로 은혜를 베푸는 이해타산적 인간이 된다. 이런 불균형 상태를 치유하고 본래 체질의 장점을 발휘하려면 태음인의 기질인 의로움을 본받아 마음을 수양해야 한다. 병이란 체질과 마음이 치우친 상태이고, 그것을 바로잡는 것이 치료라는 것. 이것이 이제마가 인간을 격치함으로써 도달한 결론이었다.

세상을 보존하는 의사가 되어라

이제마는 『격치고』를 완성한 지 1년 만에 『동의수세보원』을 완성함으로써 사상의학을 체계화시킨다. 이 책은 「성명론」(性命論), 「사단론」(四端論), 「확충론」(擴充論), 「장부론」(臟腑論), 「의원론」(醫源論), 「광제설」(廣濟說), 「사상인변증론」(四象人辨證論)으로 구성되었다. 여기서는 구체적 임상 경험을 바탕으로 한 처방과 병증 분석이 본격적으로 전개되고 있다.

예컨대 비대신소(脾大腎小, 비장이 크고 신장이 작음)한 소양인은 일을 잘 벌이고 행동과 대처가 빠르지만 일의 마무리를 제대로 못한다는 단점이 있다. 반면 간대폐소(肝大肺小, 간이 크고 폐가 작음)한 태음인은 일을 벌이지는 않지만 맡은 일을 책임 있게 완수해 낸다. 이처럼 모든 체질은 각각의 장단점이 있다. 때문에 모든 사람은 다른 체질을 가진 사람과의 관계 속에서 스스로의 병을 파악하고 치료할 줄 알아야 한다. 그것이 곧 마음수양이고, 이를 통해 모든 체질의 장점을 두루 갖춘 '성인'이 될 수 있다.

요컨대, 병은 사회적 관계 속에서 생기고, 따라서 관계를 통해서만 고칠 수 있다는 것이 사상의학의 핵심이다. 모든 병은 타인과 소통하지 못하는 데서 비롯된다고 본 이제마는 약을 처방할 때도 약재, 음식과 함께 마음수양법을 자세히 적어 주었다. 이제마에게 치료란 사회적 관계 맺음을 통해 이루어지는 '사회적 치료'였던 셈이다.

백 집이 있는 마을에 한 사람의 의원만으로는 사람을 살리기에 부족할 것이다. 반드시 의학을 널리 펴고 밝힘으로써 집집마다 의술을 알고 사람마다 병을 알게 된 뒤에야 수(壽)를 누리고 원(元)을 보전하게 될 것이다.(『동의수세보원』)

『동의수세보원』에서 '수세보원'(壽世保元)이란 '세상과 삶을 위해 보존해야 할 원칙'이라는 뜻이다. 이제마에게 그 원칙은 타인을 통한 배움이었다. 이제마는 함께 사는 세상을 만들기 위해 모두가 자신의 의사가 되어야 한다고 말한다. 누구나 병이 있다. 하지만 누구나 자신의 병을 볼 수 있는 건 아니다. 몸과 마음이 아프거든, 먼저 내 몸에 새겨진 관계의 흔적을, 내가 관계 맺는 방식을 보라. 그리고 타인으로부터 배우라. 그것이 '나 자신의 의사'가 되기 위한 시작이다. 무사 이제마는 그렇게 자기 자신을 치유하는, 그리고 세상을 지키는 의사가 되었다.

_박장금

광신의 시대에, 모든 권위를 의심하다

>> 명랑한 회의주의자, 미셸 드 몽테뉴

1560년, 수년간 '진짜' 마르탱 게르 행세를 한 '가짜' 마르탱 게르에 대한 재판이 파리 고등법원에서 진행되었다. 『마르탱 게르의 귀향』이라는 책과 영화로도 잘 알려진 이 희대의 사건은, 재판 말미에 진짜 마르탱 게르가 출현하는 대반전을 거쳐 가짜 마르탱 게르가 처형당하는 것으로 종결되었다. 당시 보르도 고등법원에서 근무하면서 이 사건을 전해 들은 몽테뉴는, 이 사건의 진실을 법으로 판단하는 것은 불가능하다고 생각했다. 가짜 마르탱 게르는 최선을 다해 진짜 마르탱 게르로 살았고, 진짜의 죽마고우도 아내도 모두 가짜 마르탱 게르를 진짜라고 생각했다. 그렇다면 진실은 대체 어디에 존재하는가. 법이 진실을 판단할 권리와 능력이 있는가. 몽테뉴가 보기에 마르탱 게르 사건은 법이나 지성으로 판단할 수 없는 인간의 모순성과 삶의 불가해함, 사실을 넘어선 진실의 문제를 제기하고 있었다.

가톨릭이냐 프로테스탄트냐, 루터파냐 칼뱅파냐를 기준으로 자신을 증명해야 하는 시대에 '가짜 마르탱 게르'처럼 온전히 자신의 행위와 말과 정신으로 자립(自立)하기를 갈망했던 자. 삶의 진실을 신에게 묻지 않고 자신의 걸음 속에 담고자 했던 자. 스스로 미친 자가 되어 길을 떠난 돈키호테보다 조금 앞서 여기, 자신을 탐색함으로써 광기의 시대를 온전히 살아낸 자, 몽테뉴가 있다.

헛되고 헛되며 헛되고 헛되다

"전도자가 말한다. 헛되고 헛되며 헛되고 헛되다. 모든 것이 헛되다.……네가 어떤 일을 하든지, 네 힘을 다해서 하여라. 네가 장차 들어갈 무덤 속에는, 일도 없고 계획도 없고 지식도 없고 지혜도 없다." 몽테뉴는 「전도서」의 구절을 12개나 발췌하여 서재 천장에 명문으로 새겨 놓았다고 한다. 몽테뉴가 인용한 유일한 성서 구절이다. 살벌한 '종교의 시대'에 몽테뉴는 대담하게도, 그리스도가 아니라 그리스 로마의 고전을 자신의 무기로 삼았다. 그는 고전 속에서 자기 시대와 인간을 읽었으며, 고전을 통해 전란의 늪에서 재생(Re-naissance)할 수 있었다.

흔히 르네상스를 찬란한 빛과 색의 시대로 상상하지만, 정작 16세기를 관통하는 키워드는 전쟁과 죽음이다. 1598년에 낭트칙령이 공포됨으로써 기나긴 종교전쟁이 막을 내리기 전까지, 가톨릭과 이에 '항의'하는 프로테스탄트, 종교를 내세운 왕과 귀족들의 대규모 살육경쟁이 끝도 없이 이어졌다. 거기에 기근과 페스트까지, 16세기는 흡사 태피스트리처럼, 화려한 문예부흥의 뒷면에 상상할 수도 없는 상처와 모순을 깔고 있었다. 휴머니즘? 그런 건 헛되고 헛된 이상에 불과했고, '그리스도의 이름'은 살육에 필요한 명분일 뿐이었다. "기독교의 적개심만큼 격렬한 것은 어디에도 없다. 우리의 신앙심은 우리의 증오심, 잔혹함, 야심, 탐혹, 중상모략, 반역의 성향을 조장할 때는 참으로 놀랄 만한 힘을 발휘한다. 우리의 종교는 악덕을 근절시키기 위해 만들어졌는데, 오히려 악덕을 감추고 키우고 부추기고 있다." 전란의 한복판에서 몽테뉴는 그리스, 로마인들의 절제된 태도를 견지한 채 광신의 결과를 묵묵히 응시했다.

에라스무스의 자유주의 교육을 신봉하고, 칼 대신 펜의 시대가 도래했음을 간파한 부친은 몽테뉴에게 두 살 때부터 라틴어를 교육시킨다. 우리로 치면, 모두가 한글을 쓰는 시대에 한문으로만 말하고 쓰게 하는, 기이한 조기교육을 실행한 셈이다. 몽테뉴가 어떤 종교나 정파와도 거리를 두며 보신(保身)할 수 있었던 데는 부친의 이런 '반시대적' 조기교육이 공헌한 바가 크다.

청년기에 파리 왕립교수단에서 그리스 철학을 공부한 몽테뉴는 유학을 마치고 고향 보르도로 돌아온 1557년부터 고등법원에서 조세심의관으로 근무하게 된다. 어떤 절차로 법관이 되었는지는 알 수 없으나, 법관이 그의 적성에 맞지 않았던 것만은 분명해 보인다. "법률이 신뢰를 얻는 것은 공정하기 때문이 아니라 그것이 법률이기 때문이다. 이것이야말로 법률이 가진 권위의 불가사의한 근거이고, 그밖에는 아무 근거도 없다. 어쨌든 늘 공허하고 판단이 불안정한 인간이 법률을 만든다." 몽테뉴의 '몽테뉴다움'이 여기 있다. 그는 한번도 자신이 서 있는 지반을 확신한 적이 없다. 법관으로 근무할 때는 법의 판단력을, 파리 궁정에서 왕의 시종무관으로 근무할 때는 국가와 군주권력의 토대를 의심했다. 가톨릭이었지만 프로테스탄트에 적대적이지 않았고, 또 한편으로는 '새것'을 만들려는 일체의 개혁주의에 진저리를 쳤다. 확신으로 움직이는 제도와 권력에 대한 주의 깊은 거리감 때문인지, 후대는 그를 비겁자로 평가하기도 한다.

몽테뉴는, 모든 종교의 자유가 허용되는 '유토피아'를 상상한 대가로 처형된 토머스 모어보다는, "우리 인간은 얻어맞거나 걷어차이면서도 왜 이처럼 참을성 있게 폭군의 굴레와 족쇄를 감수하고 있는가"라고 질문했던 에티엔느 드 라 보에티에 주목한다. 나는, 인간은 왜 이토록 무력한가. 인간이란 모순으로 가득 찬 존재고, "자신에 대해 절대적으로, 단순하게, 결정적으로, 혼란이나 혼동 없이, 단 한마디로 말할 수 있는" 건 아무것도 없다. 자신을 끔찍하게 미워했던 어머니를, 동생과 바람난 아내를 그저 지켜볼 수밖에 없었던 것도, 음경을 도려내는 듯한 통증을 동반한 신장결석증을 앓으면서도 병원 한번 찾지 않고 고통을 감내한 것도, 어떤 것도(그것이 심지어 병이나 죽음일지라도) 함부로 판단하거나 내쳐서는 안 된다는 자각 때문이었다. '나는 무엇을 아는가?'라는 일생의 화두는 이런 자각에서 비롯된 것이다. 13년간의 법관 생활을 마치고 마흔 살이 된 몽테뉴는 고향으로 내려가 이 문제에 대한 탐색을 본격적으로 시작한다.

『에세』, 전장에서의 산책

"무언가를 찾는 사람은 누구나 '찾아냈다', '찾을 수 없다', '아직 찾고 있다' 가운데 어느 하나로 귀착한다." 몽테뉴가 주목한 것은 '아직 찾고 있는 중'이었던 회의론자들이다. "확실한 것은 하나도 입증될 수 없다. 판단의 주체도, 판단의 대상도 끊임없는 변화와 동요 속에 있기 때문"이다. 우리가 이성을 필요로 하는 건, 결정하고 선택하기 위해서가 아니라 자신의 무지를 깨닫고 전제를 의심하기 위해서다. "회의론자는 온갖 의견들을 부드러운 눈길로 바라본다. ······ 반대되는 판단은 나를 분개시키지도 흥분시키지도 않고, 오히려 나를 눈뜨게 하고 단련할 뿐이다." 이것이 몽테뉴 식의 회의였고, 때문에 그의 회의는 가볍고 명랑하다. 1572년부터 거의 죽기 직전까지 수정과 첨삭을 거듭하며 집필한 『에세』(Les Essais)는 그의 명랑하고도 예리한 질문들로 가득하다.

흔히 『수상록』으로 번역되는 『에세』는 몽테뉴 자신의 말을 빌리면 "정신의 잡동사니"이자 사유 시험(essai)이라고 할 수 있다. 몽테뉴는 "평화가 그 온전한 모습을 보여 준 일이 전혀 없던" 전쟁의 한복판에서 자신의 즉흥적 사유를 기록하는 일에 몰두한다.

여기에 쓰고 있는 것은 오로지 내 타고난 능력의 시험(essai)일 뿐, 후천적으로 얻은 능력의 시험은 결코 아니다. 따라서 남들이 내 무지를 공격해도 별로 곤란할 건 없다. 무지의 자각이야말로 판단력을 갖추고 있다는 가장 아름답고 확실한 증거라고 생각한다. 나는 아무리 흐트러진 걸음걸이라도 평소의 자연스러운 내 걸음걸이를 보여 주고 싶다.

문체에서 느껴지는 극도의 침착함과 단순함, 종종 농담인지 진담인지 알 수 없는 명랑한 어조 때문에 『에세』를 읽으며 화약 냄새와 총포 소리를 연상하기란 쉽지 않다.

몽테뉴는 평가하고 판단하기보다는, 판단을 중지한 채 의심하고 회의한다. 그는 신 앞에서 맹세의 언어를 남발하는 권력자보다는 시장의 언어로 삶의 지혜를 기록하는 은자(隱者)가 되길 꿈꿨다. 무도한 세상이 종종 그의 판단과 능력을 필요로 하기도 했지만, 그때도 그는 중심을 잃지 않고 나아갔다가 침착한 모습으로 되돌아왔다. 그리고 다시 "펜으로 걸었다".

"인생은 그 자체로는 좋은 것도 아니고 나쁜 것도 아니다. 그대가 인생에 마련해 주는 자리의 좋고 나쁨에 따른다." 자신으로부터 출발해서 인간과 자연과 이성을 사유한 몽테뉴가 터득한 지혜다.

나는 단지 나만을 위해 살고 있다

세상을 편히 사는 법을 알아내려는 과제가 주어진다면 몽테뉴와 함께 그 문제를 해결하고 싶다던 니체는, 손을 떨게 하거나 눈물을 글썽거리게 하지 않는, 겸허하면서도 용기 있는 그의 사상을 예찬했다. 우리는 인간이 무엇으로 이루어졌는지만 말할 수 있을 뿐, 인간의 본질이라든가 의무에 대해서는 말할 수 없다고 생각했던 푸코 역시 몽테뉴의 회의주의를 한편에 늘 품고 있었다. 우리 자신의 최고 걸작품은 "떳떳하게 살아가는 일"이라며, 과(過)도 부족도 없이 "분수에 맞는 평이하고 건강한 지혜"를 최고의 지혜로 삼았던 몽테뉴. 이 죽음과 불안의 시대에, 나 역시 그의 가르침을 본받고 싶다. "나는 그날그날을 살고 있다. 그리고 실례인 줄 알면서도, 단지 나만을 위해 살고 있다. 내 목적은 그것뿐이다."

_채운

그는 차라리 '말더듬이'로 살았다
믿음 없는 말은 말이 아니기에…

>> '법가' 대표 주자, 한비자

춘추전국시대(B.C. 772~221)는 전쟁의 시대였다. 하늘의 덕을 상징하던
왕자(王者)의 정치가 힘의 논리를 앞세우는 패자(覇者)의 정치로 바뀌었던
것. 하지만 혼란의 시대가 사상적으로는 커다란 발전의 계기가 되었다. 극
심한 위기의 시대를 돌파하기 위한 다양한 방식의 정치철학이 논의되었
기 때문이다. 그 결과 도가(道家), 유가(儒家), 음양가(陰陽家), 묵가(墨家), 종
횡가(縱橫家), 법가(法家) 등 독특한 세계관에 바탕한 제자백가들이 끊임없
이 이어졌다. 법가를 대표하는 한비자(韓非子, B.C. 280~233)는 이러한 시
기에 가장 늦게 등장한 사상가였다.

한비자는 한(韓)나라 왕의 측실 소생 왕자로 태어났다. 그는 일찍이
큰 뜻을 품고 당대 최고의 대학자인 순자(荀子) 밑에서 배움을 구했다. 성
악설(性惡說)에 기반한 순자의 사유는 한비자에게 큰 영향을 미치지만, 한
비자는 예치(禮治)를 주장하는 스승의 생각에는 끝내 동의할 수 없었다.
한비자가 보기에 세상은 인의나 도덕, 혹은 예 같은 이상적인 담론으로 구
원될 무엇이 아니었다. 세상은 생각보다 훨씬 혼탁했으며, 인간이란 그렇

게 믿을 수 있는 존재들이 아니었다. 사상은 무엇보다도 실제적이고 유용해야 했다.

제자백가 사상가들의 무기는 말이었다. 그들은 화려한 변설(辯說)을 통해 자신들의 말이 갖는 가치와 명분을 설파했다. 하지만 진리들이 넘쳐나도 왜 세상은 언제나 그대로인 것일까. 어째서 그토록 훌륭한 가치들이 실현되기는커녕 또 다른 말을 낳는 수단이 되고 마는가. 그 수많은 말들 속에서 진정으로 어떤 말이 천하를 제패하는 귀중한 말이 되고 어떤 말이 그저 자신의 입을 나오는 순간 사라지는 운명에 처해지는가. 말과 말이 충돌하며 말들의 진리 게임이 펼쳐지던 시대, 한비자는 우리에게 어떤 말을 들려주려고 했던 것일까.

놀랍게도 한비자는 심한 말더듬이었다고 전해진다. 하지만 한비자의 고백에 따르면, 그는 말을 못하는 사람이었다기보다는 스스로 말을 아꼈던 사람처럼 보인다. "저에게 말을 한다는 것, 그 자체가 어려운 것은 아닙니다. 제가 말하기를 꺼려 망설이는 까닭은 다음에 있습니다." 한비자는 유세를 좋아하지 않았지만 그의 글은 보는 이를 감탄케 하는 간명하고 통쾌한 논리로 충만해 있었다.

> 송(宋)에 부자가 있었다. 비가 내려 담장이 무너졌다. 그 아들이 말하기를 '고치지 않으면 앞으로 반드시 도둑이 들 것입니다'라고 하였다. 그 이웃집 노인도 역시 같은 말을 하였다. 밤이 되어 과연 그 말대로 재물을 크게 잃어 버렸다. 그 집에서 아들은 대단히 지혜롭다고 여겼지만 이웃집 노인은 의심하였다. (『한비자』, 「세난」說難)

말이란 무엇인가. 우리는 흔히 말의 힘을 말에 담긴 진정성에서 찾는다. 진실된 말. 그런 말이라면 상대가 누구이건 어디에서건 말은 힘을 갖는다고. 하지만 한비자에게 말은 그 자체로는 아무것도 아니다. 송나라의 부자에게 아들과 이웃집 노인이 건넨 말은 표면상 동일하다.

그런데 한 사람의 말은 그를 지혜로운 자로 여기게 만들었고, 다른 한 사람의 말은 그를 의심스러운 자로 여기게 만들었다. 하나의 말, 두 개의 가치. 그 자체로 훌륭한 말, 좋은 말은 없다. 정황상 옳은 말도 그 말을 하고 있는 사람이 싫을 땐 폭력이 된다. 반대로 내가 스승이라 여기는 사람의 말은 뼈아픈 말들까지도 나를 키우는 배움의 말이 된다.

한비자는 이윤(伊尹)과 백리해(百里奚)같이 지혜로운 자들이 군주에게 다가가기 전에 요리사와 노예로 살았던 사실을 지적한다. 이윤과 백리해는 비천한 신분으로라도 군주와의 관계를 먼저 만들고자 했다는 것. 그들이 지혜로운 이유는, 말에 앞서 관계를 만들어 냈다는 데 있다. 하여 이윤과 백리해의 말은 마침내 군주에게 가닿을 수 있었다.

한비자는 말 그 자체의 힘을 믿지 않았다. 그는 사람과 사람 사이의 관계가 형성되지 않은 상황에서 섣불리 말로써 뜻을 이루겠다고 나서는 것을 어리석게 여겼다. 말의 힘은 믿음에서 생긴다. 믿음(信)은 말(言) 옆에 사람(人)이 서는 데서 이루어지는 것이다. 다시 말해 말에서 사람, 즉 관계가 사라지면 말은 곧 죽고 만다. 우리들이 현실에서 경험하는 많은 말들도 마찬가지다. 관계의 장을 떠나면 말은 아무런 힘을 갖지 못한다. 매번 경험하면서도 우리는 쉽게, 그리고 자주 이 사실을 잊는다.

한비자는 종종 권모술수의 사상가로 소개된다. 아마도 이것은 한비자가 노골적으로 군주의 '통치술'(術)을 강조했기 때문일 것이다. 하지만 이런 일면적인 평가는 한비자에게서 그의 시대를 분리시킨 결과다. 한비자가 법(法=형벌)·술(術)·세(勢) 등 실제적인 통치 수단을 강조했던 것은 그의 시대가 앞선 사상가들에 의해 숱한 이념으로 점철된 상태였다는 사실을 이해하는 데서 출발해야 한다. 이념은 충분하다 못해 넘쳐났다. 그런데 이념을 말하는 어떤 사상가도 정치를 실제로 어떻게 해야 하는지는 말하지 않았다.

한비자는 사람들이 침묵한 곳에서 묻는다. 그가 보기에 좋은 이념과 나쁜 이념은 문제의 핵심이 아니다. 그보다 먼저 이념이 실현되도록 힘써야 한다. 아니 실현될 때에만 이념은 이념이 된다. 중요한 건 정치가 '무엇'인가를 말하는 것이 아니라 정치를 '어떻게' 할 것인가이다.

"죽기 전에 한비자를 만날 수 있다면 죽어도 여한이 없겠다!"

훗날 전국시대를 종식시키고 중국 최초의 통일 왕조를 이룩한 진왕(진시황)의 말이다. 당시 진왕은 누구보다도 일찍 한비자를 주목했을 뿐 아니라 높이 평가했던 야심만만한 군주였다. 진왕 밑에는 한비자와 함께 순자에게서 공부했던 이사(李斯)란 인물이 있었다. 이사는 진왕의 바람을 들어주기 위해 계책을 꾸민다. 진나라가 한나라를 공격할 것이라고 소문을 퍼뜨리면, 한왕이 급히 한비자를 사신으로 보내 화평을 요청할 것이라는 것. 이사의 예측은 적중했다. 당대 최고의 사상가 한비자와 전국시대 최고의 전쟁 군주 진왕은 그렇게 마주 섰다.

막상 한비자와 진왕의 만남이 이루어지자 당황한 쪽은 이사였다. 이사는 자신보다 능력이 뛰어난 한비자가 진왕의 총애를 받을까 봐 두려웠다. 한비자와 진왕의 실제 만남이 어떠했다는 정확한 기록은 남아 있지 않다. 진왕이 실망을 느꼈다고도 하고, 진심으로 기뻐했다고도 한다. 하지만 결과적으로 이 만남은 한비자의 비극적 죽음으로 끝이 났다.한비자의 죽음은 말의 힘이 관계에 기반한다는 그의 생각과도 관련이 깊다. 사람과 말이 맺는 관계의 차원에서 보자면, 당시 진왕의 곁에 있던 사람은 이사였지 한비자는 아니었다. 이사는 진왕에게 참언한다. 한비자는 왕족이라 결코 마음으로 한나라를 배반하지 않을 것이고, 그렇기 때문에 살려 보낸다면 결국 진나라에 위협이 될 것이라고.

진왕은 이사의 말을 좇아 한비자를 옥에 가두었다. 결국 한비자는 이사가 건넨 독약을 마시고 감옥에서 생을 마감한다. 억울했지만, 그에게는 진왕에게 변명할 기회조차 주어지지 않았다.

한비자의 죽음이 허망하게 느껴지는 건 그의 사상이 새롭고 진취적이었기 때문일 것이다. 그리하여 그가 자신의 뜻을 제대로 펼쳐 보지도 못하고 죽었다는 것. 그가 죽은 뒤 천하를 통일하게 된 진시황이 한비자의 사상을 자신의 주요 통치 이념으로 현실화했다는 것. 하지만 한비자의 비극은 그가 일찍 죽었기 때문이 아니라, 사상가로서 그가 삶을 통해 아무런 관계의 현장도 만들어 내지 못했다는 점에 있다. 미처 그런 자신을 성찰하지는 못했다는 것. 현실화하지 못하는 말의 허망함이라면 일찍이 한비자가 통찰했던 지혜가 아니었던가.

그랬던 그도 정작 자신의 운명 앞에서는 현장 없는 곳에 자신의 말을 세우고 말았다. 한비자는 영원한 말더듬이로 남았다. 이념이 삶의 척도가 되는 시대에 사람들 사이의 관계는 위태로워질 수밖에 없다. 그런 점에서 한비자의 법은 새로운 관계에 대한 사유였다고도 말할 수 있다. 법 앞에서는 관계를 고민할 필요가 없다. 법 앞에는 오직 법과의 관계만 존재하기 때문이다.

하지만 이념이 사라지고 법만 횡행하게 되는 사회는 어떤 모습일까. 그런 사회가 어떤 이상을 갈구하게 되는 것은 당연한 일이 아닐까. 우리 사회가 집단적으로 '정의'(justice)에 열광하는 것은 그저 우연일까.

_문성환

언어는 사다리일 뿐, 삶이 논리이자 철학이다

>> '자유영혼', 비트겐슈타인

빈, 세기말 제국의 마지막 나날들

요한 슈트라우스의 「아름답고 푸른 도나우」를 듣고 있노라면, 이 어질할 정도로 아름다운 왈츠곡이 오스트리아-헝가리제국의 군대가 프러시아 군대에 패한 직후에 작곡되었다는 사실을 떠올리기 어렵다. '예술의 도시' 빈이 실은 말러를 비롯한 많은 예술가들을 가장 홀대했던 도시라는 사실도. 이런 빈의 이중성을 로베르트 무질(Robert Musil, 1880~1942)은 이렇게 묘사한다.

> 국가 제도상으로는 자유주의 국가였지만, 그 통치 체계는 관료적이었다. 통치 체계는 관료적이었지만, 삶에 대한 일반 대중의 태도는 자유주의적이었다. 법 앞에서 모든 시민은 평등했다. 그러나 물론 모든 사람이 시민은 아니었다. 부여된 자유를 매우 엄격하게 행사하는 의회가 존재하지만, 정작 의회의 문은 대개 닫혀 있었다.(『특성 없는 남자』)

루트비히 비트겐슈타인(Ludwig Wittgenstein, 1889~1951)이 태어난 곳은 바로 여기, 몰락해 가는 제국의 수도이자 신흥 부르주아의 장식적 예술 취미가 극에 달한 도시, 클림트·실레·쇤베르크·아돌프 루스(오스트리아의 건축가) 같은 새로운 천재들로 북적거리는, 역설과 파괴와 새로움이 공존하는 세기말의 빈이었다.

비트겐슈타인의 부친은 자수성가한 철강 재벌이자 유럽에서 가장 중요한 예술 후원자였다. 하지만 대부분의 재벌이 그렇듯, 그 역시 자식들의 예술적 삶만은 용납하지 않았고, 그와 갈등하던 큰아들을 비롯해 세 아들이 결국 자살로 생을 마감한다. 다른 여덟 형제들에 비해 가장 '비예술적'이었던 막내 비트겐슈타인은 고등학교 졸업 후 기계공학을 공부했고, 이 과정에서 러셀과 프레게가 제기한 수학적 문제들에 흥미를 느껴 영국 케임브리지 대학에 입학하게 된다. 얼마 후 부친이 사망하고 그는 막대한 유산을 상속받게 되지만, 가난한 오스트리아 예술가들에게 유산을 기부하고 본격적으로 논리학 연구에 몰두하게 된다. 비트겐슈타인을 사로잡았던 문제는 오직 하나, 기만과 허영에 들뜬 부르주아의 세계에 휘말리지 않고 자신의 영혼을 구원하는 것이었기 때문이다.

말할 수 없는 것에 대해서는 침묵하라

비트겐슈타인의 초기 철학을 대표하는 저서 『논리-철학 논고』는 제1차 세계대전의 한복판에서 탄생했다. 죽음을 마주한 상황 속에서 탄생한 논리학 책이라니, 참으로 아이러니하다. 하지만 바로 이 점이 『논리-철학 논고』의 끝부분에 아주 낯선 형태로 등장하는 윤리학, 미학, 영혼, 세계와

신, 삶의 문제에 대한 사유의 편린들을 이해할 수 있게 해준다.

전장에서 그는 한 손으로『논리-철학 논고』를 집필하는 한편, 다른 한 손에는 늘 톨스토이의 책을 쥐고 있었다. 삶의 의미란 자신의 실천적 일상에 충실한 사람에게만 드러난다는 톨스토이의 가르침은 비트겐슈타인의 생애에서 중요한 화두였다. 결론적으로 말하면,『논리-철학 논고』는 논리적으로 말해질 수 없는 삶의 영역들에 대한 사유의 결과물이다. 그는 이 책에서 언어와 세계의 문제를 해결했지만, 역설적이게도 이 작업의 가치는 "문제들이 해결됨으로써 이루어진 것이 얼마나 적은지를 보여 준다."는 사실에 있었다.

비트겐슈타인에 따르면, 우리는 어떤 명제를 구성할 때 그에 상응하는 '그림'을 산출한다. 건축가가 떠올리는 청사진처럼, 언어를 사용하면서 어떤 '모델'을 떠올리는 것이다. 물리학의 좌표 체계처럼 하나의 명제는 특정한 논리적 공간을 갖는다. 다시 말해, 어떤 이름이 뜻을 갖는 것은 이름들 간의 논리적 관계라는 맥락 안에서다. 예컨대, '장미'라는 이름은 다른 여러 꽃들의 좌표 체계 속의 한 위치로서 규정된다. 이런 식으로 언어는 실재를 기술할 수 있다. 하지만 이 말을 언어로 '모든 것'을 기술할 수 있다는 뜻으로 오해해서는 안 된다. 언어가 모델을 통해 실재를 기술할 수 있다는 생각은 '언어의 한계'에 대한 사유로 이어진다.

언어는 실재를 기술할 수는 있지만 "더 높은 것은 아무것도 표현할 수 없다." 삶의 의미, 윤리적 가치는 언어로 표현될 수 있는 것 바깥에 놓인다. 비트겐슈타인의 말을 인용하면,『논리-철학 논고』의 핵심은 말해진 것이 아니라 말해지지 않은 것에 있었다.

비트겐슈타인은 언어로 말해질 수 있는 것과 말해질 수 없는 것을 구분함으로써, 삶을 사변적인 것으로 대상화하려는 철학적 태도를 비판한다. 삶의 의미는 말해질 수 없고 다만 '보여질' 수 있을 뿐이다. 윤리는 명제들의 체계가 아니라 삶의 방식이다. 따라서 윤리적인 명제는 존재하지 않는다. 윤리적인 행위만이 있을 뿐이다. 이것이『논리-철학 논고』의 마지막 절, "말할 수 없는 것에 관해서는 침묵해야 한다"에 함축된 의미다.

이처럼 삶의 가치는 단지 행위를 통해 '보여질' 수 있을 뿐 말해질 수는 없다는 사실을 알고 나면, 우리는『논리-철학 논고』를 버려야 한다. 사다리를 딛고 올라간 후에는 그 사다리를 던져 버려라! 그러나 비트겐슈타인의 바람과 달리, 비트겐슈타인이 힘들게 만들어 놓은 '사다리'는 논리실증주의자들이나 분석철학자들에 의해 한층 견고하게 지지된다. '말할 수 없는 것에 대해서는 침묵하라'는 비트겐슈타인의 명제는 '말할 수 없는 것'에 대한 조롱으로 오해되었으며, 그가 주목했던 '언어의 한계'에 대한 사유는 무시되었다.

모든 오해들에 맞서는 대신 비트겐슈타인은 스스로 방향 전환을 꾀한다. 빈 사범대학을 졸업하고 오스트리아의 한 시골 초등학교에서 교사 생활을 시작한 것. 오래지 않아 케임브리지로 돌아가서 자신의 철학적 탐구를 계속했지만, 교사로서의 경험은 후기 저작『철학적 탐구』의 중요한 기반이 된다.

그저 너 자신을 개선시켜라

1936년부터 1949년까지 오랜 시간에 걸쳐 다듬은『철학적 탐구』는 자신이 밟고 올라가기 위해 만든『논리-철학 논고』라는 사다리를 스스로 버리고 얻은 결과다. 비트겐슈타인은『논리-철학 논고』에서 탐구했던 '언어와 실재'의 논리적 관계로부터 벗어나 언어가 사용되는 삶의 맥락 속으로 뛰어든다.

이제 문제는, 언어의 사용을 지배하는 실천적인 규칙들과 이런 규칙들로 운용되는 다양한 언어 게임들, 그리고 이런 언어 게임들을 구성하는 여러 삶의 형식들을 분석하는 것이다. 어떤 말의 의미는 결국 그것의 사용에 있다. 삶의 의미가 사는 행위에 있듯이. 언어는 형식적 구조가 아니라 행위라는 깨달음!

이 지점에서 논리학과 윤리학은 구분될 필요가 없어진다. 논리학은 윤리학이다. 나의 논리가 나의 삶인 것. 아니, 정확히 말하면 나의 삶이 바로 나의 논리인 것! 우리는 언어의 한계로 우리를 데려가는 낯선 삶의 실험들을 두려워해서는 안 된다. 언어의 차원을 넘어선 고결하고 종교적인 삶의 형식들, 그 속에서만 언어는 행위가 되고 시(詩)가 되기 때문이다. 태초에 행위가 있었나니, 행위하는 자들은 자신의 삶으로 논리를 구성한다.

비트겐슈타인의 철학적 스승이었지만, 사유의 측면에서 비트겐슈타인과 가장 멀리 있었던 러셀의 묘사에 따르면, 비트겐슈타인은 "가장 완전하게 전통적 천재관에 부합되는, 열정적이고, 심오하며, 열띠고, 지배적인 천재"의 살아 있는 예였다. 그러나 비트겐슈타인의 이런 '천재성'은 인간은 성실하고 진실해야 하며, 그것이 전부라는 신념의 발현이었다.

그는 강단에서 행해지는 직업적 철학을 혐오했고, 철학교수가 되려는 제자의 계획을 포기하도록 설득했다. 물론 그 자신도 케임브리지 대학의 교수직을 끝내 사임했다. 이유는 하나. 대학교수이면서 정직한 인간이 될 수는 없다(!)고 믿었기 때문이다.

모든 의미심장한 문제들은 위대한 작가들이 제기해 놓았고, 철학은 단지 그런 문제들로 나아갈 수 있게 해주는 수단에 불과하다는 것이 그의 생각이었다. 비트겐슈타인은 자신의 사유를 절대화하지 않았으며, 자신의 철학이 오해되는 것에 대해서도 굳이 변명하지 않았다.

그저 "이 책 속에 표현된 사고들을, 또는 어쨌든 비슷한 사고들을, 스스로 이미 언젠가 해본 사람만이 이해하게 될 것"이라는 믿음으로, 철학에 덧씌워진 모든 사변적 장식물과 합리적 보정물을 제거해 나가고자 했다. 음악에서 쇤베르크가 했던 것처럼, 건축에서 로스가 했던 것처럼, 비트겐슈타인도 가장 기본적인 질문만을 갖고 삶을 돌파해 나간 것이다. "그저 너 자신을 개선시켜라. 그것이 네가 세계를 개선시키기 위해서 할 수 있는 유일한 것이다." 이것이 그가 동료들과 그 자신에게 반복했던 말이다.

비트겐슈타인은 고향집이 아닌 케임브리지에서 임종을 맞는다. 앞으로 며칠밖에 못 살 거라는 의사의 말을 들은 그의 대답은 "좋습니다"였다. 그리고 그의 곁을 지키던 의사 베번 부인에게 남긴 유언은 "그들에게 전해 주십시오. 내가 멋진 삶을 살았다고!"였다. 일체의 지적·사회적 관습에 의연하게 맞서면서 가혹할 정도로 자신을 다그쳤던 비트겐슈타인에게, 삶이란 말해질 수 없고 다만 보일 수 있을 뿐인 어떤 것, '멋진 예술작품'과도 같은 것이었다.

_채운

부록 1

라이벌 혹은 짝

유쾌한 노마드 vs 치열한 앙가주망

연암 박지원과 다산 정약용 — 18세기 조선의 '르네상스'를 주도한 주역이
자 조선 최고의 문장가들. 이런 평가에 이의를 달 사람은 아무도 없으리라.
그런데 동시대를 살아서일까? 아니면 둘다 최고의 경지에 올랐기 때문일
까? 사람들은 너무 쉽게 둘을 '닮은 꼴'로 간주한다. 물론 아니다. 둘은 다르
다. 달라도 너무 다르다. 출신도 성격도 인생행로도 스타일도……. 궁극적
으로 철학적 사유는 극과 극이라 해도 좋을 정도다. 그런데도 우리는 왜 둘
을 비슷하게 묶으려고 하는 걸까? 바로 근대성이라는 프리즘 때문이다. 민
족, 민중, 진보, 개혁, 현실주의 등등이 이 프리즘의 기본요소다. 지난 100년
간 우리는 인간과 세상을 이 프리즘을 통해 구축해 왔다. 당연히 근대 이전
의 시대에도 이 기준은 고스란히 적용되었다. 연암과 다산을 '한통속'으로
사유하게 된 건 이런 맥락이다. 하지만 이제 시대가 달라졌다. 근대라는 프
리즘은 더 이상 유효하지도, 정당하지도 않다. 연암과 다산, 둘의 차이를 주
목할 때가 도래한 것이다.

노마드와 정착민

앞에서 살펴보았듯이, 연암의 생애는 비교적 단순한 편이다. 집권 명문가 출
신이건만 이름깨나 날리는 사대부들이 겪는 유배행이나 정치적 스캔들도

없고, 시대와 불화한 천재의 고독한 그림자도 없다. 그의 삶과 글을 관통하는 건 경쾌한 유머와 포복절도의 패러독스다. 말하자면, 그는 권력의 '외부'에서 새로운 경계를 열어젖힌 유쾌한 노마드였던 것.

다산의 경우는 그와 정확히 대칭점을 이룬다. 그는 권력에서 배제된 남인 출신이다. 하지만 정조의 탕평책에 힘입어 스물두 살에 과거에 합격했고, 스물세 살 『중용』에 대한 답변을 올린 이후 정조가 관료들을 상대로 시험을 치를 때마다 계속 수석을 차지한다. 연암의 생애가 유연하고 매끄럽다면, 다산의 생애는 그 상승과 하강이 한눈에 집약된다. 정조가 살아 있을 때가 눈부신 도약의 시절이었다면, 정조의 죽음과 더불어 그의 삶은 나락을 향해 곤두박질친다. 순조 즉위 초 신유박해(1801)로 천주교에 연루되었던 그의 가문은 한순간에 풍비박산 난다. 간신히 목숨만 건진 그는 이후 장기와 강진에서 장장 18년에 걸친 유배 생활을 감내해야 했다. 그렇게 가혹하게 추방당했지만 그는 한번도 유교적 이상 사회에 대한 꿈을 버리지 않았다. 유배지에서 꽃핀 '다산학'의 그 방대한 양과 질은 그 꿈에 대한 열렬한 표출에 다름아니다. 그런 점에서 그는 '영원한 제국' 내부에 있었던 정착민이었다.

'표현기계' vs '분노의 파토스'

다산을 대표하는 시는 「애절양」(哀絶陽)이다. '애절양'이란 '생식기를 자른 것을 슬퍼하다'는 뜻이다. 강진 유배 시절, 노전(蘆田)에 사는 한 백성이 아이를 낳은 지 사흘 만에 군보(軍保)에 등록되자 칼을 뽑아 자기의 생식기를 스스로 베었다. 그 아내가 생식기를 가지고 관가로 가니 피가 아직 뚝뚝 떨어지는데 울며 하소연하였으나 문지기가 막아 버렸다. 그 사연을 그대로 옮긴 것이 이 시다. 내용도 충격적이지만, 그 내용을 직서적으로 옮긴 다산의 '뚝심'도 만만치 않다. '불의 연대'였던 80년대 비평공간에서 다산의 시가 각광을 받은 것도 바로 그런 점에 기인할 터이다.

거기에 비하면 연암은 전위적인 스타일리스트에 속한다. 의미를 몇 겹으로 둘러치거나 다방면으로 분사하는 방식을 취한다는 점에서 그렇다. 「양반전」(兩班傳)을 보자. 정선 부자가 가난한 양반에게 돈을 주고 '양반증'을 산다. 양반이란 무엇인가? 그걸 해명하는 게 첫번째 문서다. 온갖 허례허식이 열거된다. 부자가 '양반이 겨우 요것뿐이란 말씀이우'라고 투덜거리자, 두번째 문서가 작성된다. 이번엔 온갖 패악들이 열거된다. 증서가 반쯤 작성될 즈음, 부자는 혀를 빼고 머리채를 휘휘 흔들면서 달아나 버렸다. '아이구 그만두시유. 참 맹랑합니다그려. 당신네들이 나를 도둑놈이 되라 하시유'라는 외침을 남기고서. 결국 이 작품의 골격은 두 개의 문서가 전부다. 그것을 통해 양반의 위선과 무위도식, 패악과 부도덕 등을 간결하게 압축하고 있다. 대신 거기에는 해학과 풍자, 아이러니와 역설 등 다양한 수사적 전략이 담겨 있다.

요컨대, 연암이 표현 형식을 전복하는 데 몰두한 데 반해, 다산은 의미를 혁명적으로 재구성하는 데 심혈을 기울였다. 연암이 보기에 당대의 지배적 문체인 고문은 경직된 코드화로 인해 생동하는 흐름을 질식시키는 억압 기제가 되어 버렸다. 따라서 삼라만상에 흘러넘치는 '생의 에너지'를 있는 그대로 드러내기 위해서는 고문의 전범적 지위는 와해되어야 한다. 그러한 욕망이 패사소품체와 접속하는 것은 지극히 당연하다. 물론 그렇다고 해서 연암의 문체적 실험이 소품체로만 향하는 건 결코 아니다. 『열하일기』가 잘 보여 주듯이, 그는 고문과 소품체, 소설 등 다양한 문체들을 종횡했던바, 연암의 특이성은 무엇보다 그러한 유연한 '횡단성' 자체에 있다. 대상 및 소재에 따라 자유롭게 변이할 수 있는 능동성이야말로 '표현기계'로서의 연암의 우뚝한 경지다.

다산은 그와 달라서 지배적인 담론에 대항하기 위하여 거대한 의미체계를 새롭게 구축한다. 그에게 있어 진정한 시란 역사의 거대한 흐름을 읽어내고, 세상을 경륜하려는 욕구가 충일한 상태에서 문득 자연의 변화를 마주쳤을 때 저절로 터져나오는 것이어야 한다. 그래서 "임금을 사랑하고 나라를 근심하는 내용이 아니면 그런 시는 시가 아니며, 시대를 아파하고 세속을 분개하는 내용이 아니면 시가 될 수 없"다. 즉, 그가 생각하기에 좋은 시에는 반드시 '분노의 파토스'가 흘러넘쳐야 한다.

같은 맥락에서 그는 문장이 담아야 할 내용을 '수기'(修己)에서 '치인'(治人), 즉 사회적 실천에 관련된 문제로 전환시킨다. 즉, 그가 생각한 시의 도는 '도덕적 자기완성의 내면적 경지'가 아니라, '외부로 뻗어나가 실제적 성취에 도달하는 것'이어야 한다. 그렇게 됨으로써 도는 선험적 원리의 차원이 아닌 구체적 실천의 범주로서 변환되었다. 요컨대, 그의 맥락에서는 '실천해야' 비로소 아는 것이다. ― 치열한 앙가주망! 실천에 대한 이 불타는 열정이 그로 하여금 요·순·주공·공자가 다스리던 '선진고경'(先秦古經)의 세계로 나아가도록 인도한다. 즉, 다산은 경학(經學)을 재구성함으로써 기존의 지배적인 이데올로기와 맞서고자 했던 것이다. 다산이 패사소품체를 격렬히 비난한 것도 이런 맥락에서이다. 그가 보기에 소품문들은 "음탕한 곳에 마음을 두고 비분한 곳에 눈을 돌려 혼을 녹이고 애간장을 끊는 말"들일 뿐이다. 따라서 그런 류의 글들은 제거되어야 마땅하다.

아이러니컬하게도, 경세가인 다산이 엄청난 양의 시를 쓴데 비해, 정작 문장가인 연암은 시의 격률이 주는 구속감을 견디지 못해 극히 적은 수의 시만을 남겼다. 전자가 시에 혁명적 의미를 부여하고자 했다면, 후자는 시의 양식적 코드화 자체로부터 탈주하고자 했던 것이다.

＊ ＊ ＊

내가 지황탕을 마시려는데 / 거품은 솟아나고 방울도 부글부글 / 그 속에 내 얼굴을 찍어 놓았네 / 거품 하나마다 한 사람의 내가 있고 / 방울 하나에도 한 사람의 내가 있네 ······ 이윽고 그릇이 깨끗해지자 / 향기도 사라지고 빛도 스러져 / 백 명의 나와 천 명의 나는 / 마침내 어디에도 자취가 없네 ······내가 거품에 비친 것이 아니요 / 거품이 거품에 비친 것이며 / 내가 방울에 비친 것이 아니라 / 방울 위에 방울이 비친 것일세 / 포말은 적멸을 비춘 것이니 / 무엇을 기뻐하며 무엇을 슬퍼하랴 (연암, 「주공탑명」塵公塔名)

대체로 천하의 만물이란 모두 지킬 것이 없고, 오직 나(吾)만은 마땅히 지켜야 하는 것이다 ······ 이른바 나라는 것은 그 성품이 달아나기를 잘하여 드나듦에 일정한 법칙이 없다. ······ 이익으로 유도하면 떠나가고, 위협과 재앙으로 겁을 주어도 떠나가며, 심금을 울리는 고운 음악 소리만 들어도 떠나가고, 푸른 눈썹에 흰 이빨을 한 미인의 요염한 모습만 보아도 떠나간다 ······ 그러므로 세상에서 가장 잃어버리기 쉬운 것이 나 같은 것이 없다. 어찌 실과 끈으로 매고 빗장과 자물쇠로 잠가서 굳게 지켜야 하지 않겠는가. (다산, 「수오재기」守吾齋記)

연암은 자신을 거품과 포말이라 하고, 다산은 자신을 지키기 위해 빗장과 자물쇠로 잠가야 한다고 말한다. '거품과 포말'이 노마드적 사유의 산물이라면, '빗장과 자물쇠'는 정착민의 그것이다. 둘은 이렇듯 달랐다. 이 차이야말로 두 거인의 사상 및 18세기 사상사의 심연을 탐사하는 키워드가 아닐는지.

더 중요한 사실은 이 둘이 노정한 차이는 지금도 여전히 유효하다는 것이다. 따라서 서두에서 밝혔다시피 지금이야말로 이 '차이의 향연'을 누려야 할 때다.

_고미숙

레오나르도 다 빈치 & 미켈란젤로 부오나로티

탐구와 열정으로 신에 도전한 영웅들

교황이 작품을 위촉했을 때 레오나르도는 새로운 보존재를 개발하기 위해 기름과 약초부터 끓이기 시작했다고 한다. 교황이 보고서 "저 사람은 아무것도 성취하지 못할 사람이야. 작품에 손을 대기도 전에 만들어진 것부터 생각하는 사람이야"라고 했다. …… 미켈란젤로가 예정 시일 안에 그림을 완성하지 못하자 교황은 재촉하며 불평이 많았다. 그는 여러 차례 변명도 하였으나, 참을성 없는 교황이 언제쯤 그 일이 완성되느냐고 묻자 그는 "제가 만족할 때입니다"라고 대답했다.(조르조 바사리,『르네상스의 미술가 평전』)

레오나르도 다 빈치와 미켈란젤로 부오나로티(Michelangelo Buonaroti, 1475~1564)에 대해 조르조 바사리가 전하는 일화다. 제작하기도 전에 완성품을 상상하는 레오나르도와 자기만족을 위해 작품에 임하는 미켈란젤로는 전혀 다른 얼굴을 가진 르네상스의 천재들이었다.

미켈란젤로는 레오나르도보다 한 세대 뒤에 태어났다. 그는 다른 조각가가 포기한 거대한 돌덩이로 「다비드」를 조각하면서 피렌체의 영웅으로 떠올랐고, 시스티나 성당 천장화 「천지창조」를 혼자 완성함으로써 예술의 승리를 보여 주었다. 그에 비하면 레오나르도의 스케치와 패널화는 소박해 보인다. 이는 테크닉의 차이가 아니라 비전(vision)의 차이다. 레오나르도는 주문은 제쳐두고 다양한 관심 분야를 파고드는 탐구자였고, 미켈란젤로는 만족을 모르는 자의식 강한 예술가였다.

보테가와 메디치의 정원에서 자란 소년들

지오토가 회화 혁명을 이룩한 이후 피렌체의 장인들은 조각, 회화, 건축의 다방면에 걸쳐서 많은 성과를 냈다. 그럼에도 불구하고 화가와 조각가는 여전히 주문을 받고 제작하는 '장이' 즉, 시장 한 곳에 '보테가'(bottega)라는 점방을 내고 주문자를 기다리는 기술자들이었다. 레오나르도의 스승 베로키오 역시 그랬다. 어느 날 베로키오는 피렌체 대성당의 거대한 돔 위에 2톤에 달하는 청동구를 제작하여 올리라는 주문을 받았는데, 레오나르도는 스승이 여러 사람들과 토론하고 힘을 모아 그 위대한 작업을 완성하는 것을 누구보다 흥미롭게 지켜보았다. 사회적 지위를 떠나 장이들은 분명 세계의 창조자였다. 레오나르도에게 공방은 동료들과 함께 지식과 기술을 연마하는 즐거운 배움의 공간이었고 기술과 창조는 다른 것이 아니었다.

이렇게 선배들이 이룩한 기술적 성과 덕분에 미켈란젤로는 '미'(美)라는 예술적 문제와 본격적으로 대면할 수 있었다. 가난한 귀족이었던 그의 아버지는 아들이 하찮은 기술을 배우는 것을 마뜩잖게 여겼다. 그러나 시대가 변하여 피렌체 최고 명문가의 수장 로렌조 데 메디치가 직접 조각가를 기르는 학교를 열고, 14살의 미켈란젤로는 여기서 뛰어난 기량을 선보이며 로렌조를 감동시킨다. 로렌조는 저택의 방 한 칸을 미켈란젤로에게 내주며 그의 아들들과 함께 공부하고 저명인사들과 함께 식사하는 것을 허락했다. 뿐만 아니라 고대 조각이 가득한 메디치가의 정원에 자유롭게 드나들 수 있도록 배려했다. 귀족들과 더불어 그리스 로마의 철학을 배우는 한편 고대의 유물이 가득한 정원에서 조각을 연구하던 소년 미켈란젤로에게 조각은 단순한 기술이 아니라 고대의 위대한 정신을 보여 주는 예술이었다.

위대한 탐구 VS 위대한 노동

결혼 전에 맞선용으로 보내는 초상화나 가문의 영광을 기록한 역사화 또는 공간 장식 등 당시 회화는 기능적 역할이 강했다. 여기엔 회화는 사실의 모방일 뿐이라는 멸시도 깔려 있었다. 이런 시각에 대항하여 이론적으로 회화를 처음 연구한 사람은 알베르티(Leone Battista Alberti, 1404~1472)였다. 그는 기하학을 이용한 투시도법을 발달시킴으로써 공간을 과학적으로 재현했고, 회화를 수학과 기하학에 접근시킴으로써 미술을 자유 인문학의 영역으로 승격시켰다. 그는 덕성과 학식을 갖춘 지식인이자 만능인의 모습으로 예술가를 규정하고자 했다. 레오나르도는 이런 예술가의 전형처럼 보인다. 하지만 그는 알베르티처럼 책상에서 고대 문헌을 보고 그럴듯한 화면을 그려 내는 것에 만족할 수 없었다. 세상은 인간이 풀지 못한 수수께끼로 가득차 있고, 레오나르도는 그 신비한 세계를 만나고 싶은 강한 열망을 갖고 있었다. 화가는 제작자가 되기 전에 아무도 감각하지 못한 세계, 아무도 상상하지 못한 세계의 탐구자가 되어야 했다.

잘 알려진 바와 같이 그는 온갖 스케치, 비행기를 비롯한 기계 설계도, 그리고 중력, 광학, 침식, 천문 등에 관한 이론적 연구를 남겼다. 그의 신기한 탐구 기록은 사람들을 매혹시켰다. 실현가능성과 무관하게, 이토록 방대한 연구는 레오나르도가 단순한 손기술자가 아니라 고도의 정신노동자였음을 증명한다. 그것은 세상을 설계하는 신이 가졌을 법한 거의 모든 것의 기록이 었기 때문이다.

이와 달리, 미켈란젤로에게는 발견의 즐거움이 보이지 않는다. 뵐플린의 말처럼, 레오나르도의 기쁨과 나란히 놓고 보면 미켈란젤로는 고독한 사람이었고 경멸하는 사람이었다. 있는 그대로의 세상은 그에게 아무것도 선물해 주지 못했다. 그는 자연이 아니라 고전을 통해 미의 본질로 다가가려는 투사였다.

미켈란젤로는 처음부터 자신을 예술가로 자각하고 있었다. 그는 공동 제작을 혐오했으며, 작품의 전 과정을 혼자서 해내고 작품도 온전히 자신의 창조물이라 여겼다. 사람들이 자신의 데뷔작 「피에타」를 다른 조각가의 작품으로 여기자 밤에 몰래 성당에 들어가 성모의 가슴에 뚜렷하게 자신의 이름을 새겨 넣었을 정도다. 왕성한 활동과 강한 자의식은 다른 화가들의 질투를 불러왔다. 그를 시기하는 브라만테는 교황을 부추겨 벽화를 그릴 줄 모르는 미켈란젤로에게 시스티나 천장화를 제작하도록 했다. 미켈란젤로는 벽화를 그릴 줄 아는 피렌체의 친구들을 불러 작업을 지시했다. 그러나 남의 손으로 만드는 작품이 마음에 들 리가 없었던 그는 문을 걸어 잠그고 친구들의 그림을 다 지운 다음 홀로 작업을 해 나갔다. 잠자고 먹는 시간만 빼고 거의 모든 시간을 그 높은 천장 아래에서 보내는 그를 상상해 보라. 천장을 향해 누운 불편한 자세로 그 거대한 천장을 홀로 채워 가는 화가. 그의 고독하고 힘든 노동은 자연을 뛰어넘는 완벽한 아름다움을 그려 내겠다는 욕망의 사투였다. 그렇게 2년여의 시간을 보낸 뒤 미켈란젤로는 드디어 「천지창조」를 완성했다. 거기엔 땅을 걷는 미천한 피조물이 아니라 거대하면서도 유연하고 아름다운 인체가 가득했다. 그것은 신이 창조한 모든 것보다도 뛰어난 것을 만들겠다는 야심을 가진 인간의 도전이었고, 미켈란젤로는 멋지게 그 전투에서 승리한 영웅이 되었다.

레오나르도와 미켈란젤로. 이들이 보여 준 초인적 탐구력과 예술적 열정은 미술의 지위를 혁명적으로 업그레이드시켰다. 덕분에 미술가들은 손기술자인 '장이'에서 벗어나 신적 창조를 하는 '창안자'(inventor)로 도약할 수 있었다.

나는 예술가다

르네상스 시대의 두 천재가 노년이 되어 붓도 끌도 들 수 없게 되었을 때 그들은 무엇을 했을까? 미켈란젤로는 여러 가지 문제를 안고 있는 성 베드로 대성당의 개수 공사를 주문받았다. 세계에서 가장 거대한 작품을 창조할 기회를 잡은 것이다. 그는 설계를 수정하고 모형을 만들고 건강이 허락하는 한 직접 나가서 공사장을 감독했다. 사람들은 그에게 고향 피렌체로 오라고 권했지만 그는 몸을 쓸 수 없을 때까지 작업에 매진했고 침대에 누워 보고를 받고 지시를 했다. 그리고 마치 영웅이 자신의 마지막 과업을 이룬 자리에서 죽음을 맞이하듯 자신의 작업장인 로마에서 눈을 감았다.

한편 몸은 노쇠했고 붓을 들 힘도 얼마 남지 않은 노년의 레오나르도는 자신을 불러 주는 프랑스의 젊은 왕 프랑수아 1세의 궁전으로 갔다. 왕은 레오나르도에게 그림을 요구하지 않았고 단지 레오나르도를 극진히 대접하며 그의 곁에서 이야기를 들었다. 노년의 화가는 이야기로 그가 본 놀라운 세계를 전하고 있었으리라. 레오나르도는 프랑수아 1세의 품에서 죽음을 맞이했다고 한다. 누군가의 상상처럼 그는 그 순간에도 자신의 병을, 자신의 죽음을 왕에게 설명하고 있었을지도 모르겠다. 살면서 만나는 모든 것이 그를 경이로운 감동으로 이끌었듯이 병과 죽음도 그러했을 테니까.

레오나르도는 마지막 순간까지 경이로운 세계를 발견하고 전달하는 자로서, 미켈란젤로는 위대한 작품의 온전한 제작자로서 그렇게 자신의 현장에서 잠들었다. 그들은 아마도 서로의 삶을 이해하지 못했을 것이다. 미켈란젤로에게 레오나르도는 놀라운 것을 찾겠다고 돌아다니는 기인으로, 레오나르도에게 미켈란젤로는 과한 자의식을 가진 고단한 노동자로 보였을 것이다. 그렇지만 둘은 바로 그 때문에 후대의 미술가들에게 진정한 창조자, 자유로운 예술가의 첫 모델이 되었다. 예술가여, 아무도 보지 못한 세상을 감각하고 신과 같은 노고로 세상을 창조하라!

_구윤숙

서로가 서로의 길이 되어

서로의 길을 찾아서

1900년, 신참 의사 융에게 하나의 과제가 주어졌다. 프로이트의『꿈의 해석』을 요약해 발표할 것. 그렇게 읽게 된『꿈의 해석』은 별다른 감흥을 주지 못했다. 그러나 3년이 지나고 다시 만난『꿈의 해석』은 달랐다. 그동안 융은 수백 명의 환자들을 직접 만났다. 그리고 환자 개개인의 특성이 병을 치료하는 중요한 단서라는 확신을 갖게 되었다. 그러나 병원 업무 대부분은 병의 증상을 수집하고 분류하는 일이었다. 거기에 환자는 없었다. 신물이 난 융은 개인적으로 환자가 가진 특성과 병의 관계를 연구하고 있었다. 그런데 지금 이 책이 개인적 심리에 다가서는 길을 보여 주고 있었던 것이다.

융은 든든한 지원군을 얻은 기분이었다. 프로이트 사상에서 힘을 얻은 융은 자신의 연구를 밀고 나갔다. 이로부터 나온 첫 연구 성과가 '콤플렉스론'이다. 콤플렉스를 통해, 융은 개인에 따라 다르게 나타나는 무의식의 세계, 즉 개인적 무의식에 접근해 들어갔다. 이 접근은 높은 치료율을 보여 주었고, 융은 점점 학계에서 명성을 얻어 갔다. 그리고 1906년, 융은 프로이트에게 빚진 자신의 논문을 편지와 함께 프로이트에게 보냈다.

융의 편지는 프로이트를 기쁘게 했다. 당시 프로이트는 학계의 끊이지 않는 비판과 비난 속에 있었다. 인간 정신의 중심에 무의식이라는 어둠이 있고, 그 어둠의 근원이 성(性)이라는 그의 연구는 사람들의 심기를 몹시도 불편하게 했다. 학계의 공식적인 발표에서 프로이트는 입에 올려서는 안 되는 이름이 되었다. 반면 비공식적인 자리, 일테면 발표회장 복도 같은 곳에서 프로이트는 온갖 비방의 주인공이었다. 사람들은 그의 이론을 유대인인 프로이트의 편견, 요컨대 유대교의 죄의식에서 나온 헛소리라고 공격했다. 이런 프로이트에게 유대인도 아니고, 게다가 학계의 전도유망한 젊은 의사가 보낸 편지는 세상과 통하는 길로 여겨졌다.

만남

1907년 2월 빈, 융은 프로이트와 처음으로 마주 앉았다. 오후 1시에 시작된 대화는 13시간 동안 이어졌다. 그리고 대화가 끝났을 때, 융은 프로이트에 완전히 매료되었다. 프로이트를 만나기 전, 융은 그를 단지 연구에 도움이 될 동료 정도로 생각했다. 그러나 자신이 만난 프로이트는 배움을 청해야 할 스승이었다. 풍부한 경험과 냉철한 분석력, 예리한 비판과 관습에 얽매이지 않는 신선한 사고. 그간 자신이 만난 어떤 사람도 프로이트에 견줄 수 없었다. 프로이트는 그에게 "진정으로 중요한 최초의 인물이었다."

융은 프로이트를 위해 자신이 할 수 있는 모든 일을 해 나갔다. 프로이트에게 적대적인 학계에서 공공연하게 그를 지지했고, 그로 인한 따가운 시선들을 기꺼이 견뎠다. 뿐만 아니라 프로이트의 이론을 비방하는 사람들이 나오면, 프로이트를 대신해 싸웠다. 프로이트를 위해 국제정신분석학회를 세웠고, 그곳의 의장으로 일했으며, 그의 사상을 알리기 위한 잡지를 창간하고 편집장 일을 맡았다. 프로이트는 이런 융을 '생기, 활력, 상상력'의 소유자라 말하며, 모든 일을 맡겼다.

융의 열성만큼 프로이트 사상은 입지를 굳혀 갔다. 그러나 융은 불안과 초조에 시달렸다. 프로이트를 위한 일들을 처리하느라 자신만의 연구는 엄두도 못 내는 상황 때문만은 아니었다. 문제는, 어찌된 영문인지 프로이트가 자신에게 곁을 내주지 않는다는 데 있었다. 프로이트는 융이 하는 공식적 업무에 대해서는 무한한 지지를 보냈다. 하지만 거기까지였다. 융은 프로이트에게 좀더 친밀한 사이가 되길 바란다는 편지를 보내곤 했다. 그럴 때마다 프로이트는 충분히 가깝다는 답장으로 융을 안심시키려 했다. 그러나 그 답장은 별반 효과가 없었다.

프로이트가 말한 친밀함은 사실이었다. 그러나 융이 느낀 거리감 또한 사실이었다. 프로이트는 융과 자신의 이론에 대해 이야기 나누는 것을 진심으로 즐겼다. 융과의 대화는 그를 자극했고, 사유의 지평을 넓혀 주었다. 그럼에도 결정적인 부분에서 융은 프로이트를 만족시키지 못했다. 성 이론에 대해 융이 보여 준 미온적 태도가 문제였다.

헤어짐

나는 당신이 앞으로 종종 나를 지지할 것이라고 전적으로 믿습니다. 하지만 나는 또한 내 이론에 대한 당신의 충고들 역시 기쁘게 받아들일 겁니다.

프로이트가 융에게 보낸 첫 편지 내용이다. 이 말의 반은 프로이트의 진심이었다. 반면 다른 반, 충고를 기쁘게 받아들이겠다는 것은 그저 의례적인 말이었다. 프로이트는 성적 욕망이 인간의 근원이라고 확신했다. 그것은 프로이트에게 일종의 교리였다. 그렇기에 그는 이에 대한 절대적 동의를 바랐다. 융은 조금은 순진하게, 그 편지의 내용을 있는 그대로 믿었다. 그래서 때때로 성 이론에 대한 의구심을 드러내곤 했다. 시간이 지나고 나서야 융은 프로이트가 성 이론에 대한 비판을 원치 않는다는 것을 알게 되었다. 융은 자신이 프로이트의 모든 이론을 전적으로 믿는다는 편지를 보냈다. 그러나 그것은, 프로이트의 개인적인 매력에 사로잡힌 융이 환심을 사기 위해 한 말이었다. 프로이트는 이를 알았다.

융이 마음으로 성 이론을 받아들이지 못하고 있다는 것을 알면서도 프로이트는 융을 옆에 두었다. 이 때문에, 훗날 프로이트는 융을 확성기로 이용했다는 비난을 받곤 했다. 완전히 틀린 말은 아니다. 그러나 융은 분명 프로이트의 지지자였고, 그것을 자청한 것은 융이었다. 융은 프로이트와의 결별 후에도 성 이론의 중요성을 말하곤 했다. 단지 융은 그것을 중심 교리로 삼지 못했을 뿐이었다. 융은 프로이트가 무의식의 새로운 면모를 밝혀냈다고 생각했고, 그만큼 성심을 다해 그를 도왔다.

융 자신이 말하듯 문제는 프로이트에 대한 융의 태도에 있었다. 융은 자신이 프로이트의 성 이론을 결코 받아들일 수 없음을 알았다. 그는 이로 인해 행여나 프로이트의 신임을 잃게 되는 것은 아닌가 노심초사했다. 그럴수록 융은 프로이트와의 개인적 친밀감을 가지는 데 집착했다. 그는 홀로서기가 두려워서 아버지의 애정을 갈구하는 아들 같았다. 그렇기에 프로이트가 융과의 거리감을 유지하려 한 것은 현명한 일이었다. 사상적인 면에서 동의하고 있지 못하던 융이었다. 그런 융을, 사적인 관계를 앞세워 옆에 두려고 하는 게 더 잘못된 일이 아닐까. 프로이트가 개인적 친분을 이용해 융을 묶어 두고자 했으면, 충분히 그럴 수 있었다. 그러나 프로이트는 그러지 않았다. 사상적 차이를 사적인 친분으로 메우고 싶지 않았기 때문이었다.

그 해소되지 않는 거리감은 결국 융을 자신의 길로 떠밀었다. 무엇을 해도 좁혀지지 않는 프로이트와의 관계 속에서 융은 이론적 차이를 더욱 깊이 느꼈다. 그리고 점차 자신의 모습을 돌아보게 되었다. 거기에는 프로이트의 이름으로만 살고 있는 자신이 있었다. 그리고 알게 되었다. 자신은 프로이트를 스승이라기보다는 아버지로 여기고 있었음을. 그리고 이제 아버지를 떠나 자신의 길을 가야 함을. 1912년, 융은 프로이트의 이론을 비판하는 『리비도의 변환과 상징』을 썼다. 그리고 다음 해, 프로이트를 위해 자신이 만들었던 학회의 의장직에서 물러났다. 그렇게 프로이트와 융의 공식적 만남은 막을 내렸다.

서로가 서로의 길이 되어

결별에 대해 프로이트는 담담했다. 그의 주위 사람들은, 융과의 7년의 시간이 프로이트에게는 별다른 의미가 없다고 떠들었다. 그러나 그건 사실이 아닌 듯하다. 융은 그저 그런 추종자 중 한 명이 아니었다. 프로이트의 이론을 세상과 연결시켜 준 통로는 융이었다. 더욱이 그의 이론을 지지하면서도 의구심을 해소치 못하던 융과 나눈 대화는 프로이트를 한층 깊이 있는 사유로 이끌었다. 그렇기에 1938년 나치를 피해 영국으로 가는 프로이트의 짐에는 융과 주고받은 편지와 책들이 들어 있었다.

융 역시 마찬가지였다. 비록 결별 후 프로이트 이론에 대한 비판을 멈춘 적이 없지만, 그는 프로이트를 부정한 적이 없었다. 물론 융은 프로이트 이론과 명확한 선을 긋고자 했다. 허나 자신의 독자적인 이론이 프로이트를 통과한 결과라는 사실 또한 알았다. 융은 프로이트 곁에서 그가 펼친 개인적 무의식의 세계를 맘껏 탐험했다. 그리고 그 탐험의 끝에서 융은 개인을 넘어선 시공간, 바로 그만의 독특한 세계인 집단 무의식에 진입할 수 있었다.

오늘날까지 융과 프로이트를 둘러싼 온갖 시나리오가 쓰여지고 있다. 그 이야기들 모두 반쯤은 진실일 거고, 반쯤은 거짓일 거다. 그러나 한 가지 사실만은 분명하다. 융과 프로이트는 서로가 서로의 길이었다. 그 길은 서로를 아프게도 했지만, 그리고 그 길을 통과해 결국 각자의 세상으로 나아갔지만, 그 세상은 서로를 통해서만 다다를 수 있는 곳이었다.

_신근영

주자 & 육상산

공부, 마음을 말하다

1175년 봄, 주자는 육상산을 만난다. 평생의 논적이었던 그들은 이 자리에서 공부의 방법을 두고 설전을 벌였다. 공부란 어떻게 하는 것인가. 육상산은 말했다. "이간(易簡)의 공부는 결국 변함없이 위대하며, 지리(支離)의 사업은 결국 부침(浮沈)한다." 그는 자신의 공부를 '이간'으로, 주자의 공부를 '지리'로 평가했다. 주자는 혀를 찼다. "그가 말하는 이간은 구간용이(苟簡容易)에 불과하다. 처음부터 아예 자세히 해보려 들지도 않는다." 그랬다. 그들은 이 자리에서 한 치의 물러섬도 없이 대립했다. 이간과 지리. 죽음의 순간까지 타협을 몰랐던 그들의 대결은 이렇게 시작되고 있었다.

아호지회(鵝湖之會)

주자와 육상산은 평생 단 두 번 만났다. 첫 만남은 아호에서였고 두번째 만남은 육상산이 주자를 방문하면서였다. 이후 둘은 10여 년이 넘는 길고 긴 서신 논쟁으로 접어든다. 길은 너무나도 달랐고 합의점은 찾기 어려웠다. 그러나 이 논쟁으로 그들은 서로의 학문을 정확히 간파할 수 있었다. 상대를 넘어서기 위해 상대의 학문에 절실히 매달린 결과였다. 동시에 자신들의 학문 또한 정교해져 갔다. 우스꽝스러운 일도 벌어졌다. 육상산과 함께 주자와 논쟁하던 형 육구령(陸九齡)이 주자의 학문에 매료되어 버린 것이다. 적의 학문을 열심히 공부한 나머지 그 세계에 완전히 빠져 버린 상황. 그러나 육상산은 흔들림이 없었다.

첫 만남. 당시 주자의 학문은 정점에 도달해 있었다. 그는 스스로 "이후에는 그다지 진보가 없었다"라고 말할 정도였다. 주자가 사서(四書) 시스템을 만들고 거기에 일일이 주석을 단 것도 이때의 일이다. 그의 목표는 성인에 이르는 단계적인 방법을 만드는 것이었다. 육상산을 만난 건 이 무렵이었다. 먼저 친구 여조겸(呂祖謙)이 주자를 찾아왔다. 그들은 40여 일을 함께 보내며 북송 4자(주렴계, 장재, 정호, 정이)의 어록을 정리했다. 이것은 이후 『근사록』(近思錄)이라는 이름으로, "사서에 이르는 사다리"라는 서문을 달고 세상에 나왔다. 제목처럼 공부란 가까운 것에서부터 차근차근 배우고 단계를 밟아 올라가는 것이어야 했다. 그래야 사다리에서 삐끗하지 않는다.

어록 편찬이 끝나자 주자는 여조겸을 따라 아호로 향한다. 아호(鵝湖)에서 육구령·육상산 형제를 만나기로 한 것이다. 당시 육씨 집안은 뛰어난 학자들을 배출한 명망가였다. 육상산을 비롯한 그의 형제들은 '세 사람의 육씨'라고 불릴 정도로 유명했다. 육씨 형제의 준비는 남달랐다. 그들은 주자를 만나기 전 먼저 형제끼리 논쟁을 시작했다. "우리 형제에게 이미 의견의 부동이 있다면 어떻게 아호의 일치를 바랄 수 있겠는가?" 논쟁은 밤늦도록 이어졌고 결국 형 육구령이 육상산을 따르기로 결정했다. 논쟁의 내용은 곧 주자를 비판하는 문건으로 작성됐다. 작업을 맡은 건 육상산이었다. 후일 육상산은 주자를 이렇게 평한 바 있다. "주원회(원회元晦는 주희의 자)는 태산교악(泰山喬岳)이다." 육상산에게 주자의 학문은 산처럼 높고 깊은 것이었다. 그를 넘어서려면 그만 한 준비가 필요했다.

그러나 이날의 기록은 미미하다. 특히 논쟁의 내용은 거의 남아 있지 않다. 다만 다른 곳에서 그들이 한 말들을 통해서 이날의 논쟁을 유추할 수 있을 뿐이다. 논쟁의 핵심은 간단하고 명료했다. 육상산은 주자의 경전 해석을 문제 삼았다. "성인의 말씀은 그 자체로 명백하다. …… 주석으로 학생들의 정신을 피로하게 하면 그들의 짐이 점점 무거워진다." 그는 당돌하게도 선비들이 한 글자라도 제대로 이해하지 못할까 전전긍긍하던 경전을 마음의 주석으로 써야 한다는 주장까지 내놓았다. "육경(六經)은 모두 내 마음의 주석이다." 그는 한 발 더 나아갔다. "자신의 마음이 성인의 마음과 다를 바 없다." 그랬다. 육상산에게 공부란 내 마음이, 곧 성인의 마음임을 깨닫는 일이었다. 육상산은 주자가 이 핵심을 놓치고 있다고 생각했다. 그는 제자들과의 대화에서 주자를 겨냥한 듯 말했다. "요즘 학생들의 독서는 글자 해석에 불과하고 핵심을 구하지 않는다." 글자 해석에 매달려서는 마음의 대체(大體)를 파악할 수 없다. 육상산은 곧 주자의 공부를 한마디로 정리한다. 난잡하게 가지만 치고 핵심은 없어서 지리멸렬하다(支離).

반면 주자는 육상산을 광선(狂禪)이라고 몰아세웠다. "선학(禪學)이 분노를 터뜨리거나 지팡이를 치면서 무엇이든 뒤엎어 버리는 것은 그런대로 속은 후련할 것이다. 그러나 그 눈으로 이정자(정호·정이)가 한 말을 읽으면 우물쭈물하고 있음을 알 수 있다." 주자는 육상산의 공부를 선(禪)보다 못한 것으로 취급해 버렸다. 도리어 핵심에서 멀어져 있는 것은 육상산이었다. "어떤 부류는 책을 버리고 오히려 한마디 말에서 도리를 알려고 한다." "책을 읽지 않으면 마음에서 깨닫는 것이 어떤 것인지 알지 못한다." 주자에게 공부란 책을 통해서 성인의 마음을 하나하나 체득해 가는 과정이었다. 육상산에게는 이 같은 구체적이고 단계적인 공부법 자체가 결여되어 있었다. 주자는 그런 육상산을 "대충하면서 쉬운 것에만 매달린다"(苟簡容易)고 비난했다. "그는 그것을 단지 그럴듯하게 이야기하고 있을 뿐이다." 아호에서 표면적으로 드러난 것은 공부의 방법이었다. 그러나 근본적인 차이는 마음(心)에 있었다.

마음이란 무엇인가

육상산은 열세 살 되던 어느 날, 문득 '우주'(宇宙)에 대한 의문을 품는다. 주자는 이미 5살에 경험한 일이었다. 육상산은 이 의문으로 식음을 전폐하는 지경에 이른다. "아무리 생각해 봐도 알 수가 없어 그 때문에 식사도 못할 지경이 되었다." 그러다 운명적인 구절과 만난다. "사방상하(四方上下)를 우(宇)라 하며 왕고금래(往古今來)를 주(宙)라 한다." 그 순간 그는 깨닫는다. '우주는 무한하다.' 공간(宇)과 시간(宙), 그것은 한순간도 멈춰 있지 않고 끝도 없다. 육상산은 곧 이 구절 옆에 메모를 남겼다. "우주는 내 마음이다. 내 마음이 곧 우주다." 그는 여기서 멈추지 않았다. 우주와 마음이 같은 것이기에 그 이치 또한 다르지 않다. 우주가 생생불식(生生不息)하고 만물이 서로 사랑(仁)하는 이치를 가지고 있듯이 우리 마음 또한 그러하다. 육상산은 우리의 마음에 "온갖 선함이 모두 갖추어져" 있어서 "요순 이래의 도를 전하려고 한다면 이 마음을 확충시키는 길뿐"이라고 강조했다. 인(仁)의 마음을 확장시켜서 우주만물과 연대하는 것. 육상산은 이것이 우리 마음의 길, 곧 리(理)라고 주장했다.

　주자는 육상산이 성급하다고 지적했다. 마음을 확충시켜서 써야 하는 것은 맞다. 하지만 선행되어야 할 것이 있었다. 주자가 보기에 마음은 우주의 리와 사람 각자가 타고난 기질(氣)에 의해 만들어졌다. 우주의 리가 성(性)이라면 타고난 기질은 정(情)에 해당한다. 마음은 이 둘로 이루어져 있기에 마음의 리를 실현시키기 위해서는 먼저 둘을 관찰하고 명확하게 구분 짓는 것이 필요했다. 지금 내 마음이 인의예지(仁義禮智)라는 성리(性理)를 따르고 있는가. 아니면 기쁨(喜)·노여움(怒)·슬픔(哀)·즐거움(樂)·사랑(愛)·미움(惡)·욕심(欲)의 칠정(七情)에 물들어 있는가. 주자는 칠정의 동요를 가라앉힐 때에야 비로소 인의예지라는 성이 드러난다고 생각했다. 마음을 분석하고 지켜보는 훈련이 필요한 것도 이 때문이다. 성인은 훈련의 산물이다. 주자는 이를 위해 주일무적(主一無適), 곧 경(敬)의 수양법을 강조한다. 마음을 한 군데(性理) 집중해서 잡념을 없애는 것. 이때 마음은 자연스럽게 우주의 리와 하나가 된다.

얼핏 보면 두 사람의 마음은 크게 다르지 않다. 둘 다 우주의 이치를 온전히 실현하는 것을 목표로 삼고 있기 때문이다. 그러나 한편으론 명확한 차이가 있었다. 마음이 하나인가 둘인가. 육상산은 마음이 하나라고 생각했던 반면 주자는 마음을 둘로 나눴다. 하나와 둘의 차이. 이것이 마음을 어떻게 쓸 것인가부터 공부법, 성인의 마음에 이르는 길을 다르게 사유하도록 만들었다. 육상산이 우리 마음이 곧 성인의 마음이라는 덕성을 기반으로(尊德性) 우주의 이치에 다가가고자 했다면 주자는 학문을 통해서 그것을 이루고자 했다(道問學). 육상산은 덕성을 확충하는 방법을 공부의 핵심으로 삼았다면 주자는 마음의 리를 보존하고(存天理) 사사로운 감정과 욕망을 배제하는 것(去人慾)을 화두로 들었다. 주자에겐 성인도 예외가 아니었다. 성인도 천리와 인욕 사이에 있다. 그는 천리를 실현시키기 위해 부단히 자신을 수양(修養)하는 인간이다. 그러나 육상산에게 성인이란 오로지 천리뿐인 이 마음으로 우주와 단번에 합일을 이루는 존재였다. 그들은 죽음의 순간까지도 자신들의 뜻을 견지했다. "모두 힘을 모아 열심히 공부하라. 발을 굳게 땅에 붙여야만 진보할 수 있는 것이다."(주자) "죽음 또한 자연이 아닌가?"(육상산)

1181년 겨울, 육상산은 주자를 방문했다. 고인이 된 형 육구령의 묘지명에 들어갈 주자의 글씨를 받기 위해서였다. 주자는 육상산을 맞이하며 말했다. "우주개벽부터 이 산과 계곡은 있었을 테지만, 이처럼 정다운 손님이야 있었겠습니까?" 곧 주자는 자신의 제자들을 위해 육상산에게 강의를 부탁했다. 강의는 성황리에 끝이 났다. 감동을 받은 나머지 울음을 터트리는 사람들도 있었다. 두번째 만남이자 마지막 만남이었다. 주자는 이렇게 말한 바 있다. "남송에 들어와서 발을 견고히 땅에 붙이고 착실히 학문과 씨름한 것은 나와 육상산 둘뿐이다." 그랬다. 그들은 공부하고 논쟁하고 우정을 나눴다. 그들의 공부, 그들의 논쟁, 그들의 우정. 이 앞에서 다시 묻는다. 공부란 무엇인가?

_류시성

벗, 나의 친애하는 적

다른 길을 갔던 친구

자후는 어려서부터 총명하여 통달하지 못한 분야가 없었다 …… 진사과에 급제하여 우뚝 두각을 나타내었기에 사람들은 모두 유씨 가문에 훌륭한 아들이 났다고들 말하였다. 그후 박학굉사과(博學宏詞科)에 합격하여 집현전정자(集賢殿正字)에 제수되었는데, 빼어나고 걸출했으며 청렴하고 엄격했다. 또 의론을 펼칠 때면 고금의 일을 끌어다 증명하였는데, 경사백가를 넘나들면서 기운차고 도도한 언변을 펼쳤기에, 좌중의 사람은 늘 그에게 꺾이곤 하였다. 명성을 크게 떨치니, 당시 사람들은 모두 그와 사귀기를 흠모하였다. 명공(名公)들조차도 다투어 그를 얻어 자신의 문하생이 되게 하려고 서로서로 그를 천거하고 칭찬하였다. (「유자후 묘지명」)

이토록 재능 있고 전도유망한 청년이었던 한유의 벗, 유종원(柳宗元, 자후子厚는 그의 자). 그러나 유종원은 원대한 뜻을 펼쳐 보지도 못한 채 궁벽한 시골에서 죽었다. 한유는 그의 재주와 도가 시대에 행해지지 못한 것을 누구보다 가슴 아파했지만, 그러면서도 유종원에게 경솔한 면이 있었음을 놓치지 않는다. "죽은 사람에게 아부한다"는 말을 들을 정도로 묘지명을 많이 썼던 한유지만, 안타까운 친구의 죽음에 헌정하는 묘지명에서 "대성(臺省)에 있을 때부터 몸가짐을 삼갈 수 있었다면, 내침을 당하지는 않았을 것이다"라며 유종원의 정치적 실책을 지적한 것이다.

두 사람의 정치적 관점의 차이는 한유가 쓴 『순종실록』(順宗實錄, 815)에 그대로 드러난다. 한유는 실록에서 유종원이 참여한 영정혁신(永貞革新)을 처음부터 끝까지 비판적으로 기술한다. 개인적으로는 그를 아름다운 옥 같은 사람이라고 칭송하고 아꼈지만, 실록에는 "요행으로 빨리 출세하려는 사람들"이라고 폄하했다. 또 오지에 좌천되어서도 그곳 사람들을 교화하고, 돈이 없어 노비가 된 자들을 천여 명이나 구제했다고 유종원의 공을 기록하면서도, 「영정행」(永貞行)이라는 시에서는 혁신파들의 행위를 "소인들이 틈을 노려 권력을 훔쳐간 것"이라고 신랄하게 비판하였다. 신중치 못하게 파당(派黨)을 만들고 어려움에 빠져서는 손잡아 끌어 줄 사람 하나 사귀지 못했던 강직한 성품의 내 친구 유종원. 한편 유종원은 역사를 기록할 실력이 모자란다고 하며 머뭇거리는 한유에게 도를 펼치지 못할 거면 녹봉이나 축내지 말고 당장 그 지위를 떠나라는 비판을 서슴지 않았다. 그리고 자신은 "만 번 배척당하더라도 내 뜻에는 변함이 없다"고 하며 영정혁신에 참여한 것이 한 점 부끄러움 없는 행위였음을 확신했다.

두 친구는 이렇게 달랐다. 당시의 현실문제를 개탄하고 그것을 혁신하고자 했던 목표는 같았지만, 서로의 노선에 대한 평가는 엄정했다. 그러나 임종을 앞둔 유종원이 어린 자식을 의탁할 정도로 믿을 만한 벗은 한유였고, 한유에게 유종원은 곁에 두고 아끼고 싶지만 멀리 달아나는, 존경과 믿음의 대상이자 말 못할 부러움과 열등감의 대상이었다.

엄친아와 고학생의 우정

유종원은 한유보다 5년 뒤인 773년, 장안에서 태어났다. 그의 집안은 대대로 관직에 올랐던 집안이라 장원이 딸린 주택을 소유한 중소지주계층이었다. 학식이 풍부한 아버지와 자애로운 어머니 아래서 4세 때 이미 고대 사부(詞賦)를 읽었고, 열 살 무렵에 문단에 이름이 날 정도로 문장에 능했다. 좋은 집안에서 훌륭한 교육을 받고 자라난 유종원은 한유가 그렇게 힘겹게 넘었던 진사과를 약관의 나이에 훌쩍 통과한다. 조실부모한 가난한 고학생인 한유에 비해 유종원은 모든 것을 두루 갖춘, 말 그대로 '엄친아'였다.

이런 데다 성정이 의롭기까지 했던 유종원은 젊은 시절부터 백성들의 참혹한 생활상을 보고 가슴에 새기며 부패한 세상을 개혁하고자 하는 마음을 키워 갔다. 유종원은 25세에 박학홍사과(博學鴻詞科)를 통과한 후 적극적으로 정치에 참여하여 각종 변론에 참여했다. 한유와 친분을 쌓은 것도 이 무렵으로, 이때 유종원은 왕숙문(王叔文)이 이끄는 정치 혁신그룹에 참여한다. 당(唐) 순종 즉위 후에는 환관들에게 병권을 회수해 왕권을 강화하고, 지방 군벌들의 세력 확장을 엄중히 처벌하며, 궁실의 사치스러운 병폐를 없애고자 하였다. 이처럼 환관과 문벌귀족들에 맞선 젊은 사(士) 계층의 정치혁신운동을 '영정혁신'이라 한다. 그런데 유종원은 자신의 정치 그룹에 한유를 끌어들이지 않았다. 한유가 누구 못지않은 개혁적 인사임을 알고 있었지만 노선이 달랐기 때문이다. 정치적 세를 탔다가 수장(首長)의 죽음으로 좌천되어 폄적지에서 일찍 죽은 형을 대신해 어린 나이에 가계를 책임져야 했던 한유는 유종원처럼 과감한 정치활동을 할 수 없었다. 한유는 개혁의 필요성과 혁신을 지지했지만 왕숙문 일파처럼 군주가 병이 난 틈에 권력을 훔쳐

행하는 급격한 개혁에 대해서는 부정적이었던 듯하다.

영정혁신이 실패로 돌아가고 유종원을 비롯한 왕숙문 일파는 모두 오지로 폄적되었고, 그후로도 복권되지 못한 채 실록에는 부정적으로 기록되었다. 그러나 정치권에서 멀어진 덕분에 그는 한유와 함께 또 다른 개혁인 문장혁신운동의 기수가 될 수 있었다.

도는 문사를 빌려 밝혀진다(文以明道)

현실 개혁에서 좌절한 유종원은 방대한 독서를 하면서 문장을 갈고 닦는다. 지식인이 문(文)을 창작하는 것은 왕도에 도움이 되어야 하고 피지배자들을 교화할 만한 것이어야 한다는 점에서 그는 한유와 공감했다. 나아가 문장에 관해서는 한유가 자신보다 몇 등급이나 높으며 거의 사마천과 맞먹을 정도라고 추켜세운다. 둘은 서로에게 제자를 추천하며 수신(修身)을 바탕으로 한 참신한 글쓰기운동을 전개해 나간다.

유종원도 읽기에 유려하고 보기에 미려한 글인 사륙변려문(四六駢儷文)의 형식으로는 개혁에 실패한 자기의 울분과 역사적 포펌 그리고 백성의 고통을 기술하는 것이 어울리지 않는다고 생각했다. 그래서 그가 택한 것이 잡문(雜文)이었다. 잡문이란 기존의 문체 격식을 따르지 않고 작가가 자유롭게 쓴 글을 말한다. 특히 대(對)나 문답(問答) 형식의 글에서는 거침없는 그의 논쟁적 성격을 엿볼 수 있다.

유종원은 「걸교문」(乞巧文)에서 이렇게 말한다. "네 마음을 견지하고 네 원칙을 다짐한다면, 성공하면 대단한 일이고 실패해도 천박하지는 않다." 현실에서의 활동이 모두 저지당한 절망적 상황에서 유종원이 할 수 있는 최선의 선택은 문장을 통해 자신의 도를 밝히는 일뿐이었다. 글을 통해 누군가의 생각을 일깨울 수 있다면 그 또한 다른 혁명이라고 할 수 있지 않을까? 그러니 알맹이 없이 멋지기만 한 글을 쓰는 데 힘쓰지 말고 자신의 내실을 키우는 것이 우선이다. 때문에 그는 "『서』(書)에 근본하여 질박함을 추구했고, 『시』(詩)에 근본하여 항상성을 추구했고, 『예』(禮)에 근본하여 마땅함을 추구했고, 『춘추』(春秋)에 근본하여 판단력을 추구했고, 『역』(易)에 근본하여 움직임을 추구했다." 앵무새처럼 옛 글을 인용치 말고, 도를 취하는 근원을 기른 후에 고금의 일을 판단하고 현실을 비판적으로 바라보라! 이것이 문장의 혁신이고 세상을 개혁할 또 다른 방법이었다.

세상을 경영하는 것이 자신의 책무라고 여기던 사 계층에게 글이란 자신의 사상과 주장을 내세우고 설득할 통로였다. 유종원과 한유는 '수기치인'(修己治人)의 원리로 어지러운 천하를 구제하려 했던 동지였다. 한유가 유학을 전하는 스승이 되겠다고 했을 때, 기이한 글을 지어 희롱한다는 비방을 받을 때, 유종원은 그를 지지하고 옹호하는 글을 남겼다. 그러면서도 그들은 하늘과 인간의 관계나 불교에 대해서는 자신의 견해를 굽히지 않고 논쟁했다.

흔히 나와 뜻이 다르면 소통이 안 되고 사귐이 어렵다고 생각한다. 한유와 유종원의 사귐은, 한유의 말대로 간담상조(肝膽相照; 간도 쓸개도 꺼내 보일 듯 친하게 지내는 것)가 아니었다. 그들은 서로 절대 포기하지 않는, 소통이 안 되는 면이 있었다. 그러나 그 때문에 서로를 배척하지는 않았다. 뜻이 맞지 않는 곳에서 그의 뜻을 헤아릴 수 있었던 두 사람은 비난에 가까운 논쟁을 하면서도 궁지에 몰렸을 때 서로에게 손을 내밀 수 있었다. 이런 의미에서 두 사람은 실로 지음(知音)이었다. 한유는 아마 이렇게 말했으리라.

"나를 비방할 자도 자후요, 나를 칭찬할 자도 자후다."

난세에, 쉽지 않은 삶을 살더라도, 곁에 이런 벗이 하나쯤 있다면 살아가는 힘이 되지 않을까.

_홍숙연

사단칠정을 논변하다

하나의 문장에서 8년의 논쟁이 시작되다

모든 것은 하나의 문장에서 시작되었다. 우연히 보게 된 책의 한 구절이 퇴계를 붙잡았던 것. "사단은 리에서 발현하고, 칠정은 기에서 발현한다." 퇴계는 책장을 넘기던 손을 멈추고, 생각에 잠겼다. 아무래도 석연치 않았다. 한참을 망설이던 퇴계는 마침내 붓을 들어 그 문장을 고쳤다. "사단은 리가 발현한 것이고, 칠정은 기가 발현한 것이다." 퇴계는 만족한 듯 다시 책장을 넘겼다. 퇴계는 방금 자신이 고친 그 한 문장이 이후 대논쟁의 씨앗이 될 줄은 꿈에도 상상할 수 없었다.

퇴계가 앞에 두고 있었던 책은 추만 정지운(秋巒 鄭之雲, 1509~1561)이 쓴 『천명도설』(天命圖說). 얼마 전, 정지운이 직접 퇴계를 찾아와 10여 년 전에 썼던 이 책의 검토를 부탁했기 때문이었다. 『천명도설』은 기본적인 성리학 내용으로 채워져 있었다. 일종의 기본서인만큼, 퇴계는 공부를 시작하는 이들이 뜻을 명확히 알 수 있게 하는 데 최대한 신경을 썼다. 그런데 정지운이 언급한 사단칠정의 뜻이 애매했다. 퇴계는 사단과 칠정을 좀더 분명히 구분해 주는 게 좋겠다고 생각했다. 측은·수오·사양·시비의 사단은 순수한 선(善)의 마음이니 '리'의 발현으로, 희·노·애·구·애·오·욕의 칠정은 자칫 선악이 혼융될 수 있으니 '기'의 발현으로 보는 것이 옳다.

이것을 그냥 지나치지 못한 젊은 선비가 있었다. 전남 광주, 절개와 학문으로 상징되는 한 사림 가문의 영재였던 고봉 기대승이었다. 그는 퇴계보다 스물여섯 살이 어렸다. 하지만 고봉은 일찍부터 학문에 전념하여 31세가 되었을 때는, 방대한 주자문집을 『주자문록』이란 세 권짜리 책으로 압축 저술할 만큼 주자학 연구에 관한 한 일가견을 가진 학자였다. 고봉은 서른두 살에 과거에 급제했고, 그로부터 1년쯤 지난 어느날 『천명도설』을 읽게 되었다. 그런데 인간과 우주의 관계를 주자학 이론에 따라 설명하고 있는 흥미로운 글을 읽다가 사단칠정 부분에서 고봉은 일순간 고개를 갸웃거렸다.

사단칠정, 세상을 보는 거울

대체 사단칠정이라는 게 뭔가. 주자학에서 말하는 사단칠정은 인간의 본성이 현실에서 발현되어 나타난 마음의 양태들이다. 사단은 측은한 마음, 수치스러운 마음, 사양하는 마음, 옳고그름을 따지는 마음이다. 칠정은 기쁘고(희), 화내고(노), 사랑하고(애), 두렵고(구), 슬프고(애), 싫어하고(오), 욕망하는(욕) 마음이다. 간단히 말해 사단과 칠정은 인간이 느끼는 열한 개의 감정(情)들이다.

퇴계는 이 중 사단을 순수한 도덕 감정으로, 칠정을 일상적 생활 감정으로 본다. 사단은 언제나 선한 감정이고 칠정은 선할 수도 그렇지 않을 수도 있다. 퇴계에게 사단과 칠정은 질적으로 다른 감정이었다고 할 수 있다. 하여 퇴계는 사단과 칠정을 분리해 생각했다. 사단은 순수한 이치가 발현한 것이고, 칠정은 기와 겸해서 발현된 것이라고.

이에 반해 기대승이 보는 방식은 다르다. 기대승 역시 사단이 순수한 선이고 칠정은 선악이 혼용될 수 있다는 구도 자체는 공유한다. 하지만 기대승에게 사단과 칠정은 기본적으로 정이라는 점에서 같다. 주자에 따르면 그것이 선이 되거나 악이 되는 것은 그 자체에 속하는 문제가 아니라 현상에서의 적절/부적절함에 있다. 요컨대 사단과 칠정이 그 자체로 '선'과 '선/악 혼용'인 것이 아니다. 선악은 각각의 현상에서 적절/부적절함에 따르는 것이다. 따라서 기대승은 사단과 칠정을 그 자체로 리와 기로 나누어 설명하는 것은 옳지 않다고 보았다.

사실 기대승의 요지는 간단하고 명쾌한 것이었다. 사단이든 칠정이든 모두 정이기 때문에 사단과 칠정을 리와 기로 나누어 설명할 수 없다는 것이다. 더욱이 이것은 주자의 정 이론에 바탕한 것이었다. 요컨대 '논리적으로' 아니 '주자학적으로' 기대승에게 허물은 없었다는 것이다.

퇴계가 기대승의 질문에 수세에 몰린 것은 이런 이유 때문이었다. 퇴계에게 사단은 인의예지가 발현된 순수한 도덕 감정이었으며, 그렇기에 곧 선이었다. 퇴계의 생각에 사단은 숭고한 것이었다. 반면에 칠정은 때로 불순할 수도 있는 것이다. 그러므로 이 둘을 다르게 설명해야 한다. 하지만 기대승은 사단과 칠정이 별개의 것이 아니며, 사단은 칠정을 벗어나지 않는다는 입장 위에 서 있었다. 즉 사단이 정이라면 그 또한 정도에 맞고 그른 것에 따라 선하고 선하지 못한 경우가 있을 수 있다는 것이다.

인간이란 무엇인가, 어떻게 살아야 하는가

퇴계의 고민은 본성이 드러난 것으로서의 감정(情)에 관한 전면적인 통찰이었다. 퇴계의 문제의식은 주자의 이론으로 현실을 해석하는 게 아니었다. 퇴계는 주자를 통해 현실세계를 실제로 이해하고 싶었다. 따라서 퇴계와 고봉의 논쟁은 주자학의 '인성론'에 관한 해석 싸움이 아니다. 사단과 칠정을 둘러싸고 펼쳐진 이야기들은 퇴계에게 있어 '인간이란 어떤 존재인가'에 대한, 그리고 그 존재에서 비롯하여 인간은 '어떻게 살아야 하는가'의 문제였다.

물론 고봉의 생각처럼 선과 악은 삶의 맥락에서 중용(적절/부적절함)에 의해 결정되는 것이라는 말은 옳다. 그러나 이럴 경우 우리는 삶의 매 순간마다 그것이 리에 적합한 것인지 아닌지를 고민해야 한다. 왜냐하면 선이란 자신이 리에 얼마나 다가서 있느냐, 얼마나 리가 말해 주는 그 '인간다움'에 가까이 가느냐가 문제이기 때문이다. 우리는 항상 '답기' 위해 노력해야 한다. 즉 리(이치)에 부합하도록 행동하는 게 그 사람을 사로잡는다. 그래서 자꾸 따져 묻게 된다. 그게 얼마나 '~답게' 한 것인지, 어느 정도여야 진정한 '~다움'인지. 이렇게 스스로를 끊임없이 그 '~다움'에 다가서도록 다그쳐야 한다. 엄격한 생활, 곧게 서기 위한 노력은 결국 사는 동안 얼마나 우뚝한 태산이 되느냐의 문제다. 거기에는 놀라운 열정과 숭고해 보이는 성실함이 있지만 다른 한편 그것은 무겁고 각박하다.

그럼 퇴계의 입장은 무엇이었을까. 사단의 발현은 리의 발현이고, 칠정의 발현은 기의 발현이라는 이분적 논리를 통해 대체 이 원숙한 노학자는 무슨 말을 하고 싶었던 것인가. 어쩌면 퇴계는 논리로 설명될 수 없는 삶의 어떤 측면을 강조하고 싶었던 것인지 모르겠다. 단 하나의 원칙으로 현실을 엄단하기보다는(성인이 아닌 한 대부분 중용하지 못할 것이므로 실제 삶은 불선不善의 연속이 될 것이 확실하다), 나아가고 물러나는 삶의 리듬에도 각각의 이유와 명분이 있다는 것. 다시 말해 삶이란 어떤 상황에서는 리가 주도권을 가지고 움직이기 시작해 자연스레 기가 따르는 순수 도덕적 측면도 있고, 또 어떤 상황에서는 비록 사사로운 형국이지만 기가 움직이게 되면서 이러저러한 현실의 욕망들이 부딪치기도 하는 생활 감정의 측면도 있다는 것이다. 인간은 성인이 아니다. 인간은 성인이 되려고 노력하는 존재일 뿐이다. 요컨대 삶이란 성인(중용)과 일상인(비중용)이 뒤섞이는 게 오히려 자연스러운 것이다. 삶은 그렇게, 다만 쉬지 않고 흘러가는 것이다. 마치 마을 뒷산 계곡에 흐르는 시냇물처럼.

산은 산이요, 물은 물이다

사단도 정이고 칠정도 정입니다. 다같이 정인데, 왜 '사단'과 '칠정'이라는 서로 다른 명칭이 있게 된 것일까요? 보내온 편지에서 말씀하셨듯이 '나아가 말한 것이 다르다'는 사실 때문입니다.(고봉에게 보낸 퇴계의 편지)

논쟁의 과정에서 퇴계는 논리의 탁월함보다는 학문과 세상에 임하는 자세와 태도에서 놀라운 인격자의 모습을 보여 줬다. 논쟁의 기간 동안 퇴계는 묻고 배우면서 나아가고 되돌아오기를 반복했다. 육십대의 당대 최고 학자가 삼십대의 젊은 신진 학자에게 다분히 수세적 입장을 취하면서도 말이다. 퇴계는 고봉의 반박이 있을 때마다 적극적으로 고봉의 입장을 받아들였다. 최대한 받아들여 자신의 것으로 만들고 다시 고봉에게 편지를 쓰고, 또 썼다. 고봉의 논리가 이론적 정합성에 근거했다면 퇴계의 논리는 정황과 맥락의 이념적 신념에 가까웠다.

　고봉은 논쟁의 마지막에 이르러 드디어 퇴계의 말을 크게 수용하며 물러섰다. 하지만 고봉의 퇴계 수용은 이론적인 것이라기보다는 인간적인 것이었다. 다시 말해 고봉은 자신의 원론적 입장에 관해서는 뜻을 굽히지 않았다. 다만 거기에 보태 퇴계의 의견을 존중하고 수용하려는 자세의 전환이라는 측면이 컸다. "나에게 갖추어져 있는 사단에 대하여 그것들 모두를 최대한으로 키워 나의 내면을 가득 채우고자 한다면 (퇴계 선생님께서 말씀하신) '사단은 리의 발현이다'라고 말하는 것이 당연합니다."

퇴계 역시 마찬가지였다. 퇴계는 고봉의 의견을 매번 적극적으로 수용하고 검토하고 또 수정했지만, 끝내 사단이 리의 발현이라는 주장을 포기하지 않았다. 이로써 이들은 8년이라는 긴 논쟁을 통해 결론 없는 무용한 말싸움을 마친 것이 아니라, 세대와 지역·학연·정치 성향 등의 차이에도 불구하거 서로에게 진정 어린 우정을 선물하는 관계로 발전할 수 있었다. 고봉과 퇴계의 편지는, 논쟁 이후에도, 퇴계가 사망할 때까지 계속되었다.

기대승의 인생은 어찌 보면 그가 지녔던 불굴의 기상과 사대부 선비 정신에 정직했던 삶이었다고 할 수 있다. 하지만 다른 한편으로 그것은 불과 얼마 전에 퇴계가 모든 수단을 강구해서라도 도망쳐 나오고자 했던 바로 그 길이었다. 어찌 보면 같은 길에서 한 사람은 우뚝한 산봉우리와 같은 삶을 살았고, 한 사람은 흘러 내려가는 시냇물이 되는 삶을 살았다고 할 수 있다. 우뚝한 산 정상에는 아무나 오를 수 없다. 과연 기대승은 아무나 따라할 수 없는 삶의 길을 개척했다. 하지만 마을 뒤편으로 흘러가는 시냇물은 누구나 다다르는 곳이다. 하지만 그 흘러가는 물은 멈추는 법이 없다.

산이 자신을 가르는 물의 경계를 배척하지 않듯, 물 또한 자신의 길을 막고 선 우뚝한 산봉우리를 탓하지 않고 돌아 넘는다. 산은 물이 있기에 그

부드러움을 가진 굳건함의 상징이 될 수 있는 것이고, 물은 산을 휘감고 도는 모습으로 그 태산의 막강함을 이겨 내는 여일함의 상징이 된다. 역시 산은 산이요, 물은 물이다.

_문성환

2부

전복적
아티스트

: 예술인가 혁명인가

'문명'에 굽힌 지조, 지식인의 숙명인가

>> 신문화운동의 기수, 최남선

1906년 3월, 17세의 최남선(崔南善, 1890~1957)은 일본 와세다대 고등사범부 지리역사과에 입학하기 위해 바다를 건넜다. 초행길은 아니었다. 이태 전인 1904년에도 일본을 다녀간 적이 있었다. 그는 대한제국 황실유학생단의 최연소 유학생이자 반장이었다. 당시 열다섯이었던 소년의 눈에 비친 일본은 이전까지 사람들의 입으로 전해 듣던 과거의 일본이 아니었다. 그곳은 눈부신 신세계였다. 그 신세계의 거리에서 소년은 서점 유리창 너머로 매달 쏟아지는 수십 종의 잡지들에 매혹당했다. 소년에게 그것은 문명의 상징이었다.

두 차례에 걸친, 그리고 남들보다 비교적 일찍 시도된 그의 유학 생활은 모두 짧게 끝이 났다. 도쿄부립 제1중학에서의 첫번째 유학은 조선유학생들의 무질서와 준비 부족 때문에 석 달 만에 중단되었다. 하지만 두번째 유학은 뜻하지 않은 사건으로 갑작스레 파국을 맞았다. 문제의 발단은 와세다대 법정학부 학생들의 모의국회였다. 망해 버린 조선왕이 일본을 방문한다면 어느 정도의 의전을 갖추어야 하는가를 주제로 했던 것. 이 사건은 당시 일본에 유학 중인 조선 유학생들에게 심한 굴욕감을 안겨 주었다. 최남선은 조선유학생 대표로 문제를 일으킨 일본 학생들의 총퇴학을 주도하는 등 강경 대응했지만, 결국 학교를 자퇴해 버렸다(1907).

대륙 중심의 패러다임 바꾼 『소년』

예기치 못한 사건으로 학업은 중단될 수밖에 없었지만 문명에 대한 열망은 그후로도 오랫동안 최남선의 마음을 사로잡았다. 소년은 스스로를 '신보잡지광'(新報雜

『소년』의 창간호(사진). 최남선이 『소년』을 창간한 때가 그의 나이 열아홉이었으니, 그야말로 '소년'이 『소년』을 만든 것이었다. 『소년』이 처음 세상에 나온 11월 1일은 현재 '잡지의 날'로 기념되고 있다.

誌狂)이라 자처했다. 얼마 후, 소년은 신세계로부터 최신 인쇄기를 구입하고 인쇄를 위한 전문 식자공까지 대동하여 그렇게 바다와 함께 귀국했다. 신문명의 메카임을 자부하는 인쇄소 겸 출판사 신문관(新文館)은 이렇게 탄생되었다. 1908년 11월 1일, 바다 건너편의 것이었던 문명은 지금 이곳에서 최초의 근대적 잡지 『소년』(少年)이 되었다.

　『소년』은 최남선 1인 잡지였다. 일본을 경유한 새로운 지식들은 편집자 최남선을 거치면서 또 한번 선별되고 분류되어 마침내 전파되었다. 이 시기 최남선은 그 자체로 근대 지식의 매체(미디어)였다. 최남선은 일본 유학 시절 구입한 많은 신간 서적들과 당대 잡지들에 등장하는 담론들을 번역했을 뿐 아니라, 필요하다면 그만큼의 글을 썼다. 문명은 그렇듯 지식을 통해 식민지 조선으로 유입되었다.

창간호에 실린 「해(海)에게서 소년에게」는 도래하는 문명의 힘과 미래에 대한 최남선의 태도와 각오가 잘 드러나 있다. '털썩 털썩 턱 쏴' 하는 파도와 함께 밀려오는 바다의 위력 앞에서는 '큰 산이나 거대한 바윗돌' 같은 무엇도, '아무리 권세를 가진 누구'도 힘없이 쓸려 버리지 않을 수 없다. 그것은 돌이킬 수도, 저항할 수도 없는 시대의 조류이기에 끝내는 받아들일 수밖에 없다. 중요한 건 그 어마무지한 새 기운이 대륙이 아닌 바다로부터 온다는 사실이었다. 그것은 유사 이래 수천 년간 대륙만을 바라보고 있던 반도 조선의 정수리를 내리치는 근본적인 패러다임의 전환이었다.

만주건국대학 교수직 수락

지조냐 학자냐의 양자 중 그 일을 골라잡아야 하게 된 때에 대중은 나에게 지조를 붙잡으라고 하거늘 나는 그 뜻을 휘뿌리고 학업을 붙잡으면서 다른 것을 버렸다. 대중의 나에 대한 분노가 여기서 시작하여 나오는 것을 내가 잘 알며 그것이 또한 나를 사랑함에서 나온 것임도 내가 잘 안다.(「자열서」自列書)

신문관 창립 이후 3·1운동까지 10여 년간, 최남선은 자타가 공인하는 신문화운동의 기수였다. 하지만 「기미독립선언서」의 작성자로 3년여의 수감 생활을 마친 후 그는 지조와 학자의 길 사이에서 학업을 선택한다.

지조 대신 선택한 학문이란 무엇이었을까. 최남선은『조선역사통속강화』(1922)를 시작으로『불함문화론』(1925), 「단군론」(1926),『살만교차기』(1927) 등 굵직한 역사 연구 저술들을 잇달아 발표했다. 이들은 모두 '단군에 기원한 조선 역사'라는 그의 민족주의 역사학을 구성하는 중요한 뼈대였다. 동시에 그는『풍악기유』(금강산, 1924),『심춘순례』(지리산, 1925),『백두산근참기』(1927),『금강예찬』(1928) 등 조선의 산천을 둘러보고 이에 대한 기행문을 남겼다. 그에게 있어 기행문은 여행의 기록이라기보다는 종교적 순례기였다. 민족은 그에게 이념이었고, 그는 이념에 입각한 자신의 이러한 작업을 조선학(朝鮮學)이라고 불렀다.

그렇다면 대체 그가 버린 지조란 무엇이었을까. 대중들이 열망했던, 그리고 그 자신이 지켜오던 지조란 바다를 통해 흡수하려던 문명이었다. 하지만 그 문명은 일본제국주의의 다른 이름이기도 했다. 그는 더 이상 바다를 맞이할 수 없었다. 그렇다고 다시 눈을 돌려 대륙을 바라볼 수도 없었다. 지조를 바칠 만한 어떤 것도 없는 현실. 그렇기에 최남선은 지조 있는 학자가 될 수 없었다. 결국 그는 지조 그 자체를 "휘뿌리고" 학자의 길을 택한다. 그가 가고자 했던 학자의 길은 바다도 대륙도 아닌 새로운 지반에 대한 탐사였다. 모든 지조가 사라진 자리, 그 자리에 세울 새로운 시공간. 학자란 새로운 시공간의 발굴자들이었다. 최남선은 지조가 불가능한 현재를 버리고 과거 속으로 침잠한다. 문명화되어야 할 미래의 민족을 등지고, 대륙 바라기 조선의 시간을 넘어 순정한 시간, 그 태초의 시간인 단군으로 그는 깊숙하게 달려 들어갔다.

어느 순간 최남선은 그 태초의 시공간 속에 갇혀 옴짝달싹할 수 없는 신세가 되어 버렸다. 순정한 지반이란 건 현실 위에서는 세워질 수 없었다. 문명이란 바다를 통해 조선을 덮치던 제국주의의 시대. 그 바다 앞에 쓰러져 간 '큰 산이나 거대한 바윗돌'처럼, 그의 세계는 무력했다. 바다를 동경했던 '담 크고 순정한 소년'. 그 담대함으로 바다를 버리고 순정한 시간을 거슬러 올라간 소년. 하지만 그 소년이 도착한 곳은 결국 바다의 친구였다. 1939년 4월, 최남선은 만주 건국대학의 교수 자리를 받아들인다.

노년엔 민족주의와 결별

최남선은 그가 도착했던 태초의 시간에서 한발 더 나아가고자 했다. 그는 샤먼(살만교) 및 민족주의와 결별한다. 그리고 1955년 최남선은 가톨릭에 귀의했다. 어쩌면 최남선에게 그곳은 샤먼과 민족 등이 없는 시공간, 아니 모든 시공간이 탈각된 지각 불가능한 무엇은 아니었을까.

최남선은 말한다. "민족이란 본질적으로 필요한 것도 아니며, 당연히 있어도 안 될 것이요, 다만 '대립'의 의식으로만 성립된 것"이다. 민족 개념은 비교적 최근에 만들어진 것에 불과하며 인류의 평등한 평화를 위해서도 반드시 필요한 것이 아니다. 지금 필요한 건, 진실한 마음에 입각하여 이전의 가치를 완전히 쓸어버리는 민족혁명이다. 갈등과 대립을 일으키는 모든 지조를 쓸어버릴 것! 그에게 가톨릭은 "평화가 아닌 칼을 통해 불의를 없애고 정의를 세우는 교문(敎門)"이었다.

최남선은 식민지 시기를 포함한 일생 동안 단 한순간도 글쓰기를 멈추지 않았던 예외적 인물 중 하나였다. 좋은 의미에서 그는 현실에 충실했고 직분에 성실했던 지식인이었다. 지식인이란 무엇인가. 지식인은 미래를 창조하는 예언자가 아니다. 지식인이 종종 현실을 뛰어넘는 가치를 창출하는 것은 그들이 예언자여서가 아니라 거꾸로 그들이야말로 가장 민감하게 현실을 포착하는 사람들이기 때문이다. 하지만 또한 이 때문에 지식인은 현실에 가장 쉽게 포획되는 사람들에 대한 이름이기도 하다. 뚫고 나가거나 포획되거나!

_문성환

선망과 자괴 사이에서의 글쓰기

>> 근대 조선 국민작가, 염상섭

염상섭(廉想涉, 1897~1963)은 널리 알려진 '국민작가'다. 염상섭이 '국민작가'인 것은 물론 그의 걸출한 문학작품 덕분이지만, 그의 삶이 근대 이후 한국사의 중요한 맥락들과 궤를 같이해 왔기 때문이기도 하다. 철들 무렵 조선은 식민지가 되었고, 한일병탄 2년째인 1912년에는 일본 유학 생활을 시작한다. 1930년대에는 만주로 건너갔다가 해방이 되자 신의주를 거쳐 38선을 간신히 통과해서 서울로 돌아왔고, 이후 종군작가로 한국전쟁을 체험한다.

이처럼 식민지 조선과 제국 일본, 해방과 한국전쟁을 마주했던 염상섭의 삶의 국면들은 100편이 훨씬 넘는 그의 장·단편 소설에 고스란히 녹아 있다. 가히 문제적 시대를 살아 낸 문제적 작가인 셈. 허나 역사와 시대가 문제적이었다 해서 반드시 문제적 작가가 되는 것은 아니다. 흔히 한국문학사에서 염상섭을 일컬어 '리얼리즘의 최고봉'이라 하는데, 이 찬사 속에는 있는 그대로의 사실을 생생하게 재현해 냈다는 평가가 담겨 있다. 그렇다면 염상섭이 바라본 '있는 그대로의 사실'은 어떤 것이었을까.

'군복자락 콤플렉스' 벗어나려 글쓰기 시작

일본 유학생 시절, 그는 식민지인이라는 피해자의 입장과 제국 일본을 선망하는 학습자 사이에 놓여 있었다. 이른바 '친밀한 적'을 마주해야 하는 고통, 즉 일본을 본받고 따라하면서도 그런 자신을 경멸하고 자책하는 이중적 상황이었던 것이다. 이는 당시 일본에 유학한 조선인이라면 누구나 다 마찬가지였다. 하지만 염상섭의 경우는 좀더 특별난 데가 있었다. 그의 유학이 일본군 육군 중위였던 맏형의 보살핌 아래에 있었기 때문이다. 맏형 염창섭은 대한제국 시절, 영친왕이 유학이라는 명분 아래 일본으로 인질처럼 끌려갈 때 그 시종으로 따라갔다. 이후 염창섭은 대한제국의 유학생 신분으로 일본 육군사관학교에 들어간다. 하지만 대한제국이 일본의 식민지가 되면서, 그는 일본군대로 편입하는 길을 선택한다.

곡절 많은 내력이지만, 현실에서 일본군 장교라는 위치는 대단한 것이었다. 그런 형 덕분에 염상섭도 사립학교나 학원가를 전전하던 조선유학생들과는 달리 정규 일본 명문 중학교를 다닐 수 있었다. 이후 염상섭은 『동아일보』 정경부 기자(일본특파원)를 비롯해서 『시대일보』, 『조선일보』, 심지어 총독부기관지였던 『매일신보』, 만주국의 홍보지 역할을 했던 『만선일보』에서까지 두루두루 일한다. 하릴없이 이 거리 저 거리를 헤매고 다녔다는 가난한 식민지 지식인의 이미지와는 거리가 먼 셈이다. 게다가 염상섭만큼 일본어와 일본문학에 정통한 문인은 없었다고 한다.

그런 만큼 염상섭에게는 '군복자락 콤플렉스', '현해탄 콤플렉스'라는 수식어가 따라다녔다. 일본군 장교인 형은 든든한 버팀목이었지만 부끄러운 존재였고, 조선과 일본 사이의 바다 현해탄을 오가는 것처럼 일본을 선망하다가도 한편으로는 식민지인임을 자각하고 괴로워하는 상황이었기 때문이다. 그 콤플렉스를 잘 보여 주는 것이 '오사카 독립선언서 사건'이다. 염상섭은 「2·8독립선언서」, 「기미독립선언서」에 영향을 받아 1919년 3월 18일 오사카에서 단독으로 독립선언문을 기초하고, 거사를 꾀하다가 체포되어 3개월의 미결수 생활을 겪는다. 이 독립선언문에는 '오사카 한국노동자 일동 대표 염상섭'이라고 쓰여 있다. 그전 해에 병으로 대학을 자퇴했고, 작은 신문사의 기자 생활을 하긴 했지만 그가 노동자 대표라기엔 다소 억지스럽다. 게다가 정규 일본 명문 중학을 졸업하고, 귀족자제들이 다니던 게이오대학 문과에 입학했던 그의 이력을 떠올리면 생뚱맞기 짝이 없다. 그럼에도 불구하고 굳이 노동자를 자처하고 나선 것은 그의 깊은 콤플렉스 때문이었다. 염상섭의 내면에는 일본 육군장교의 동생, 안온한 일본 유학생이라는 자괴감이 늘 존재했고, 그 반작용의 심리로 자신을 노동자 대표로 내세우고 싶었던 것이다.

군복자락으로부터 야차의 길로

식민지 상황에 대해 어떤 이는 어쩔 수 없는 것이라 받아들이고 체념했다. 또 어떤 이는 식민지를 벗어나기 위해 일본과 투쟁하는 것만이 최선이라 했다. 어떤 이는 이러지도 저러지도 못하는 자신을 부끄럽다고 고백하기도 했다. 그 괴로움으로 현실을 등지거나 스스로 자기 파멸로 내몰아가기도 했다. 물론 자기이익만을 챙기기에 급급한 무리들도 있었다. 이런 가운데 염상섭은 자기 삶을 글쓰기로 옮겨 놓음으로써 자괴감으로부터 벗어나 자기 세계와 대면하고자 한다.

염상섭의 대표작으로 널리 알려진 『만세전』(1924)은 자전적 경험이 깊이 투영된 일본 유학생 '이인화'를 주인공으로 내세우고 있다. 이인화는 답답한 현실에 대해 맹렬하게 발작을 일으킬 정도이면서도 딱히 해결방법을 찾지 못하는 괴로움을 여실히 보여 준다. 자기변명과 자기연민, 자조가 뒤범벅인 소설 속 인물. 그런 인물을 그려 놓는 일, 바로 글쓰기를 통해 염상섭은 새로운 길을 만난다. 그는 1923년 첫 창작집 『견우화』를 발간하면서 자신의 소설쓰기를 이렇게 설명한다.

> 소설이란 것이 인생과 그 종속적 제상을 묘사하는 것인 이상 인간이 어떻게 고민하는가를 그리는 것은 물론이다. 소설에 예술적 생명을 불어넣어 주는 것은 연극적·음악적·회화적·조각적 요소를 어떻게 약배하며 약동하도록 그리겠느냐는 문제이지만, 기초적 조건은 역시 사람은 어찌하여, 어떻게, 얼마나 고민하는가, 또는 그 고민이 어떻게 전개되며 어떻게 처리되는가를 묘사함에 있다. …… 이러한 의미로 나의 처음 발간하는 단편집에 대하여 야차(夜叉)의 마음을 가진 보살을 의미하는 '견우화'라는 표제를 택하였거니와……. (『견우화』의 「서문」)

그에게 소설쓰기는 세련된 기교를 펼쳐 보이는 일이 아니었다. 그것은 예술적 사명감이라기보다는 인간의 내면을 가차 없이 속속들이 살펴보는 괴롭고 고통스러운 일이다. 오죽하면 첫 단편집을 "야차의 마음을 가진 보살을 의미하는 '견우화'"라고 이름 붙였다고 스스로 해명하는 것일까. 혼란스럽고 복잡한 세상 속에서 인간의 내면을 그리는 일은 스스로 야차(악마)가 되기를 자처하는 것이나 다름없기 때문이었다. 하지만 스스로 야차되기를 선택함으로써 그는 군복자락으로부터 벗어날 수가 있었다. 일본 육군장교의 동생이자 독립선언을 하는 식민지 조선인, 총독부 기관지의 정치부장이자 조선인 소설가. 이러한 극단들을 오가던 자신의 모습을 바라보기. 그러한 자신이 속해 있는 두 세계를 두 눈으로 똑똑히 보기. 그것이 염상섭의 작가적 출발이자, 글쓰기의 의미였다.

물론 두 눈으로 세계를 똑똑히 본다고 해서 쉽게 해답을 발견할 수는 없다. 오히려 염상섭의 작가적 두 눈은 해답보다는 일상적 삶 속에 가려져 보이지 않는 삶의 미세한 진실을 바라보고자 했다. 일상 속에서는 아무도 순결하거나 정의롭지 않다는 것 그리고 사람들은 박쥐 같은 양면성으로 살아가고 있으며, 가족들조차도 핏줄보다는 돈(욕망)으로 움직이고 있다는 것 등. 1930년대 『삼대』가 그려 낸 풍경은 그러한 삶의 이면에 대한 해부였다. 그래서 염상섭의 작품은 우리가 쉽게 지나치거나, 마치 외눈박이처럼 하나로만 바라보는 것을 온전히 다 보여 준다.

해방 이후, 이데올로기의 각축장이 되었던 역사적 현장이나 전쟁 상황에서도 염상섭의 이러한 자세는 계속 이어진다. 한국전쟁 발발 직후에서 1·4후퇴 때까지의 긴박한 상황을 생생하게 드러낸 『취우』(1953)는 전쟁의 극한 상황이나 고통을 묘사하기보다는 그 와중에도 노골적으로 돈에 집착하는 인간의 욕망을 그려 내고 있다. 이 지점에 이르면, 왜 염상섭이 국민작가로 회자되는지 짐작할 수 있다. 역사와 삶을 대면하는 방식으로서의 글쓰기. 그리고 단면적인 세계와 양가적인 판단을 넘어서는 복잡다단한 세계를 그려 내는 작가. 그의 글쓰기는 현실의 복잡함 속에서 길을 잃어버리지 않도록 두 눈 크게 뜨고 자신과 자신의 삶을 응시하는 것이었다. 자기 삶의 응시가 그로 하여금 글쓰기로 나아가게 했고, 그것이 국민작가 염상섭이 우리에게 전해 주는 것일 터이다.

_김연숙

'남' 배우러 영국 갔다가 '나'를 찾는 광맥에 빠지다

>> 근대 일본 국민작가, 나쓰메 소세키

근대 일본의 국민작가 나쓰메 소세키(夏目漱石, 1867~1916). 불과 10년 전까지도 일본인들은 매일같이 1,000엔 권 속에 그려진 그의 얼굴과 만났다. 하지만 그가 소설을 발표한 기간은 그의 나이 38세였던 1905년부터 49세가 되던 1916년까지 불과 12년 동안이다. 그는 천부적 재능으로 글을 썼던 사람은 아니었다. 아래의 강연에서처럼 그는 자신의 가슴 깊은 곳에서 '자기'가 나아가야 할 길을 발견하기 위해 소설을 썼을 뿐이다. 작가에게는 소세키다움을, 독자들에게는 바로 그들 자신을 발견하기를 촉구하는 문학! 무엇이 소세키를 이런 자기 발견의 세계, 굴착(掘鑿)의 글쓰기로 이끌었을까.

여러분……어떻게 해서든지 자기의 곡괭이로 광맥을 파낼 수 있는 곳까지 나아가지 않으면 안 될 것입니다.……무엇인가에 맞닥뜨릴 때까지 나아가 본다고 하는 것은 학문을 하는 사람, 교육을 받은 사람의 평생의 임무로서 혹은 10~20년의 주요한 작업으로서 필요한 것이 아닐까요? 아아, 여기에 내가 나아가야 할 길이 있다! 간신히 파낼 수 있는 광맥을 발견했다! 이와 같은 감탄사를 가슴 깊은 곳으로부터 토해낼 때,……쉽게 무너뜨릴 수 없는 자신감이 그 외침 소리와 함께 문득문득 머리를 쳐들고 오는 것은 아니겠습니까?(학습원 강연, 「나의 개인주의」, 1914년 11월 25일)

'런던의 원숭이' 두 개의 유령을 만나다

나쓰메 소세키는 1867년에 태어났다. 이 해는 바쿠후가 천황에게 통치권을 넘김으로써 일본이 천황제에 바탕을 둔 근대 국민국가로 거듭나던 해다. 소세키는 어려서부터 한문학을 좋아해서 두루 한서를 읽었다. 하지만 당시 일본은 제국주의 열강들에 뒤지지 않기 위해 서양의 과학 지식과 사상들을 중심으로 일본의 근대 고등교육을 시스템을 재편해 갔다.

이런 분위기 안에서 소세키는 평소 문학을 좋아했던 장기를 살려 영문학 공부를 시작했다. 그리고 33세의 나이에 영국 유학을 떠나게 된다. 소세키는 처음부터 자신의 유학이 탐탁지 않았고 불안했다. 그가 가게 될 국비 유학은 청일전쟁(1894~1895) 승리에 따른 배상금을 바탕으로 기획되었고, 일본 문부성은 유학생들이 최신의 제국주의 이론과 내셔널리즘을 습득해 올 것을 기대하고 있었기 때문이다. 소세키는 자신의 영국 런던 유학 역시 같은 맥락에서 추진되고 있음을 직감했다.

그의 불안은 적중했다. 소세키는 1900년 9월 런던에 도착해서 두 가지 유령과 마주치게 된다. 첫번째는 영문학이란 유령이다. 그는 도착하자마자 곧바로 대학의 영문학과 수업을 들으며 최신의 영문학을 연구하려 했다. 하지만 이게 웬일인가. 소세키는 영어로 쓰여진 문학작품을 진지하게 연구하려는 지식인들을 발견하지 못했다. 대학의 수업에서는 영문법과 문학가의 약력을 겨우 설명하고 있었다. 당시 영국인들에게 영문학이란 읽으면 알 수 있는 이야깃거리에 불과했던 것이다.

소세키가 오랫동안 생각했던 문학이란 한문학의 '좌국사한', 즉『춘추좌씨전』,『국어』,『사기』,『한서』처럼 국가의 성쇠와 역사, 그 안에서 활약했던 인간을 둘러싼 담론이었다. 소세키는 런던에서 한문학과 영문학 사이에는 그 어떤 공통점도 없다는 것을, 어느 곳에도 영문학이 한문학보다 낫다고 주장할 만한 근거가 없다는 것을 발견했다. 동아시아 한자문화권과 유럽의 영국은 각자 다른 필요에 의해 다른 식의 문학을 발전시켜 왔을 따름인 것이다. 그렇다면 이 영문학을 신봉하는 자들은 누구인가? 바로 영국의 변두리, 영국의 식민지, 영국을 동경하는 비서구 지역 출신들뿐이었다. 영문학은 실체도 없으면서 이들 불쌍한 열등 민족들에 횡포를 부리고 있었던 셈이다.

두번째는 '퇴화론'이라는 유령이다. 당시 런던의 학계와 신문기사들은 우승열패와 적자생존의 논리로 무장한 사회진화론을 철저하게 신봉하고 있었다. 그리고 그 안에서도 특히 영국인들은 퇴화의 공포에 떨고 있었다. 그가 떠나 온 일본에서는 오직 서양을 닮기만 하면 진화한다는 믿음이 있었지만, 이미 제국주의의 정점에 서 있던 영국에서는 몰락에 대한 두려움이 팽배했다. 막스 노르다우(Max Nordau)가 쓴『퇴화론』이 1894년 영역되어 1895년에 크게 유행했는데, 이 책은 라파엘 전파(前派)나 상징주의 등의 세기말 예술이나 반기독교적인 사상을 인간종의 퇴화가 진행되는 징조라고 경고했다.

소세키는 강의실과 런던 거리 곳곳에서 자신을 흘겨보는 무수한 멸시의 눈길과 마주쳤다. 그들의 차가운 시선은 자신의 키 작고 노란 얼굴, 얽은 곰보자국을 퇴화의 증거로 보고 있었다. 소세키는 자신을 원숭이 취급하는 백인들 앞에서 서양의 최신 학문이란 특별한 지위에 있는 특정한 인종만을 위해 작동한다는 점을 뼈저리게 깨달았다.

연구와 글쓰기 – 유령들과 싸우는 방법

소세키는 사회진화론이 낳은 이 두 유령을 물리치지 않고서는 절대로 소외와 열등감을 떨칠 수 없음을 깨달았다. 그는 런던의 하숙방 안에서 최신의 철학서와 과학서를 읽으면서 고민을 거듭했다. 그리고 마침내 자기다움을 찾는 것에 출구가 있다는 확신을 얻었다. 설사 그것이 세상에서는 인간사에서 퇴화의 증거로 받아들여질지라도! 소세키는 곧바로 두 개의 유령에 대적할 두 개의 전략 마련에 들어갔다.

첫째 '문학이란 무엇인가'를 철저히 연구하는 것이다. 그는 당대 최첨단의 과학, 심리학, 사회학 등이 달성한 성과에 비추어 근대 문학이 어떤 필요에 의해 생겨났고 발달했고 그리고 퇴화할 것인가를 연구하기 시작했다. 그는 남은 1년여의 유학 생활을 오로지 하숙방 안에서 각종 과학, 철학 등의 서적을 읽는 데에 몰두했다. 덕분에 런던에 유학하던 다른 일본인들 사이에는 '나쓰메가 미쳤다'는 소문까지 돌았다. 소세키는 일본인들에게마저 퇴화의 상징이 된 것이다. 소세키는 이처럼 퇴화의 위험을 무릅쓰고서라도 자기다움을 찾기 위해 애쓰는 태도를 '자기본위'라고 명명했다. 그리고 죽을 때까지 자신의 작품에서 이 태도를 강조했다.

둘째 전략은 자기본위의 길을 모색하는 문학작품을 쓰는 것이다. 한문학도 영문학도 아니고 소세키만이 쓸 수 있는 문학! 그것에 자신의 인생을 걸기로 했다. 귀국 직후 발표한 『나는 고양이로소이다』(1905~1906)는 그가 품고 있던 위의 두 전략이 고스란히 표출된 작품이었다. 이 작품에는 이름 없는 고양이 한 마리가, 고등 교육을 받았지만 별반 하는 일도 없이 집안에서 소일하는 주인 선생의 세계를 들여다본다. 1905년은 러일전쟁의 승리로 일본 열도가 들끓었던 해다. 신문 저널리즘은 날마다 일본의 제국주의를 찬미했다. 그 한가운데에서 소세키는 한가하고 찌질한 선생들이 세파에 휩쓸리지 않고 자신의 목소리를 내는 세계를 그려 보임으로써 사회진화론의 승전보에 맞서려 했다.

1907년 5월 소세키는 '대학이 지식을 사고파는 것이나 소설가가 글을 사고파는 것이나 다름없는 일이다!'라고 하면서 동경제국대학 영문학 교수직을 박차고 나와, 도쿄 아사히신문사에 입사했다. 그는 죽을 때까지 쉬지 않고 장편을 연재했다. 대단한 집중력과 성실함을 요구하는 작업이었다. 『그후』(1909), 『피안 지날 때까지』(1912), 『행인』(1912~13), 『마음』(1914), 『유리문 속에서』(1915), 『미치쿠사』(1915), 그리고 미완작인 『명암』(1916) 등의 작품 안에는 진화론적 고등교육 안에 갇혀서 자기 마음의 진실을 직시하지 못하는 지식인들이 나온다.

근대인의 마음을 파헤치다

때때로 인물들의 얼굴에는 곰보자국이 있고, 또 많은 경우에 주인공들은 연애 후에도 아이를 낳지 못한다. 모두 퇴화의 증거다. 소세키는 이들이 자기 마음의 진실을 질문하기를 유도하면서 결국 거짓된 욕망과 비겁한 자아를 직시하게 만들었다. 소세키에게 자기다움을 찾는다는 것은 사회가 칭찬할 만한 대단한 개성이나 새시대에 맞는 모범적 인간성을 구축하는 일이 아니었던 것이다.

각자 자기만의 인생을 살라! 그 무엇보다 자기답게 살라! 소세키는 우리 각자가 지금 갖고 있는 부와 명예, 우정과 사랑에 대해 갖고 있는 상식들을 철저히 점검하는 것, 자기본위를 위한 열정을 갖고 끊임없이 자신을 직시하는 일에 희망을 걸었다. 이후 그의 작품들은 제국주의와 같은 타인본위의 삶을 거부한 수많은 동아시아의 청년과 지사들에게 독립과 자유를 꿈꾸게 하는 원천이 되었다.

_오선민

그에게 조선은 너무 갑갑한 땅이었다

>> 북학의 기수, 박제가

박제가(朴齊家, 1750~1805)는 '서얼'로 태어났다. "압록강 동편으로 1천여 리 떨어진 곳에서 태어났다. 조상은 신라에서 나왔고, 밀양이 그 관향이다."(『정유각집』貞蕤閣集, 「소전」小傳) 참으로 스케일도 포부도 대단했던 박제가. 그를 가로막은 것은 서얼이란 신분적 장벽이었다. 조선시대 서얼은 신분상의 제약과 차별 때문에 실력을 갖추어도 기량과 경륜을 펼치기 어려웠다. "우리를 믿지 않고 소인이라 하니, 무한한 마음속 계책 누구에게 말해 볼까?"라는 고민은 박제가에겐 숙명적인 것이었다. 박제가는 양반이면서 양반이 아닌, 경계인으로서 그 '존재성'에 대해 자각하지 않을 수 없었다.

그렇지만 박제가는 사회적 차별에 굴하지 않았다. "고독하고 고매한 사람만을 골라서 남달리 친하게 사귀고, 권세 많고 부유한 사람은 일부러 더 멀리하며" 차라리 가난하게 살았다. 그는 패기와 자존심으로 똘똘 뭉쳐 시대와 불화하는 길을 선택했다. 그는 당대의 사람들이 지당하게 받아들이는 모든 인습에 저항했다. '아교로 붙이고 옻칠을 한 눈꺼풀'을 떼어 내고 천하를 응시하여 '심지를 열고 이목을 넓히라'고 외쳤다.

답습한 시는 가짜 시다

박제가는 출세에 연연하지 않았다. 대신 당대 최고의 지성들과 나누는 우정의 향연 속에서 학문을 배우고 시와 글씨와 그림을 연마했다. 박제가에게 친구는 '기운을 나누지 않은 동기요, 한 집에 살지 않는 부부'였다. '나와는 둘이면서 하나인' 이덕무, 박지원, 홍대용, 유득공, 이서구, 서상수, 유금, 백동수와 같은 친구들이 있어 외롭지 않았고 두려울 것이 없었다.

박제가를 비롯한 '연암 밴드'들이 어울려 놀던 백탑은 현재 종로 탑골공원 내에 있는 원각사지 10층 석탑(사진)이다.

이런 친구들이 있어 박제가는 세상의 시와는 다른 시를 거침없이 쓸 수 있었다. "세대마다 시가 있고 사람마다 시가 있는 법이어서 시는 서로 답습할 수 없다네. 답습한 것은 가짜 시라네"라고 채찍질한 이덕무와 같은 친구가 그의 곁에 있었다. 1,700수가 넘는 시 작품엔 박제가와 이 멘토들의 우정의 숨결이 함께한다고 해도 지나친 말이 아니다.

박제가는 자기만의 글쓰기를 위해 치열하게 싸웠다. 틀에 박히고 고루하고 진부한 시와 문장을 혐오하며 나만의 글쓰기를 찾아 나섰다. 당시

선비들은 두보의 시를 최고로 여겨 배웠고, 다음은 당나라 시, 그 다음은 송나라·금나라·원나라·명나라 시를 배웠다. 박제가가 보기에 전범에 매달리는 글쓰기는 남이 한 말의 찌꺼기나 줍는 행태에 불과했다. 자기 시대의 현장을, 자기의 말로 표현하는 것이 진정한 시요, 문장이었다. 역설적으로 나만의 글쓰기를 개척하는 것이 진정 고인의 글쓰기에 다가가는 길이었다.

> 하늘과 땅 사이에 가득 차 있는 것이 모두 시다. 사계절의 변화와 온갖 만물의 웅성거리는 소리, 그 몸짓과 빛깔, 그리고 음절은 그들 나름대로 존재하고 있다.(「형암선생시집 서」炯菴先生詩集序)

지금-여기 살아 있는 만물 각각의 미묘한 움직임과 그 지극한 경지를 포착하는 것. 이것이 시의 출발이다. 사물에 대한 미세하고도 예리한 관찰은 시인에게는 절대적인 지상과제였다. 그랬기 때문에 당대의 문장을 순정한 문체로 되돌리겠다는 정조의 강력한 의지에 부응하여 반성문을 제출하면서도, '자송문'(自訟文)에 어울리지 않게 반성은 하지 않고 항변에 열을 올렸다.

> 소금이 짜지 않고, 매실이 시지 않고, 겨자가 맵지 않고, 찻잎이 쓰지 않음을 책망하는 것은 정당합니다. 그런데 만약 소금, 매실, 겨자, 찻잎을 책망하여 너희들은 왜 기장이나 좁쌀과 같지 않으냐고 한다든지, 국과 포를 꾸짖어 너희는 왜 제사상 앞에 가지 않느냐고 한다면 그들이 뒤집어 쓴 죄는 실정

을 모르는 것입니다.(「비옥회음송 인」比屋希音頌引)

하나의 틀에 갇히지 않은 다양한 맛의 문장! 이것은 박제가가 절대로 포기할 수 없었던 글쓰기의 보루였다. 이는 당대의 복고, 혹은 의고문에 저항하는 방식이었으며, 더 나아가 만물의 보편 원리나 질서를 따르는 당대 성리학의 이념을 무용하게 만드는 길이었다. 궁극적으로는 모든 것을 동일하게 만드는, 오직 하나의 방식만을 강요하는 그 시대 '권력'에 맞서는 방법이었다.

북학, 청나라 문명에 길이 있나니!

박제가는 29세 때인 1778년 사은사 채제공의 종사관 자격으로 중국에 가게 된다. 곳곳에서 맞닥뜨린 청나라의 문명은 실로 눈이 부실만큼 풍요롭고 세련되고 화려했다. 청나라는 더 이상 오랑캐의 나라가 아니었다. 게다가 기균·이조원·반정균·옹방강·나빙·이정원 등 청나라의 학술부흥운동을 주도한, 명망 있는 지식인들이 일개 조선의 선비와 흉금을 터놓고 학문을 논하자, 그들의 자유로움과 벽 없음에 놀라지 않을 수 없었다.

박제가는 패러다임을 완벽하게 전환한다. 가난한 조선, 비문명국 조선의 갈 길은 북벌이 아니라 북학이라고. 진정한 오랑캐가 누구인지 먼저 분간하고 우리 안에 있는 진짜 오랑캐를 물리치기 위해 청나라를 힘써 배워야 한다고.

박제가는 '가난'을 싫어했다. 권력에 아부하기 싫어 '차라리' 가난하게 산 것이지 가난을 편안하게 여긴 것은 아니었다. 젊은 시절 장인 이관

원이 검소하게 살라고 말하자 이렇게 대꾸했다. "침향목과 단목으로 저를 조각하고 색실로 저를 수놓아 열 겹으로 싸서 간직하여 길이 후세에 전해 사람마다 보게 하고 싶습니다. 오늘날 아무것도 없는 텅 빈 집에서 소쿠리 밥에 표주박 물을 마시며 해진 솜옷을 입고 살면서도 좋고 나쁜 것을 알지 못하는 듯 지내는 것이 어찌 본마음이겠습니까?" 박제가에게 '안빈낙도' 는 자신을 속이는 말이었다.

명분에 매이지 않고 욕망에 솔직했던 박제가. 청나라에 다녀온 이후 그는 확신했다. 조선의 빈곤 타파와 갑갑한 습속의 개혁은 청나라의 선진 문물을 배워야만 가능함을. 이 때문에 연행을 다녀온 직후 『북학의』를 저술한다. 이 책에는 청나라의 수레, 기와, 벽돌, 수차, 화폐, 종이, 의복, 문화 예술 등을 적극적으로 배워 조선을 부강한 문명국으로 이끌고 싶다는 박제가의 패기가 넘쳐난다.

꽃에서 자란 벌레는 그 날개나 더듬이조차도 향기가 나지만 똥구덩이에서 자란 벌레는 구물거리며 더러운 것이 많은 법이다. 사물도 본래가 이러하거니와 사람이야 당연히 그러하다. 빛나고 화려한 여건에서 성장한 사람은 먼지 구덕의 누추한 처지에서 헤어나지 못한 자들과는 반드시 다른 점이 있다. 내가 염려하는 것은 우리나라 백성의 더듬이와 날개에서 향기가 나지 않는다는 사실이다.(『북학의』)

가난하고, 학문은 고루하고, 견문은 좁고, 문화는 촌스럽기 짝이 없는 조선. 박제가는 새로운 세상을 꿈꿨다. 조선이 풍요롭고 세련된 문명세계가 되기를. 조선 백성의 더듬이와 날개에서 문화의 향기가 넘쳐나기를.

박제가가 바라는 이상적인 사회는 물질적으로도 풍요롭고, 문화적으로도 향기 나는 사회다. 재화의 유통이 활발하고, 사치가 가능하며, 문화적 수준도 상당한 사회. 박제가는 문화예술과 사치품에 관해 논할 때 도덕주의적 관념을 개입시키지 않는다. 예술의 아름다움과 사치스러움은 재화와 물품을 마르지 않게 하는 원동력이다. 이 순간 조선의 선비 박제가는 소박하고 질박한 생활을 표상했던 유학적 가치와 완전히 결별한다.

박제가는 더 나아간다. 조선이 빠르게 청나라에 맞서는 문명국이 되려면 언문이 일치되는 중국어(북경어)를 사용하잔다. 영어공용론에 맞먹는 상상력이다. 중국어를 제2의 국어로 사용하자는 제안은 실로 급진적이다. 그에게는 조선 땅이 너무 좁았으며 조선의 현실이 너무 답답했다. 문명세계를 향한 박제가의 욕망은 중국어공용론으로 거리낌 없이 내달린다. 이런 정황상 북벌을 절대 이념으로 수호했던 당대 선비들이 이 열혈 북학자에게 당괴(唐魁) 혹은 당벽(唐癖)이라는 비방을 쏟아낼 수밖에 없었으리라.

너무 조숙한 세계주의자

'나'를 둘러싼 사회와 세계는 늘 살아 움직이고 변화한다. 어떤 고정된 틀에 얽매여 변화를 보지 못하고 인습적 규범에 갇혀 있다면 그건 진흙 소상을 모방하는 일과 같을 것이다. 박제가는 그 단단한 습속의 벽과 온몸으로 맞서 싸웠다. 비겁하지 않게 직설과 독설로 맞섰다.

그러나 박제가는 지나치게 조숙한 문명주의자요, 세계주의자였다. 북학파 중에 가장 급진적이었고 가장 앞서 나아갔다. 그는 뒤돌아보지 않고 문명세계를 향해 돌진했다. 어쩌면 조선의 '현재'와 '새로운' 문명 사이를 조율할 수 있는 천리안이 필요했는지도 모른다. 그를 비호해 주던 정조의 죽음 직후 박제가는 대비 김씨와 노론의 영수 심환지를 비방하는 벽서 사건에 연루되어 유배를 당한다. 그는 외롭게 투쟁했다. 그가 희망한 바, "천 년 뒤에도 천만 명의 사람들과 다른 한 사람"으로 존재하기 위해.

_길진숙

가부장제 사회 넘어 모든 '性'의 눈으로 세상을 보다

>> 나는 '작가'다, 버지니아 울프

1910년 영국 런던. 블룸즈버리그룹의 일원이었던 로저 프라이가 기획한 프랑스 현대미술작가전이 그래프턴 갤러리에서 열렸다. 제목은 '마네와 후기 인상주의'. 세잔, 반 고흐, 고갱, 피카소 등 지금은 거장이라 추앙받는 이들의 작품을 두고 당시 영국인들은 '포르노', '미친 사람들의 작품'이라며 경멸했다. 대상을 충실히 재현하는 고전주의 회화와 달리, 주체와 대상의 경계 없이 자신의 눈과 마음을 관통해 들어오는 세계를 표현해 낸 이들의 작품은, 중심과 보편을 거부하는 '반(反) 전통적 선언'이었다. 버지니아 울프(Virginia Woolf, 1882~1941)에게 이 전시는 낯선 감각적 충격이었다.

버지니아 울프는 1882년 1월 25일 런던에서 태어났다. 혼전 이름은 버지니아 스티븐. 정치 저널리스트였던 아버지 레슬리 스티븐은 19세기 영국 지성사의 중요한 인물이었고, 어머니 줄리아는 빅토리아 시대의 전형적인 현모양처였다.

울프는 어린 시절부터 가끔씩 우울증을 앓거나 정신 발작을 일으켰다고 한다. 많은 연구자들은 울프의 이런 병증을 개인적인 가정사나 의붓

오빠들에게 당한 성추행의 충격 탓으로 보기도 한다. 그러나 그녀의 기록을 보건대, 그녀의 병증은 개인적인 트라우마로 환원될 수 없는 것이었다. "이 일은 몸의 어떤 부분에 대한 감정이, 그 부분은 만져서는 안 된다는, 그 부분이 만져지게끔 허락해서는 안 된다는 감정이 본능적임을 보여 준다. 이 일은 버지니아 스티븐이 1882년 1월 25일 태어난 것이 아니라 수천 년 전에 태어났다는 점을, 그리고 과거의 수천 명 선조에 의해 획득된 본능과 바로 처음부터 만났다는 점을 증명한다."

그녀가 느낀 수치심과 두려움은 '과거의 수천 명 선조'의 몸에서 몸으로, 마음에서 마음으로 전해져 온 것이다. 즉, 그녀의 병증은 개인적 경험이 아니라 역사로부터 온 것이다. 울프의 무의식에 내재된 수천의 조상들과 전통은 망령처럼 그녀의 삶을 통제했다. 그런 울프에게 돌파구가 된 것은 새로운 이들과의 만남이었다.

문학으로 광기를 돌파하다

가족이 새롭게 거처를 마련한 블룸즈버리에서 울프는 지적 네트워크와 접속한다. 울프의 언니 바네사와 오빠 토비를 비롯해 E. M. 포스터, 로저 프라이, 클라이브 벨 등 케임브리지 대학 출신의 엘리트들이 참여한 블룸즈버리그룹에서 울프는 모더니즘적 자양분을 섭취한다. 그들은 문학, 평론, 미술, 경제학 등을 가로지르며 19세기의 숨막히는 빅토리아적 관습에 저항했다. 울프는 세잔이 그림을 통해 한 일을 자신은 문학으로 하겠노라고 결심한다. 울프에게 문학은 낡은 세계와 결별하고, 과거의 자기로부터 떠나는 것을 의미했다. 1915년에 출간된 첫 장편소설의 제목 『출항』은 이런 울프의 열망을 반영한 것으로 보인다. 울프는 문학을 통해 자신의 시대를, 그 시대가 낳은 광기를 돌파해 나가고자 했다.

하지만 '출항'까지는 9년이라는 힘든 시간을 통과해야 했다. 기존의 영토를 떠나 새로운 흐름에 자신을 던지는 일은 그토록 지난(至難)한 일이었으리라.

『댈러웨이 부인』, 또 다른 탄생의 기록

1925년 버지니아 울프의 첫 출세작 『댈러웨이 부인』이 출간된다. 중산층 부인 클라리사의 하루를 담은 이야기, 특별한 인과도 없고, 정해진 인칭도 없으며, 성격 묘사나 교훈도 없이 기억과 의식, 감각만으로 이루어진 이 낯선 소설에 대해 많은 독자들은 부정적이거나 적대적인 반응을 보였다.

이 소설의 원제는 '시간들'이다. 울프에게 시간은 "빛이 발산되는 후광, 의식이 생기기 시작해서부터 사라질 때까지 우리를 감싸는 반투명의 봉투"이다. 균질하게 흐르는 객관적 시간은 없다. 모든 사람이 경험하는 시간이 다르고, 한 사람에게도 동시에 여러 겹의 시간이 작동한다. 울프에게 시간은 경험하는 사람의 의식과 무의식 속에서 구성되는 것이지 인간의 경험 이전에 미리 주어져 있는 것이 아니었다. '시간들' 속에서 우리의 기억은 끊임없이 유동하고, 의식과 무의식은 서로에게 스며든다. 그렇게 우리는 '시간들' 속에서 매번 새롭게 태어나는 것이다. 주인공 클라리사는 매순간 자신을 관통해 들어오는 자극을 "끔찍하도록 민감하게" 느끼면서 복수의 시간들을 통과한다. "그녀가 집에 있는 나무들의 일부"가 되리라는 것은 의심할 여지가 없었다.

그런데 이 소설에서 무엇보다 주목해야 할 점은 클라리사와 셉티머스의 관계다. 셉티머스 역시 클라리사처럼 세계를 민감하게 느끼지만 그는 "한 세대가 다음 세대로 전하는 비밀의 암호는 혐오와 증오와 절망"이라고 생각한다. 그의 민감함이 세상 속으로 진입하지 못하고, 그의 자아가 세상 앞에서 빗장을 닫아거는 순간, 그의 탈출구는 죽음밖에 없었다. 반면 클라리사는 매 순간 세상을 향해 자신을 열며 자아의 죽음과 탄생을 동시에 경험함으로써 죽음의 충동을 극복해 나갔다. 셉티머스와 클라리사, 그들은 생사의 문턱을 넘나들며 글을 써 나갔던 울프의 분신들이다. 문학은 광기의 기록이 아니라, 광기를 넘어서려는 분투의 기록이라는 것. 어렵게 '출항'한 울프는 그렇게 흐름 위에서 자신의 광기를 직시하며 나아갔다.

500파운드와 자기만의 방

여성작가로서 명성을 얻는 듯했던 울프. 그러나 모더니즘 문학의 영토 안에서 그녀는 새로운 벽에 부딪히게 된다. 모더니즘 역시 남성들의 영토였고 그들만의 리그였던 것. 그 안에서 여성은 여전히 성적 매력과 미모를 과시하며 남자를 유혹하는 존재에 불과했다.

페미나(Femina)상을 받은 『등대로』(1927)는 울프의 페미니즘을 얘기할 때 빠지지 않는 작품이다. 흔히 이 작품의 등장인물인 램지 부인은 대지의 어머니로서 여성성을, 램지는 가부장적이고 권위적인 남성성을, 릴리 브리스코는 이 둘을 조화하는 인물로 해석된다. 그러나 이런 해석은 남성-여성의 이분법에 기대고 있다는 점에서 공허하다. 울프는 '조화'에 대해 말하는 것이 아니라 양성(兩性)을 구분하는 전제들 자체를 의문시한다.

소설에서 캔버스를 가로지르는 릴리의 선처럼, 울프는 양성을 가로지르는 제3의 선을 그리며 남성-여성의 영토에서 탈주한다. 그리고 "인생이란 양성 모두에게 힘들고, 어렵고, 영원한 투쟁"이라는 깨달음에 이른다. 그 결과 탄생한 것이 『자기만의 방』(1929)이다.

『자기만의 방』은 울프가 쓴 '여성문학사'다. 영국 역사 속에서 여성 예술가는 죽거나 미칠 수밖에 없었다. 자기만의 방이 없었고, 잘난 여자들에 대한 적대감을 견딜 수 없었기 때문이다. 그래서 울프는 여성이 작가로 살아가기 위해서는 '500파운드와 자기만의 방'이 있어야 한다고 생각했다. "내가 여러분들에게 돈을 벌고 자기만의 방을 가지기를 권할 때, 나는 여러분이 리얼리티에 직면하여 활기 넘치는 삶을 영위하라고 조언하는 겁니다." 울프의 두 발은 현실 위에 단단히 고정되어 있었고, 그녀는 어떤 경우에도 유머와 활력을 잃지 않았다. 그것만이 '여성 작가'가 아닌 '작가'로 살아갈 수 있는 힘이라고 믿었다.

울프는 여성의 상황을 남성들이나 시대에 대한 증오로 돌리지 않고, 그 지반을 가볍게 활공한 선배 작가의 삶에서 새로운 비전을 발견했다. 그 중에서도 울프가 주목한 것은 "미움 없이, 쓰라림 없이, 두려움 없이, 항의 없이, 설교 없이 글을 쓴" 제인 오스틴이었다. 남성에 대한 적대감이 여성을 구원해 줄 수는 없다. 여성이 작가로 살아가려면 담담하게 세상의 적대감과 대면하면서 자신의 영토를 만드는 수밖에 없다. "순수한 가부장제 사회의 한가운데서 그 모든 비판에도 불구하고 자신들이 보는 대로의 사물을 움츠러들지 않고 굳건히 고수"한 제인 오스틴에게서, 울프는 남성-여성의 경계를 훌쩍 넘어선 "천재적 성실성"을 보았다.

역사 속의 여성작가들을 경유한 울프는 이제 "여성으로서, 그러나 자신이 여성이라는 것을 잊어 버린 여성으로서 글을 썼으며 그리하여 그녀가 쓴 페이지들은 성이 그 자체를 의식하지 않을 때에만 도래하는 진기한 성적 특성으로 가득 차" 있게 된다. 여성의 눈도 남성의 눈도 아닌, 모든 '시간들'을 살아가는 모든 '성들'의 눈을 갖고, 버지니아 울프는 세계를 감각하고, 기록한다. 더없이 성실하게. 그렇게 버지니아 울프는 페미니즘의 영토를 끊임없이 탈주하는, 모든 실험적 페미니즘들의 이름이 되었다.

_최태람

'변태 성욕자' 낙인 속 인간성의 한계를 보다

>> '오직 육체뿐!', 사드

이 문이 닫히고 나면 실링이라는 뒤르세의 성에 들어가기가 얼마나 어려운지 다음에 계속되는 설명을 보면 알 수 있을 것이다. 저탄소를 지나자마자 그들은 성 베르나르 산만큼 높은 산을 오르기 시작했다. 이 산은 도보로밖에 오를 수 없었기 때문에 접근이 매우 어려웠다. 노새가 꼭대기까지 가지 않기 때문이 아니라 올라가는 길 사방이 낭떠러지로 둘러싸여 있어서 노새를 이용하기에는 많은 위험이 뒤따랐기 때문이다. …… 그러므로 특별한 장비가 없는 한 새가 아닌 다음에는 산꼭대기까지 올라왔다 하더라도 산을 넘어갈 수가 없었다. 뒤르세는 천길 낭떠러지로 나뉘어져 있는 양쪽을 아주 튼튼한 나무다리로 연결시키고, 마지막 장비가 도착하고 나면 그것을 잘라 버리기로 했다. 그 순간부터는 어느 누구도 실링 성으로 들어설 수가 없는 것이다.(『소돔 120일』)

누구도 들어갈 수 없고, 들어가고자 하지 않았던 세계. 낭떠러지 바로 옆에서 오직 자신의 두 발로 올라야 하는 위험한 세계. 이것이 『소돔 120일』의 세계이자 사드라는 인간의 내면 세계였다.

色의 시대를 자극한 자

도나시앵 알퐁소 프랑수아 드 사드(Donatien Alphonse François de Sade, 1740~1814)는 23살부터 감옥을 드나들기 시작해서, 마지막 10년은 감옥과 다름없는 샤랑통 정신병원에서 보낸 뒤 생을 마감했다. 반복된 수감과 석방을 거듭하며 그는 총 27년을 감옥에서 보냈다. 감옥에 있지 않을 때도 주로 거주지 제한이라는 굴레를 안고 살아야 했다. 죽을 때까지 사드를 따라다닌 죄목은 '끔찍한 변태 성욕'이었다. 명문 귀족집안에서 태어나 결혼까지 한 사람이 입에 담을 수 없는 난삽한 연애를 했다는 것이 표면적인 이유였다.

하지만 18세기 절대왕정 시대의 프랑스는 안정된 경제를 기반으로 사치와 향락의 궁정문화가 크게 유행했다. 도시의 학교나 뒷골목에서는 학생이나 신부들의 동성애, 폭력적 성행위도 공공연히 행해지고 있었으며, 부유한 귀족과 시민들은 사드의 작품보다 더 '외설적인' 작품들을 탐독했다. 하지만 왕과 귀족들이 증오한 것은 오직 그, 사드였다.

우선, 사드는 남색과 가학성에 있어 타의 추종을 불허했다. 그리고 자신의 침실에서 서슴없이 신을 모독했다. 상대방의 엉덩이를 채찍으로 때리면서 예수와 성모 마리아의 이름을 불경하게 외치는 것은 기본이었고, 성배와 성찬용 빵을 섹스의 도구로 삼는 행위를 아무렇지도 않게 반복했다. 서민들은 사드의 난행에서 최소한의 예의도 없는 귀족들의 무례함과 폭력성을 있는 그대로 보았으며, 귀족들은 사드가 공격적인 신성모독을 통해 교회 권력을 노골적으로 모욕하고 있다고 느꼈다. 사드는 양쪽 모두의 증오심을 충족시켜 주는 괴물이었다. 사드의 과감한 행위가 절대왕정의 권위를 손상시키는 일이라고 생각한 사법관들은 이 괴물을 좌시할 수 없었다.

사드는 왜 이런 변태적 행위를 멈추지 않았는가? 절대왕정의 막바지에 루소, 디드로, 달랑베르 등 수많은 계몽철학가들은 인간 이성의 존엄성과 개인의 자유정신을 주장하면서 신성(神聖)에 기반한 체제를 비판했다. 사드는 이들의 저서를 읽으면서 성장했다. 그러나 사드가 보기에 이들 계몽철학가가 정의하는 '인간'은 너무나 추상적이고 도덕적이었다. 인간의 성, 인간의 폭력, 인간의 증오에 대해서 그들은 아무말도 하지 않았다. 그러나 인간의 내부에 도사린 그런 '비인간성'을 건드리지 않고 어떻게 인간의 자유를 말할 수 있단 말인가.

사드는 자신의 육체를 하나의 도구로 삼아, 인간성에 대한 질문을 극한으로 밀어붙인다. '우아한 드레스와 고상한 신학(神學), 철학서로 치장한 인간이 아니라 오직 육체뿐인 인간을 봐야 한다!' 이렇게 결심한 사드는 인간의 비인간성을 스스로 실험하기 시작한다. 그전까지 누구도 상상할 수 없었던 방식으로 섹스를 하면서, 그 순간을 흡사 냉정한 법관이나 수학자와 같은 태도로 지켜보았던 것이다. 사드는 인간성과 동물성이 만나는 지점에 서서 자신을 실험함으로써 인간성의 심연을 들여다보려고 했다.

습속의 굴레가 진짜 감옥이다

사드는 절대왕정 시대의 감옥보다 자기 안에 깊이 체화되어 있는 각종 도덕과 상식을 더 무서운 감옥이라고 생각했다. 사드는 시간을 정해 놓고,

점점 더 수위를 높이는 방식으로 감옥 안에서 난행을 거듭했다. 그리고, 자신의 육체가 반복된 매질과 가학적인 수음으로 찢기고 더러워지는 것을 보면서, 인간성을 둘러싼 상식들과 습속이 만든 삶의 윤리들이 갖는 한계가 드러나는 것을 기록했다. 그리고, 난행을 기록하는 와중에 글의 힘을 발견했다. 사드는 인간 육체와 성에 관한 통념이 무너지는 순간을 기록하는 과정에서, 자신도 몰랐던 인간의 생사·습속을 둘러싼 각종 한계들이 점점 더 명확해짐을 느꼈다. '글이야말로 자신과의 대화라는 형태로 자유를 생각하는 시간을 열어 주는구나!'

사드에게 글은 추상적 인간이 아니라 구체적이고 살아 있는 한 인간의 자유, 욕망, 한계가 드러나는 무대가 되었다. 마침내, 그가 있던 감옥은 그의 집필실이 되었다. 그는 아내에게 부탁해 수많은 책들을 감옥 안으로 들여왔고, 간수의 감시를 피해 종이를 아껴 가며 글을 썼다. 사드는 폭 11cm 길이 120cm나 되는 띠를 구해 날마다 그 앞뒤로 빽빽이 글을 써 나갔다.

바로 이렇게 해서 탄생한 작품이 『소돔 120일』이다. 이 작품은 루이 14세 치하의 부패를 설명하면서 시작하며, 폐쇄된 성 안에서 난행을 거듭하는 인물들이 끝없는 엽색 행각을 벌인다. 사드는 혁명의 함성이 울려 퍼지기 직전의 적막 속에서 상상할 수 있는 모든 향락과 범죄를 언어화한 극한의 텍스트를 완성한다.

바로 너 자신을 혁명하라

1789년, 사드는 감옥 안에서 혁명대의 함성을 듣게 된다. 자신이 그토록 꿈꾸었던 자유의 시대가 도래할 것인가? 혁명군은 사드가 절대왕정에 반대했다는 이유로 그를 석방했다. 사드는 하루아침에 '반귀족 세력'으로 주목받게 되었다. 그는 출감한 후 귀족 칭호도 떼어 버리고 적극적으로 정치 팸플릿을 썼다. 동시에 감옥 안에서 집필했던 『쥐스틴느 혹은 미덕의 불운』을 출판했다. 그러나 혁명세력들은 사드의 작품에 동의할 만큼 혁명적이지 못했다.

결국 사드는 변태라는 죄목을 달고 다시 감옥 생활을 시작하게 된다. 그리고, 그는 창밖에서 수없이 많은 사람들이 목이 잘려 나가는 것을 보았다. 절대왕정 시대보다 더한 횡포가 자유, 평등, 박애의 이름으로 시작되고 있었다. '그들은 종교나 왕의 말씀 대신에 이성과 합리로 덧칠한 법을 내세웠을 뿐이구나!' 사드는 귀족들에게 그랬던 것처럼 혁명가들에게도 절망했다.

사드는 혁명에 절망하면서 『규방철학』 안에 정치 팸플릿을 담아서 출판한다. 절대왕정이 신봉했던 신성(神聖)과 혁명가들이 주장하는 법은 똑같이 "개별자를 위해 만들어진 것이 아니라 보편자를 위해 만들어"(『규방철학』)졌다. 즉, 혁명군이 이성에 기반한 자유를 주장한다 해도, 그것은 여전히 한 사람, 한 사람의 자유가 아니라 보편적 인간의 추상적 자유일 뿐이라는 것이 사드의 주장이다.

하지만 도대체, 그런 보편적 인간이 어디에 있는가? 사드는 혁명 이후의 대학살을 지켜보면서 각자가 자기 식으로 자유와 행복에 대해 이야기할 수 없는 한 혁명은 절대로 완수될 수 없다는 것을 깨닫는다. 혁명가들에게 이런 사드는 구시대의 망령일 뿐이었다. 결국 사드는 죽기 전 11년을 정신병원에서 보내게 된다. 혁명 전에 범죄자였던 그가, 이제는 광인이 된 것이다.

사드 이후의 사드

사드는 죽기 직전에는 경멸되었으며, 죽고 나서는 잊혀졌다. 그는 장례 절차 없이 매장시켜 달라고 요구했고, 자신의 육체가 흙과 함께 흔적 없이 사라지기를 원했다. 하지만, 가족들은 그의 유언을 무시하고 종교적인 장례를 치렀다. 사드는 오랫동안 사람들의 기억에서 사라졌다가, 19세기 말 크라프트 에빙과 프로이트에 의해 화려하게 부활한다. 하지만, 이들은 단순히 가학적 행위로부터 쾌락을 얻는 자를 지칭하기 위해 사드의 이름을 빌려 왔다. 심지어 사디즘에서 죄의식을 발견하고자 했다. 이들은 그토록 철저히 신을 부정했던 사드를 오해하고 말았다.

하지만 인간의 한계를 직시하면서 자유를 노래하는 자들은 사드를 잊지 않았다. 보들레르는 자연 상태의 인간과 사드의 악을 연결시키면서 「악의 꽃」을 썼고, 귀스타브 플로베르는 자신을 "사드 유령에게 사로잡힌 지성"이라고 표현했다. 또 초현실주의자 폴 엘뤼아르는 "사드는 문명인에게 원시적 본능의 힘을 되돌려주고, 고착으로부터 사랑의 상상력을 해방시켰다"고 말했다. 사드는 우리가 믿고 싶어 하는 '인간성'의 한계이자, 자유의 심연을 본 자다.

_오선민

권위·관습·위선, 19세기 부르주아를 발가벗기다

>> 부르주아의 허위와 대결한 플로베르

1856년 프랑스 파리에서 에마 보바리라는 여인의 불륜을 다룬 소설이 발표되었다. 작품은 즉각 가족주의와 금욕적 도덕관을 내세우는 신흥 부르주아들의 심기를 불편하게 했다. 다음 해, 제2제국의 권위주의적 재판부는 풍기 문란과 종교 모독이라는 죄목으로 이 작품을 기소한다. 유부녀가 노골적으로 남자를 유혹하고, 불륜을 저지른 여인의 종부성사를 장님의 상스러운 노랫소리가 화답하는 등 작품 전체가 간통을 미화한다는 것이다. 재판부는 마지못해 문학의 자율성을 주장하는 변호인의 손을 들어 주었다. 이렇게 『마담 보바리』와 작가 플로베르(Gustave Flaubert, 1821~1880)는 예술 창작을 암암리에 규제해 오던 부르주아적 도덕의 허위를 폭로했다.

아버지, 나는 부르주아가 싫어요

플로베르는 1821년 소도시 루앙의 외과의사인 아버지와 수녀원에서 교육 받은 어머니 사이에서 태어났다. 문장력 있던 조숙한 소년은 자신의 재능이 문학으로 꽃필 것을 꿈꾸었다. 하지만 지방 부르주아였던 닥터 플로베르가 보기에 이 똑똑한 아들이 해야 할 일은 딴 데 있었다. 파리의 법대에 들어가 입신출세하고 부와 명예를 얻는 것! 1821년 왕정복고 시대에 태어난 플로베르는 1880년 죽을 때까지 왕정, 공화정, 제정이라는 각종 정치 체제의 변혁 과정을 지켜보았다. 그러나 어떤 체제가 되었든, 사회의 주인공은 부르주아였다. 온갖 정치적 변혁의 한가운데에서 이 계급은 금융과 산업을 주도하며 자신의 사회적 지위를 높여 갔다.

소년 플로베르는 루앙의 시민들이 각자의 이권과 보신을 위해 질투에 찬 중상모략을 일삼는 것을 지켜보았다. 겉으로는 다들 온순하고 근면한 것처럼 보였지만, 실은 비정한 야욕이 도시에 넘쳐 흐르고 있었다. 사람들은 두 부류로 나뉘었다. 부르주아거나, 부르주아를 지향하는 프롤레타리아트거나.

청년 플로베르는 부르주아라는 말을 특정한 계층에만 국한해서 쓸수는 없다는 것을 발견하게 된다. 가장 돈이 없고 지위가 낮은 하층계급 안에서도 의사나 변호사 같은 번듯한 직업을 갖고, 돈 있는 가문과 결혼하고, 사교계에 나가 출세할 수 있으리라는 부르주아의 삶이 하나의 꿈으로 확실히 똬리를 틀고 있었던 것이다. 따라서 '부르주아'란 재정 상태가 아니라 정신 상태의 이름이어야 했다. 그는 지인에게 보낸 편지에서 "부르주아에 대한 증오는 미덕의 출발점이다. 여기에서 내가 말하는 '부르주아'라는 말에는 프록코트를 입은 부르주아와 마찬가지로 작업복을 입은 부르주아들도 포함되어 있다"라고 써 보냈다.

플로베르는 1843년과 1844년 연이어 일어난 치명적인 신경발작을 겪었다. 그때부터 자신의 건강을 위해 아예 부르주아적 삶과 인연을 끊기로 결심했다. 그리고, 법대에서의 마지막 시험을 포기하고 문학가의 길을 걷기 시작했다. 하지만 문학계 안에서도 부르주아적 태도가 판치고 있었다. 작가들은 기존의 문학잡지나 아카데미를 부와 명예를 향한 도약대로 삼아 그 안에서 자족하고 있었다. 그들은 정치의 격변기마다 부화뇌동하면서 사회문제, 대중의 교화, 진보, 민주주의 같은 판에 박힌 소리만 되풀이했다. 사실주의를 내세우면서 서민들의 대변자로 자처하고 하층민들을 동정할 뿐이었다.

플로베르는 이들을 보며 진정으로 사람들에게 기쁨과 감동을 줄 수 있는 문학을 꿈꾸기 시작했다. 자신의 길은 분명했다. 부르주아적 세계관을 버릴 것! 시대를 뛰어넘는 아름다움을 창조할 것! 플로베르는 돈도 명예도 권력도 아닌, 오직 문학에 자신의 삶을 다 바치기로 했다. 나중에 카프카(Franz Kafka)는 이런 플로베르를 자신의 정신적 지주로 모시며 평생 그의 작품을 가까이 했다.

"나는 보바리다"–자살 장면 쓰면서 구토

플로베르는 본격적인 첫 작품을 구상하면서 안토니우스라는 성인에게 끌렸다. 안토니우스는 250년 무렵 이집트 북부에서 태어난 기독교 초기의 성자다. 그는 사막에서 고행하며 각종 이교도의 신들과 자기 안의 탐욕, 질투, 회의에 맞서 신앙을 지켜 냈다.

플로베르는 이 성인의 삶에서 자신의 운명을 보았다. 끊임없이 유혹을 마주하면서 수도해야 하는 성인처럼, 그 자신도 계속해서 부르주아적 태도와 취향을 마주하며 글을 써야 했다. 문학에 인생을 건다는 것은 그런 적극적 대결이 필요한 일이었다.

진주는 조개의 병에서 생기는 것이라지만 문체는 아마 그보다 더 깊은 고통을 통해 나오는 것일 거요. 예술가의 삶, 아니 예술작품의 완성도 그렇지 않겠소? 거대한 산을 오르는 일처럼 말이오. 얼마나 집요한 의지가 필요하겠소! 그 산 정상은 창공 속에서 순수함으로 빛나고, 그 엄청난 높이는 공포를 가져다 주지. 우리는 더듬더듬 바위에 손톱들을 찢겨 가면서, 외로움 속에 눈물을 흘리며 계속 걸어가지. 우리는 욕망의 백색 고통 속에서 소멸하는 거요. 정신의 격류가 흐르는 소리를 들으며, 그리고 얼굴을 태양으로 향한 채! (편지, 1853년 9월 16일)

성 안토니우스를 소재로 완성한 작품의 제목은 「성 앙투안의 유혹」. 그는 3년에 걸쳐서야 이 작품을 완성할 수 있었다. 그러나, 결과는 실패였다. 그의 이야기는 서정, 인물의 움직임, 구성 어느 것도 새롭지 않았다. 초고를 본 친구들은 상투적인 반복과 무질서한 구도에 진저리를 쳤다. 플로베르는 성 앙투안을 쓴다면서 결국 자신의 의식에만 집중했던 것이다. 자신도 타인의 삶, 다른 존재에 대해 철저히 무관심한 여느 부르주아들과 다를 바 없었다. 플로베르는 작가 자신의 개성과 정념이 지배하는 문학은 예술이 될 수 없음을 깨닫게 된다.

플로베르는 예술이 제2의 자연과 같다고 생각했다. 겉으로는 평온하지만 불가해한 것. 숲속에 살아 있는 수많은 나뭇잎과 초록의 속삭임처럼 무한하면서도 준엄하게 존재하는 것. 그래서 아름다운 것. 작가란 자신의 경험과 정념을 지움으로써 이 제2의 자연을 창조하는 존재여야 했다.

플로베르는 인물의 말과 행동을 기술하는 글쓰기, 그것이 바로 작가 주체를 소멸시키는 과정이라고 생각하게 된다.

> 그것이 얼마나 엄청난 일인가는 나밖에 모를 거요. 주제, 인물, 효과 등등 모든 것이 나의 바깥에 있거든. 우리가 쓰는 글은 우리 자신을 위한 것이 아니라 다른 사람들을 위한 것이오. 예술과 예술가는 아무런 상관이 없소. (편지, 1852년 7월 26일)

그렇게 해서 플로베르는 자신과는 출신도, 성(性)도, 교육 배경도 완전히 다른 시골 유부녀 에마 보바리를 주인공으로 선택했다. 그는 에마와 그녀 이웃들의 속물주의가 주는 혐오감을 견디며, 작품 속 인물이 생생하게 살아날 수 있도록 6년 동안 쉬지 않고 세상을 관찰하고 연구했다. 에마가 비소를 먹고 자살하는 장면을 쓰다가 구토를 하기도 했다. 플로베르는 종종 "나는 에마 보바리다"라고 말했다고 한다. 수도승처럼 철저히 쓰고 고치기를 반복하다가, 마침내 자신의 정체성을 소멸시키고 에마 보바리라는 또 다른 존재가 되어 버렸던 것이다.

자신의 정체성·시대의 허위와 대결

생애 마지막에 플로베르가 도전한 것은 두 명의 필경사 이야기다(「부바르와 페퀴셰」). 최신의 근대 학문을 다 섭렵해 보기로 한 부바르와 페퀴셰. 하지만 저명하다는 원예학, 지질학, 의학, 고고학, 심리학, 교육학 안에는 논리적 모순이 너무나도 많았다. 게다가 각각의 지식들은 현실에 적용하기에 턱없이 부족한 정보를 추상적으로 나열하고 있었다.

부바르와 페퀴셰는 근대 지식의 한계에 대항하면서 진리와 미, 정의를 추구하는 사람이 되어간다. 이 작품의 부제는 '인간의 어리석음에 대한 백과전서'다. 플로베르는 이 작품을 위해 1,500권이 넘는 학술서들을 철저히 검

「부바르와 페퀴셰」를 미완으로 남기고 급서한 플로베르(그림). 비록 작품을 마무리 짓지는 못했지만 '부르주아'라는 허위와의 싸움은 죽는 순간까지 멈추지 않았던 그였다.

토했다. 근대적 학문에 맹종하면서 인류의 진보를 신봉하는 부르주아의 어리석음에 최후의 일격을 가하고자 한 것이다. 부바르와 페퀴셰의 인생에는 그 어떤 극적 드라마도, 감동적인 사건도 없다. 오직 실험과 논증이 백과사전처럼 한없이 펼쳐진다. 오락으로 읽기에는 너무나 복잡하고 논리적인 대화의 연속이었다. 한가한 부르주아 독자들에게는 너무나 당황스러운 작품이었다. 그리고, 역사소설, 연애소설과 같은 소설의 전통적 구분은 이 작품 앞에서 무용지물이 되어 버렸다. 작품을 관통하는 것은 어리석음 그 자체였기 때문이다.

플로베르는 미완으로 붙이게 된 뒷부분 개요에서 서술 방법과 작품 분석을 소개하기도 했다. 소설 안에서 작가가 자신의 작품을 직접 해석하

다니! 상상물인 소설과 현실의 작가가 뒤섞여 버린 것이다. 이렇게 플로베르는 19세기 문학의 온갖 관습을 무너뜨려 버렸다. 이 최후의 싸움은 포기하고 싶을 때가 한두 번이 아니었을 정도로 힘들었다고 한다. 하지만, 플로베르는 포기하지 않았다. 마지막까지 자신의 정체성을 지우면서 근대 학문의 어리석음과 부르주아 문학의 허위와 대결했다.

_오선민

오직 자신만이 자신을 치료할 수 있다

>> 집단 무의식의 발견자, 융

"이봐요 의사 양반, 어서 저기, 태양을 좀 봐요. 태양이 어떻게 움직이는지. 보여요? 당신도 나처럼 머리를 움직여요. 이렇게. 보이나요? 태양의 남근(pallus)이. 그게 바람의 근원이랍니다. 이렇게 머리를 움직이면 태양의 남근도 움직이고, 그럼 바람이 만들어지는 거지요." 정신병 환자 에밀 슈비처는 정신없이 바쁜 젊은 의사를 붙잡고 자신의 환상을 풀어내고 있었다. 그 의사는 어느새 이야기에 매혹되어 함께 태양을 바라보았다.

무의식, 인간 안의 자연

4년 뒤, 그 젊은 의사 카를 구스타프 융(Carl Gustav Jung, 1875~1961)은 슈비처의 이 황당한 환상을 독일 역사학자의 고대 미트라교 연구서에서 만난다. 이게 도대체 뭔 일? 가난한 집에서 제대로 교육을 받지도 못한 슈비처가 미트라교를 알 리 없었다. 게다가 이 책은 슈비처가 환상을 이야기한 지 4년 뒤에 출판된 것이 아니던가. 시간을 가로질러 반복되는 이야기들. 융은 이것이 인간 정신의 공통 구조를 보여 준다고 생각했다. 그리고

1916년, 중년이 된 융은 『무의식의 구조』에서 이런 구조를 '집단 무의식'이라고 불렀다.

　모든 종(種)은 자신의 생명을 실현시킬 적합한 방식을 찾아 진화했다. 신체가 그런 진화의 산물이듯, 정신 역시 그렇다. 생명의 힘을 실현한 역사의 표현으로서의 정신. 경험에 앞서, 경험을 산출하는 조건. 삶의 지혜를 담은 온갖 민담과 신화, 종교적 이야기의 생산 공장. 정신은 인간 속의 자연이었고, 삶을 위한 창조적 힘을 담고 있었다. 이것이 융이 말한 집단 무의식이다.

　이런 무의식은 우리의 의식과 의지에 앞서 존재한다. 이 때문에 우리는 무의식을 불쾌하게 느낀다. 하지만 불쾌한 것이 나쁜 것은 아니다. 융은 말한다. 양배추가 똥거름에서 자라는 것은 당연한 일이 아닌가. 똥거름 냄새가 좀 불쾌할지 모르지만, 그렇다고 그것이 악한 것은 아니지 않은가. 융에게 무의식은 그런 똥거름, 선악의 저편에 있는 자연이었다. 성적인 것만으로 환원되기에는 너무도 풍부한 자연!

프로이트와의 만남, 그리고 헤어짐

집단 무의식의 발견자, 융은 1875년 스위스에서 가난한 목사의 아들로 태어났다. 어린 시절 융은 익살과 민담을 들려주던 가난한 농부들과 책들로 빼곡하게 들어찬 아버지의 서재를 오가며 자랐다. 융은 학문의 길을 가고 싶었지만, 집안 형편도 무시할 수 없었다. 그는 이 타협점으로 바젤 의과대학을 선택한다. 1900년 공부를 마친 융은 취리히 주 정신의학 대학병원에서 의사 생활을 시작한다.

융은 그곳에서 정신의 병이 무의식과 관련되어 있음을 알았다. 치유의 단서는 무의식이었다. 하지만 어떻게 그 단서에 이를 것인가. 이때 그에게 프로이트의 『꿈의 해석』은 계시처럼 찾아왔다. 융은 거기서 두 개의 길을 발견한다. 하나는 무의식에 이르는 길로서 '꿈'이고, 다른 하나는 의사로서 자신을 인도해 줄 '프로이트'라는 길.

1906년 자신의 이러한 마음을 담아 융은 프로이트에게 편지를 보낸다. 당시 학계에서 찬밥신세였던 프로이트는 주목을 받기 시작한 젊은 의사의 지지를 기꺼운 마음으로 받아들인다. 그리고 이어진 7년간의 우정. 그 우정은 1913년, 완전한 자유를 가져가라는 프로이트의 편지와 그것을 받아들이는 융의 답장으로 막을 내린다.

프로이트가 말한 '완전한 자유'란 사상적 자유를 말한다. 융은 프로이트가 무의식의 성격을 오로지 성(性)으로 환원하는 것에 동의하지 않았다. 융이 일하고 있는 병원은 국립병원으로, 당시 그곳은 에밀 슈비처럼 돈 없고 '백' 없는 사람들이 찾던 곳이었다. 그런 환자들의 병은 성에 의한 도덕적 갈등보다는, 일상에 적응하지 못하는 다양한 문제들 때문에 발생했다. 더욱이 어릴 때 듣던 농부들의 이야기는 어떠했는가. 그 이야기들은 성적으로 해석될 여지가 있다. 하지만 그 속에 사용된 성적 은유는 말 그대로 은유일 뿐, 삶의 다양한 힘들을 표현할 목적으로 사용되고 있었다. 융은 이런 생각을 담아 1912년 『리비도의 변환과 상징』을 출간한다. 그렇게 융은 프로이트를 떠나 자신의 길로 들어선다.

프로이트와의 이별 전까지, 융의 삶은 프로이트에게 경도되어 있었다. 이런 삶을 무의식이 가만히 두고 볼 리 없었다. 정신의 자가조정체계로서 무의식이 극단적으로 치우친 의식을 바로 잡기 위해 밀려왔다. 이렇게 시작된 무의식의 반란은 프로이트와의 결별 후 더욱 심해졌다. 길을 잃은 의식으로 기괴한 꿈과 환상들이 마구 밀려왔다. 내 안에 있는 낯선 것들, 그 타자들. 여기서 정신줄을 놓으면 심각한 환자 신세가 될 판이었다. 이제 그에게 선택은 하나. 자기 자신의 의사가 되는 것!

치유의 첫 단계는 내 안의 타자들을 긍정하는 것이었다. 무의식이 표현하는 타자들은 그 자체로 병이 아니었다. 그것은 내 안의 자연일 뿐, 병은 오히려 의식이 그것을 대면하지 않고 도망가는 데서 왔다.

융은 그 타자들을 긍정하고 무의식의 이야기를 있는 그대로 듣기 시작했다. 그리고 그것을 노트에 적어 내려갔다. 그것은 일종의 받아쓰기 작업이었다. 중구난방으로 펼쳐졌던 환상들이 언어 속으로 들어와 자리를 잡았다. 그럴수록 융은 점점 안정되어 갔다. 이렇게 여섯번째 노트를 완성할 즈음, 융은 받아쓰기를 멈췄다. 거기에는 오직 타자들의 목소리로 가득했다. 자신이 그간 프로이트의 이름만으로 살아왔듯, 그곳에도 자신의 목소리는 없었다. 융은 타자들의 이야기를 자신의 것으로 소화할 필요가 있음을 느꼈다. 받아쓰기에서 번역하기로! 현실 속의 삶, 자신이 자신의 힘으로 살아 내야 할 삶. 그 삶의 문법으로 타자들의 이야기를 융합하기. 융은 새로운 노트에 그 융합을 기록하기 시작했다.

융은 1913년부터 4년간 이런 글쓰기를 계속했다. 그의 노트를 본 사람은 이렇게 말했다. "융은 그 자신이 걸어 다니는 정신병원이자 그 병원을 책임진 의사였다." 융에게 글쓰기는 치유였다. 이것은 훗날 그의 치유 방법 중 한 가지로 이용된다. 융은 환자들에게 자신의 꿈과 병을 스스로 관찰하고 기록하도록 요구했다. 환자들은 융이 그랬던 것처럼 그런 글쓰기를 통해 자신 안의 자연을 만나고 통합하는 법을 배웠다.

자기 자신의 의사가 되시오!

이제 제법 희끗한 머리를 가진 의사 융. 그를 만나고 나온 환자. 투덜거린다. "뭐 저런 의사가 다 있어. 진단도 안 내리고, 딱히 처방도 안하고, 그렇다고 안쓰럽다고 위로를 해주는 것도 아니고." 상담을 마친 환자들은 뚱하고 불친절한 융에 대해 한번쯤은 불만을 토로했다. 그러면서도 그들은 다시 융을 찾았다. 그들은 느꼈다. 의사가 일방적으로 환자를 진단하고 치료법을 하사할 때 얻을 수 없던 것을. 그것은 환자가 의사에게 종속된 존재가 아니며, 자신이 능동적으로 병을 치유하는 능력을 얻고 있다는 사실이었다. 융의 진료실은 여느 진료실과 달랐다. 그곳에는 반쯤 누운 상태에서 의사의 이야기를 편안히 받아들이도록 고안된 환자용 의자도, 그 뒤에서 환자를 은밀히 관찰하는 의사용 의자도 없었다. 대신 의사와 환자가 마주 앉아 대화할 수 있는 테이블과 의자뿐. 그 의자에 앉아 융은 그저 물었다. "그것이 무슨 의미죠? 왜 그렇게 생각하는 거죠?" 융은 의사로서 말하는 대신 환자들에게 목소리를 돌려주었다. 그러고 나면 신기한 일이 벌어졌다. 환자들이 자발적으로 병의 문제부터 치유 단서까지 찾아내는 것이었다. 병의 심판자로서, 치유의 구원자로서 의사라는 생각이 얼마나 오만한 것인지 융은 알았다.

　융의 성격이 원래 좀 퉁명스러웠다는 말도 있다. 하지만 융은 굳이 직업적 친절함으로 그것을 가리지 않았다. 그것은 의사에게 쉽게 의존하는 환자의 성향을 막고, 환자를 독립적인 대화 상대로 만들기 위해서였다. 의사와 환자는 병이 던져 준 수수께끼를 함께 푸는 놀이의 참가자였다. 거기서 길을 만드는 것은 환자의 몫이었고 의사는 조력자일 뿐이다.

오늘날 너무도 병원에 의존해 사는 현대인을 보면 융은 아마 이렇게 말할 것이다.

"무조건적으로, 그리고 긴 안목으로 보아도 유효한 치료란 없습니다. 삶은 언제나 다시금 새롭게 획득되어야 하는 법이지요. 병을 만든 것도, 그 병에 대해 가장 잘 아는 것도, 그리고 그 병을 치유할 수 있는 것도 여러분 자신입니다. 그러니 자기 자신의 의사가 되십시오!"

_신근영

청년기 우울증, 사유와 글쓰기의 장으로 인도하다

>> 글쓰기 '프리랜서', 연암 박지원

두 개의 미스터리

하나, 1792년 10월 19일 정조는 동지정사 박종악과 대사성 김방행을 궁으로 불러들인다. 청나라에서 들어오던 명·청 소품 및 패관잡서에 대해 강경하게 수입을 금지하는 조처를 내리기 위해서다. 동시에 과거를 포함하여 사대부 계층의 글쓰기 전반에 대한 대대적인 검문이 실시된다. 타락한 문풍을 바로잡고 고문(古文)을 부흥시킨다는 명분하에 정조와 노론계 문인들이 첨예하게 대립한 이 사건이 바로 '문체반정'(文體反正)이다. 사건이 한창 무르익을 즈음, 정조는 느닷없이 이렇게 말한다.

"근자에 문풍이 이렇게 된 것은 모두 박지원의 죄다. 『열하일기』를 내 이미 익히 보았거늘 어찌 속이거나 감출 수 있겠느냐?"

『열하일기』가 세상에 나온 지 이미 10여 년이 지났고, 당시 연암은 개성 근처 연암협에서 조용히 노년을 보내는 중이었다. 근데, 『열하일기』가 사건의 배후라고? 웬 뒷북? 아니면 국면전환용 포즈?

둘, "예로부터 훌륭한 글은 얻어 보기 어려운 법/ 연암 시를 본 이 몇

이나 될까?/ 우담바라 꽃이 피고 포청천이 웃을 때/ 그때가 바로 선생께서 시를 쓸 때라네"—연암 그룹의 일원인 박제가의 시다. 3,000년에 한 번 핀다는 꽃 우담바라. 살아서는 서릿발 같은 재판으로 유명하고 죽어선 염라대왕이 되었다는 포청천. 그가 웃는다고? 차라리 황하가 맑아지기를 바라는 게 나을 터. 그렇다! 연암은 시 짓기를 좋아하지 않았다. 한시가 사대부 교양의 척도였던, 하여 저 이름 없는 향촌의 선비들까지 수백, 수천 수편씩 남기던 그 시대에 연암은 고작 평생 50수 정도를 남겼을 뿐이다. 대체 왜?

청년기 — 우울증과 탈주

연암 박지원. 1737년(영조 13년) 2월 5일 새벽. 서울 서소문 밖 야동에서 태어났다. 노론 일당독재 시절에 노론 벌열가문에서 태어났고, '붓으로 오악을 누르리라'는 꿈의 예시까지 받았으니 일단 출생은 고귀했던 셈이다. 초상화로 보건대 거구에다 카리스마 또한 장난이 아니다. 명문가의 천재에게 주어진 코스란 과거를 통한 입신양명뿐. 하지만 연암의 생애는 그 입구에서부터 꼬여 버린다. 십대 후반 한창 과거공부에 매진할 즈음, 먹지도 자지도 못하는 우울증에 시달리게 된 것이다.

병을 치료하기 위해 청년 연암은 저잣거리로 나선다. 그리고 그 길 위에서 분뇨장수, 건달, 이야기꾼 등 수많은 '마이너 그룹'과 접속한다. 이들에 대한 '톡톡 튀는' 기록이 처녀작 『방경각외전』이다. 우울증과 '마이너리그', 그리고 글쓰기. 이 일련의 체험 속에서 연암은 돌연 과거를 포기한다. 평생 권력의 외부에 남기로 작정한 것이다. 이 또한 미스터리다. 대체 무엇이 그로 하여금 이런 탈주를 감행케 한 것일까? 흔히들 정쟁의 격화 때문이라 여기지만 과연 그럴지는 미지수다. 만약 그 때문이라면 이 청년의 기질상 오히려 현실참여 의지가 솟구쳐야 더 자연스럽지 않겠는가.

그보다는 기본적으로 그는 격식과 관습에 매이는 걸 좋아하지 않았다. 타고난 천재가 까다로운 격률이 싫다며 한시를 그토록 멀리했으니, 이보다 더 명확한 증거가 어디 있으랴. 말하자면 그는 '본투비(born to be) 프리랜서'였던 것. 우울증은 이런 '원초적 본능'을 일깨워 주기 위해 '신이 보낸 선물'이 아니었을지.

백탑청연, 18세기 소설 네트워크

사대부 문인이 과거를 포기하면 남는 건 시간이다. 연암은 그 시간들을 사유와 글쓰기로 충만하게 채웠다. 더 중요한 건 그 모든 것을 '벗'들과 함께 했다는 것. '친구에 살고 친구에 죽는' 그의 평생의 철학 또한 타고난 기질에 속한다. 문중별, 당파별 강학이 일반적이었던 시절, 연암은 당파와 신분을 가뿐히 뛰어넘는 '우정의 네트워크'를 구축한다. 근거지는 다름 아닌 백탑(지금의 탑골공원).

이덕무, 박제가, 정철조 등 다양한 벗들과 더불어 백탑 근처에 모여 살면서 밤마다 맑고 드높은 지성의 향연을 누렸다. 이름하여 백탑청연(白塔淸緣)! 그들이 주고받은 지식의 스펙트럼은 실로 드넓다. '시서예화'는 기본이고, 천문지리에서 기술문명에 이르기까지 한마디로 '인생과 우주에 관한 거의 모든 것'이 포함되었다. 그런 점에서 백탑청연은 18세기 지성사의 '소셜 네트워크'였던 셈. '청 문명으로부터 배우자!'는 북학의 이념이 탄생된 것도 거기였고, 소품문과 척독(尺牘, 편지글)을 통해 고문의 기반을 뒤흔드는 문체적 실험이 일어났던 것도 그 장에서였다. 그리고 그 실험의 결정판이 바로 『열하일기』다.

"살았노라, 그리고 『열하일기』를 썼노라!"

1780년, 연암의 나이 44세, 마침내 그토록 열망하던 중국여행의 기회가 다가왔다. 삼종형 박명원을 따라 청나라 건륭황제의 만수절 축하사절단에 참여하게 된 것이다. 애초 목적지는 연경이었다. 압록강에서 연경까지는 무려 2,030리. 때는 바야흐로 폭우에 무더위가 교차하는 한여름이다. 천신만고 끝에 연경에 도착했건만 황제는 연경에 있지 않았다. 동북부 변방의 피서지, 열하에 가 있었던 것. 그리고 한밤중 당장 열하로 들어오라는 황제의 명령이 도착한다. 이리하여 연암과 그의 일행은 조선 역사상 처음으로 고북구 장성을 넘는다. 그것도 '무박나흘'의 살인적 여정으로.

이 지독한 고난이 그의 글쓰기 본능을 촉발했던 것일까. 이 여정에서 불후의 문장들이 쏟아져 나온다. 5,000년래 최고의 문장이라는 「야출고북구기」(夜出古北口記), 생사의 문턱을 넘으면서 마침내 도를 깨달았다는 「일야구도하기」(一夜九渡河記), 코끼리를 통해 우주의 이치를 터득하는 「상기」(象記) 등등.

『열하일기』가 일으킨 파급력은 실로 뜨거웠다. 당장 태워 버려야 한다는 극단적 '안티'에서 천고의 기이한 문장이라는 열렬한 찬사까지. 그래서인가. 『열하일기』는 조선왕조가 끝날 때까지 공적으로 간행되지 못했다. 오직 필사본으로 떠돌면서 수많은 버전들을 만들어 냈을 뿐이다. 호

학군주였던 정조는 충분히 감지했으리라. 고문에서 소품체를 자유자재로 넘나드는 그의 글쓰기가 성리학적 지반에 얼마나 치명적일 수 있는지를. 그런 점에서 문체반정 때 『열하일기』를 배후로 지목한 것은 '뒷북'도, '쇼' 도 아니었다. 『열하일기』 없이 18세기 지성사를 논하는 것은 이미 불가능 해졌음을 왕의 입으로 직접 증언해 준 것일 뿐이다.

연암은 묘비명의 대가였다. 특히 그 중에서도 누이와 홍대용, 정철조 에 대한 묘비명은 '지상에서 가장 아름다운 레퀴엠'에 해당한다. 하지만 웬일인지 정작 연암 자신에 대한 묘비명은 없다. 이 또한 미스터리다. 안 쓴 것인지 못 쓴 것인지. 아무튼 지금이라도 누군가 그에 대한 묘비명을 쓴다면, 아마도 이 한 줄이면 족하리라. "살았노라, 그리고 『열하일기』를 썼노라!"

연암 vs 다산 — 그들은 만나지 않았다!

18세기는 별들의 시대였다. 조선의 르네상스를 선도한 정조의 시대이자 연암의 시대였고, 또한 다산의 시대였다. 이 화려한 '스타워즈'에는 아주 놀라운 수수께끼가 하나 숨어 있다. 연암과 다산, 조선 후기 실학사에서 한쌍의 커플처럼 따라다니는 이 두 거성이 한번도 만난 적이 없다는 사실.

둘 다 서울 사대문 안에 거주했을뿐더러 정조를 중심으로 늘 양편으로 분립했던 두 파벌(연암그룹/ 다산학파)의 대표주자였고, 더 구체적으로는 연암의 절친들이 다산과도 깊은 교유를 했었는데도 말이다. 더 놀랍게도 우리의 예상과는 달리 둘은 전혀 상이한 궤적을 밟았다. 연암이 일찌감치 권력의 궤도로부터 이탈해 갔다면, 다산은 정반대로 권력의 중심을 향해 달려갔다. 재야 남인 출신임에도 그는 정계에 입문한 이후 정조의 신임을 한몸에 받은 '왕의 남자'였다. 그 엇갈림이 극단적으로 연출되었던 사건이 바로 문체반정이다. 보다시피 연암은 배후조종자로 찍힌 반면, 다산은 정조의 입장을 옹호하는 격렬한 상소를 올린다. "국내에 유행되는 것은 모두 모아 불사르고 북경에서 사들여 오는 자를 중벌로 다스리라"는.

요컨대, 그 둘은 평행선이었다. 평행선은 만나지 않는다. 하지만 둘은 헤어지지도 않는다! 만나지도, 헤어지지도 않는 이 운명적 조우 속에서 둘은 서로가 서로에게 배경이 된다. 친구를 보면 그 사람을 안다고 했던가. 어디 친구만 그런가. 적을 봐도 그 사람을 알 수 있다. 그런 점에서 연암은 실로 인복을 타고난 인물이다. 평생을 벗들과의 교유 속에서 살았고, 사후엔 이토록 강력한 라이벌을 짝으로 삼을 수 있으니 말이다. 물론 이 모든 지복은 그가 평생을 권력의 외부에서 글쓰기의 향연을 누렸기에 가능했던 것임은 말할 나위도 없다.

_고미숙

이기적인 동심이 탄생시킨 환상적 동화의 세계

>> 어린이 동화작가, 안데르센

여기 세 명의 소녀가 있다. 첫번째 소녀는 도끼를 든 사형집행인에게 이렇게 간청한다. "이 두 발을 잘라 주세요!" 그녀는 빨간 구두를 신은 제 두 발이 깡충깡충 춤추며 사라지는 것을 눈앞에서 보아야 했다. 두번째 소녀는 새해 아침에 눈밭에서 얼어 죽은 채 발견되었다. 밤새 성냥을 켜 언 몸을 녹이려 했으나 역부족. 따뜻한 난로와 잘 구워진 거위 요리, 죽은 할머니의 환영을 보던 소녀는 앉은 채로 숨이 멎었다. 마지막 소녀는 바다 한가운데에서 물거품이 되어 사라졌다. 혀를 자른 대신 두 다리를 얻었지만 끝내 왕자의 사랑을 얻지 못했기 때문이다.

세계적으로 유명한 동화작가 한스 크리스티안 안데르센(Hans Christian Andersen, 1805~1875)은 19세기 당시에도 그랬듯 현재도 그리고 앞으로도 수많은 어린이들의 사랑을 받겠지만, 그의 동화가 아이들에게 적합한지 묻는 이들은 아주 많다. 아이들에게 읽히기에는 너무 잔혹하지 않나? 구슬프지 않나? 아니, 그것보다도 애초에 안데르센의 동화는 정말 어린이를 위한 글이었을까?

덴마크의 미운 오리 새끼

"한데 저 커다란 오리 좀 봐. 정말 이상하게 생겼네. 저 오리하고는 함께 어울리기 싫은걸." (「미운 오리 새끼」)

덴마크의 시골 오덴세(Odense)에서 구두수선공 아버지와 세탁부 어머니 사이에서 태어난 안데르센은 열네 살 되던 1819년 코펜하겐으로 상경한다. 당시 교양인들의 관심사는 예술과 문학이었고, 특히 코펜하겐 중산층의 오페라와 연극에 대한 관심은 지대했다.

안데르센 역시 당시 흐름대로 배우의 꿈을 품고서 무작정 상경했던 터다. 그러나 현실은 만만치 않았다. 배우로서의 교육을 전혀 받지 못했다는 것이 첫번째 걸림돌이라면, 그보다 더 심각한 걸림돌은 볼품없는 외모였다. 안데르센 자신이야말로 한 마리 '미운 오리 새끼'였던 것이다. 배우의 꿈을 접고 그가 만약 오덴세로 돌아갔다면, 우리는 「빨간 구두」나 「성냥팔이 소녀」를 읽는 행운을 누릴 수 없었을 것이다. 그러나 그는 이야기를 지어내는 자신의 상상력과 시적 재능으로 무언가 해 볼 것이 있다고 여겼다. 마침 코펜하겐에서 문학은 성공으로 가는 지름길이었다.

영국이나 프랑스 등 다른 유럽 국가의 지식인들이 정치와 혁명에 열을 올리는 사이 덴마크 지식인들이 집중할 거리는 예술이 전부였기 때문이다. 덕분에 못생기고 배운 것 없는 미운 오리도 코펜하겐의 예술과 문화에 동참할 수 있었다. 그러나 그것도 만만치 않았다. 발표한 글마다 혹평을 받아, 칭찬에 굶주린 그에게 두고두고 큰 상처가 되었다. 또한 출세작 『즉흥시인』이 조국 덴마크보다 해외에서 더 많은 인기를 누린 탓에 안데르센은 덴마크가 자신에게 모종의 편견을 가지고 있다고 여기기까지 했다. 그러나 이는 절반의 진실이다. 사실 코펜하겐에는 보잘것없는 저 어린 남자를, 그저 가능성이 있다는 이유만으로 후원하고 기다려 준 이들 또한 많았기 때문이다. 안데르센은 좋은 선생을 추천받았으며, 학교에도 새로 입학할 수 있었다. 이러한 인복에 힘입어 그는 '외다리 주석 병정'처럼 녹아 사라지지 않고 길이 남을 동화들을 써 낼 수 있었다.

나는 그림자

"당신은 이제 사람이 아닌 그림자처럼 보이는군요."(「그림자」)

동화를 쓰면서 승승장구하던 안데르센은 41살이 되던 해 자서전을 쓰기 시작한다. "내 인생은 멋진 이야기다. 행복하고 온갖 신나는 일로 가득하다"라는 문장으로 시작되는 책의 제목은 『내 인생의 동화』.

그는 자기 삶을 동화로 만들고자 했고, 이에 사건의 연대를 바꾸고, 자신의 천재성과 순수성을 과시하는 데 자서전의 절반 이상을 할애했다. 그 뿐이 아니다. 저명한 40대 작가가 쓴 이 자서전에서 우리가 볼 수 있는 것은 유명 인사들의 호의와 환호에 흥분하는 아이의 모습이다.

어떻게 보면 안데르센의 빼어난 동화들은 이처럼 그의 아이 같은 성격에 빚지고 있는 것일지도 모른다. 그는 어느 식사 장소에서든 나오는 요리를 가장 먼저 대접받지 않고는 못 배겼고, 어느 자리에 가도 자신이 에스코트 받는 게 마땅하다고 여겼다. 그렇지 않으면 곧잘 토라지고 상처 받았다. 그런 면에서 안데르센은 영원한 아이다. 그리고 그 자라지 않은 마음이야말로 그의 동화의 원동력이 되어 주었다. 그는 진정한 의미에서 아이의 시선으로 아이들의 마음을 말하는 사람이었다. 사랑받고 싶은 마음, 떼쓰는 마음, 미친 듯이 질투하는 마음……. 10년에 한 번꼴로 자서전을 발표한 것도 자기 모습을 자랑하고 싶은 마음의 산물이었다. 총 세 권의 자서전 속에서 보이는 그의 모습은 한결같이 자기중심적이고 자기과시적이다.

그런데 흥미로운 사실이 또 하나 있다. 첫번째 자서전이 거의 마무리되던 즈음 안데르센은 그림자를 잃어버린 남자를 둘러싼 짧은 동화 「그림자」를 쓰기 시작한다. 작품 속에서 그림자는 어느 날 성공해서 남자 앞에 나타나고, 차차 주객이 전도되어 남자가 오히려 그림자의 그림자가 되고 만다.

"이봐, 친구. 이제 난 이 세상에서 남부럽지 않은 행운과 권력을 갖게 되었어. 그래서 널 위해서 뭔가 특별한 것을 해주려고 해. …… 대신, 사람들이 널 보고 그림자라고 부르게 하겠어. 그리고 네가 한때는 사람이었다는 것을 절대로 말해선 안 돼. 1년에 한 번씩 내가 햇살이 비치는 발코니로 나가 앉아 있을 때 넌 내 발 아래 누워 있어야 해. 예전에 내가 그림자였을 때처럼 말이야."

바야흐로 그림자의 역습. '그림자'의 안데르센이 '내 인생의 동화'의 안데르센에게 제대로 한 방을 먹인 셈이다. 작품 속에서 사람들에게 인정받는 게 한낱 그림자에 불과했던 것처럼, 수많은 독자를 거느린 안데르센 역시 자기가 과시하는 명성과 사랑이 모두 허구임을 눈치채고 있었던 것은 아닐까? 이 동화는, 안데르센 자신도 모르는 불편한 진실을 드러내고 있는 것이 아닐까?

인어공주의 노래

인어공주의 목소리는 다른 형상들의 목소리와 같이 천상의 소리처럼 맑고 투명했다. 땅 위의 음악이 아무리 아름답다 해도 그 소리를 흉내낼 수는 없었다.(『인어공주』)

안데르센은 애초 아이들을 위한 글을 쓴 게 아니었고, 동화작가로 분류되는 것조차 꺼렸다. 때문에 1835년 『어린 아이들을 위한 동화』라는 제목을 달고 세상에 첫선을 보인 그의 동화집은 훗날 단순하게 『동화집』이라는 제목으로 바뀌었다. 그는 어린이에게 줄 교훈 따위에 관심이 없었고, 어디까지나 자신을 위해, 자신의 고통을 쓰고자 했다.

　몇몇 일화들 속의 안데르센은 마치 하루의 긴 시간 내내 홀로 방치된 애완견 같다. 강아지는 너무 외롭고, 그래서 귀가한 주인 앞에서 어쩔 줄 모른다. 그래서 주인이 싫어하는 짓만 골라 하게 된다. 감정이 풍부한 안데르센은 세계적 작가로 발돋움한 후에도 여전히 눈치가 없었고 과장된 언행을 일삼았다. 그래서 찰스 디킨스는 진절머리를 냈고, 그의 구애를 받은 여성들은 질겁하며 달아났다.

　안데르센은 죽는 날까지 끝내 연인이나 가정을 얻지 못했다. 그의 이런 모습들이 여러 동화들 속에 편재해 있다고 보아도 무방하리라. 연약하고, 고독하고, 이룰 수 없는 욕망 때문에 괴로워하는 주인공들 모두가 그의 분신이다. 주목받고 싶어 하고, 그만큼 늘 배고픈 안데르센들. 때문에 안데르센의 동화는 꿈 많은 아이가 보는 세상처럼 환상적일 수 있었으며, 갈망하고 떼쓰는 아이가 겪는 세계처럼 비극적일 수 있었다. 물거품이 된 인어공주는 영원한 영혼을 갈망하고, 그래서 지금도 우리 인간이 들

환갑이 넘은 안데르센(1867). 열네 살에 무작정 상경하여 바라던 배우가 되는 대신 동화작가로 성공하여 여왕과 마주앉아 코코아를 마실 정도로 유명인사가 된 그였지만 사진처럼 그의 옆자리는 늘 비어 있었다.

을 수 없는 아름답지만 슬픈 목소리로 노래한다.

월트 디즈니사가 새로 창조한 인어는 왕자의 사랑을 얻고 행복을 누린다. 그러나 이 세계란 그렇게 만만치 않은 곳임을 안데르센은 감추려 하지 않았다. 그의 동화가 세상에 나오고서야 사람들은, 세상은 고통에 차 있지만 그럼에도 불구하고 존재의 구원을 갈망할 수밖에 없는 것이 인간임을 동화를 통해 절감할 수 있었다. 이를 몸소 보여 준 것이 안데르센 자신이다. 그는 세계란 제 뜻대로 되지 않고 인간은 소망을 이룰 수 없다는 사실을 절감했지만 그럼에도 불구하고, 혹은 그렇기 때문에 글쓰기를 멈추지 않았다. 오직 동화를 통해서만, 허둥대고 어처구니없는 짓만 골라 하

는 얼간이 안데르센이 아니라 차분한 목소리로 자기 고통과 슬픔을 호소하는 작가 안데르센이 될 수 있었으니까.

그는 어린 아이 같은 자신을 위한 글쓰기에서 시작해, 사랑받고자 하는 마음 때문에 아파하는 모든 이를 향해 이 세상에서 처음으로 동화를 쓴 사람이다. 안데르센이 허영에 차 있고, 고독하고, 우스꽝스러운 짓을 하는 남자였던 것은 사실이지만, 바로 그런 남자였기에 지금 우리는 기이하고 매혹적인 157편의 동화를 읽는 행운을 누리는 것이리라.

_수경

미치광이? 죽는 날까지 줏대 지키던 '꿈의 방랑자'

>> 멈추지 않는 구도자, 김시습

다섯 살에 『대학』과 『중용』을 배우고 시와 산문을 지었던 신동, 세조의 왕위 찬탈에 저항했던 생육신(生六臣), 천재 시인이자 전기소설(傳奇小說)의 저자, 공자적인 이상과 원칙을 죽을 때까지 고수했던 유학자, 세상을 등진 채 산림을 방랑하며 술 마시고 곡하며 노래했던 '거짓 미치광이', 머리 깎고 유랑하며 불교 공부에 매진했던 비구, 노자와 장자를 공부하며 연단과 양생을 실천했던 도가. 김시습(金時習, 1435~1493)의 화려한 이력이다.

김시습, 그는 평생 어디에도 얽매이지 않았다. 그는 하나로 규정될 수 없는 삶의 여정을 걸었다. 그는 유학의 원칙을 포기한 적이 없으면서도 승려로 자처하고, 부처가 되기 위한 수행의 길을 가면서도 불제자로 알려지기를 거부했다. 그렇기 때문에 '은밀한 것을 탐구하고 괴이한 일을 행하는 색은행괴(索隱行怪)나 방외인(方外人)'으로 단정 짓기도 어렵고, '행적은 승려지만 본마음은 유학자'로 규정하기도 어렵다. 지기였던 대제학 서거정(徐居正)의 말처럼 그는 입산도 출산도 마음대로 하고 유학에도 불교에도 구애됨이 없었다. 그는 공자이면서 불자이자 노장이었고, 동시에 공자도 불자도 노장도 아니었다. 김시습의 사상적 방랑은 줏대 없는 흔들림과는 달랐으니 진리를 현현하는 구도자의 몸부림 그 자체였다.

김시습은 천재였다. 태어난 지 8개월 만에 글자를 식별하여 말보다 먼저 천자문을 배웠으며, 세 살 적엔 글을 지을 줄 알았고, 다섯 살에는 시와 산문을 지어 세상을 놀라게 했다. 세종이 그 천재성에 감탄하여 비단을 하사하고 장성하면 크게 쓰리라 약조까지 내렸다. 그는 학문에 놀라운 진전을 보이며 관료로서의 자질을 갖추어 나갔다.

불의한 세상에 맞서기 — 비타협의 순수성

그러나 1455년 21살 그의 삶은 전변한다. 북한산 중흥사에서 과거를 준비하던 김시습은 세조의 왕위 찬탈 소식을 듣게 된다. 그는 신하가 왕을 참칭하는 이 어처구니없는 사태에 절망하여 책을 불사르고 똥통에 몸을 빠뜨리는 등 미친 척 행동하며 유랑을 시작한다.

얼마 뒤 단종의 복위를 꾀했던 사육신(死六臣), 성삼문·박팽년·이개·하위지·유성원·유응부 등이 사형당하고, 끝내 단종도 영월에서 죽임을 당한다. 김시습은 저자에 버려진 이들의 시신을 수습하여 묻어 주고, 제사 지내 주었다. 그는 희망 없는 세상과 단절할 수밖에 없었다. 관서, 관동, 호남 등지를 떠돌며 때론 비분강개하고 때론 처절한 외로움에 고통스러워하면서도 나그네 길을 멈출 수는 없었다. 김시습이 머리를 깎고 승려를 자처하며 전국을 떠돈 이유는 단순히 목숨을 보존하고 세상을 기롱하기 위해서가 아니었다. 유학자로서는 현실을 구제할 수 없고, 탈속한 승려로서만이 그 정의의 세계, 비타협의 정신을 현현할 수 있다고 생각했기 때문이다. 멱라수에 빠져 죽음으로써 더러운 세상과 타협하기를 거부했던 초나라의 굴원과 같은 심정이었으리라.

미치광이, 천치바보 등 사람들이 조롱하고 욕해도 김시습은 타협하지 않았다. 불의한 세상에 대항하는 길은 거기에 물들지 않는 고결한 정신이 살아 있음을 보여 주는 일뿐이었다. 김시습은 더욱 견결하게 세상을 비판하며, 혼탁한 세상과 대치했다.

이내 마음 못 꺾으리 어느 위력도/ 옛날도 지금도 이 마음 빛나리라/ 순임금은 누구이고 나는 누구인가/ 높고 낮은 차이란 본디 없는 것/ 대장부는 언제나 염치가 있는 법/ 세상 눈치 보면서 이리저리 따르랴/ 학자와 문인은 역사에 남아 있다/ 제왕의 칼부림도 역사는 못 막으리(「대장부」)

꿈에서 찾은 진실 ─ 현실의 횡포를 고발하다

1462년 28살, 김시습은 긴 유랑을 끝내고 경주 금오산(지금의 남산)의 용장사에 정착한다. 그는 매일 맑은 물을 올려 예불하고 예불이 끝나면 곡을 하고 곡이 끝나면 노래하고 노래가 끝나면 시를 지었다. 시가 끝나면 또 곡을 하고는 시를 태워 버렸다. 정의로운 세상을 염원하며, 그렇지 못한 현실을 조문하는 고통스러운 행위. 김시습은 절망과 희망이 교차하는 그 경계에 서서 불의한 세상과의 싸움을 계속해 나갔다.

절대 낙관할 수 없는 절망적 현실의 횡포, 그렇다고 비관만 하며 사람살이의 이상과 원칙을 저버릴 수는 없는 상황. 바로 이 지점에서 전기소설 『금오신화』(金鰲新話)는 탄생한다. 김시습은 '인간 세상에서 볼 수 없는 이야기'를 통해 인간 사회의 인정과 진실이 그 어떤 상황에서도 결단코 포기될 수 없는 것임을 역설한다.

아버지를 여의고 장가도 못간 채 홀로 사는 양생, 왜구의 침입으로 절개를 지키다 결혼도 못하고 죽은 낭자, 이 두 사람의 기이한 만남과 사랑(「만복사저포기」). 임금에게 충성을 다했으나 간신배들을 물리치지 못해 원한을 품고 죽은 한 선비가 마침내 저승(남염부주; 남쪽에 있는 염부주란 뜻으로 염부주는 전생의 흉악죄인들을 다스리는 곳)에서 간악한 무리를 다스리는 왕이 되고, 한미하지만 어떤 권력 앞에서도 굴하지 않는 경주 선비 박생이 남염부주의 차기 왕으로 임명되는 이야기(「남염부주지」).

김시습은 『금오신화』를 통해 현실세계에서 실현되지 않았던 사랑이나 정의와 같은 진리들이 반드시 인간 세상 밖에서라도 해원될 수 있으리라는 불가사의한 희망을 보여 준다. 현실이 아무리 절망적이라도, 빛 하나 보이지 않는 암흑일지라도 인간은 꿋꿋이 신념대로 갈 수밖에 없다는 것. 함부로 낙관할 수는 없지만 신념을 지키며 고군분투하다 보면 언젠가는 그 진리가 실현되리라는 것. 이것이 김시습이 은둔 속에서도 포기하지 않았던 진실이었다.

진실을 믿는 김시습. 그에게도 기회가 왔다. 성종이 즉위하자 37살(1471) 김시습은 서울로 올라와 수락산 근처 폭천정사에서 10여 년을 지낸다. 성종의 등극으로 김시습은 세상으로 나아갈 생각을 하며, 경세제민의 능력을 갈고 닦는다.

나라 창고에 쌓인 재물은 모두 백성들이 마련한 것이며, 윗사람들의 옷과

신발은 바로 백성들의 살가죽이며, 음식 요리는 백성들의 기름이며, 궁전과 수레도 백성들의 힘으로 이룩된 것이며, 세금과 공물, 그리고 모든 용품도 죄다 백성들의 피땀으로 만들어진 것이다. 백성들이 소득의 십분의 일을 세금으로 나라에 바치는 것은 원래 군주에게 총명과 예지를 다하여 백성들이 잘살 수 있도록 다스려 달라고 하는 것이다.(「애민의」)

꺾이지 않은 예봉, 정치에 관한 확고한 신념은 변함이 없었다. 그러나 훼손된 세상은 되돌아올 줄 몰랐다. 1482년 폐비윤씨 사사 사건이 일어나자 48살 김시습은 다시 양양으로 발길을 돌린다.

일상의 처한 자리가 곧 깨달음의 장

김시습은 한번도 안주한 적이 없었다. 세상을 등졌을 때도, 세상으로 나왔을 때도, 방랑할 때도, 정착했을 때도 어느 한순간도 진리를 향해 가는 발길을 멈추지 않았다. 그러나 그에게 진리를 향해 나아가는 방편은 하나가 아니었다. 그것은 유학의 도이기도 하고, 불교의 도이기도 하고, 노장의 도이기도 했다. 그에게 유불선은 '길은 달라도 마음을 기름은 한 가지'로 회통된다.

일상의 모든 행동에서 사심을 끊어 버리고 공평한 마음을 회복하여 인을 실현하는 유교의 길, 양생이나 연단으로 탐욕을 끊음으로써 본연의 생명을 유지하려는 노장의 길, 일상응연처(日常應然處)에서 모든 집착을 끊어 내고 나라는 실상이 없음을 깨닫고 모든 존재들이 상호관계에 있음을 깨닫는 불교의 길은 김시습에게 공히 진리를 찾아가는 방편들이었다.

일상의 처한 자리에서 필요에 따라 유자도 되고 불자도 되고 노장도 되었다. 그에게는 이 사상 사이에 어떤 차별도 없었다. 욕망이 들끓는 세상으로부터 자유롭기 위해, 불의한 세상과 대결하기 위해 그는 모든 사상의 자양분을 섭취하고 실천했다.

그에게 문제되는 것은 단 한 가지였다. 일상과 진리 사이에 어떤 틈도 없게 하는 것. 진리 그 자체로 살아가는 일. "나의 삶과 부처 사이에 틈이 없으며 나의 유통이 곧 부처의 유통이다. 부처의 원이 자재하고 장엄하므로 나의 원도 자재하고 장엄하다."

김시습은 부처의 진리가 그대로 삶이 되게 하고, 공자의 진리가 그대로 삶이 되게 하고, 노장의 진리가 그대로 삶이 되도록 방랑하고 또 방랑했다. 그 어느 길에서도 멈추지 않았다.

김시습의 삶은 결국 하나였다. 구도의 길이자 어디에도 구속되지 않는 절대 자유의 길이 바로 그것. '꿈꾸다 생을 마친 늙은이'(夢死). 묘비명에 새겨 달라고 했던 이 말보다 더 잘 그를 형용할 표현은 있기 어려울 것이다.

_길진숙

미쳤다고? 진짜 미친 세상 '날개' 달고 떠나련다

>> 정신의 가난에 맞선 이상

박제가 되어 버린 천재?

1934년 식민도시 경성의 여름은 뜨거웠다. 『조선중앙일보』에 7월 24일부터 연재되기 시작한 작품 「오감도」(鳥瞰圖) 때문이다. 작가는 2,000여 편 중에서 30편을 골라 연재할 계획이었지만, 결국 15회를 넘기지 못했다. 띄어쓰기 무시! 문법 파괴! 기호와 숫자가 문자를 대신하는 시! 독자들은 분노했다. 이것은 시가 아니다, 당장 원고를 불살라라, 작가가 미쳤다!

하지만 작가는 자신을 미쳤다고 비난하는 독자들에게 반문한다. '왜 미쳤다고들 그러는지. 대체 우리는 남보다 수십 년씩 뒤떨어져도 마음 놓고 지낼 작정이냐?' 그가 보기에 대중은 게으르고 편협했다. 자신은 지금 시대의 어리석음과 무지를 뛰어넘고 있는 중인데 독자들은 아직도 구태의연한 문학관만 소비하는 중이니 말이다.

「오감도」의 작가 이상(李箱, 1910~1937). 그는 정말 시대와 불화한 천재였을까. 시대가 박제시켜 버린 천재였을까. 그럴지도 모른다. 하지만 그는 자신의 재능이나 영감에 의지해 개성을 뽐내는 그런 천재는 아니었다.

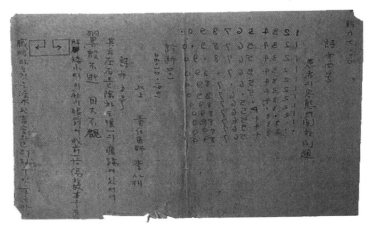

「오감도」 제4호(오른쪽)와 5호(왼쪽)의 육필 원고.

모두가 문명화, 근대화라는 덧없는 망상 속에서 허둥댈 때, 그는 아무도
보지 못했던 문명의 메커니즘을 보고, 시대의 이면을 볼 줄 아는 눈을 가
진, 비상(非常)한 비상(飛上)을 꿈꾼 지식인이었다.

모던 경성, 적빈(赤貧)의 시공간

1910년 9월생인 그는 일본어를 국어로 하는 세상에서 태어나 문화통치
기간인 1920년대에 학교 교육을 받으며 성장했다. 1920년대 중반이 되면
제국 일본의 식민 경영이 본격적으로 조선에 뿌리내리게 된다. 아울러 경
성의 도시 경관은 총독부 건물, 경성제국대학, 백화점을 중심으로 근대 도
시의 풍모를 갖추어 나가기 시작한다.

  그 안에서 근대적 학교 교육이 본격적으로 보급되고 출판산업 규모
가 비약적으로 커졌다. 그리하여 1920년대에는 신문과 잡지를 통해 동시

대의 근대문화를 흡수하고 소비하는 '대중'이, 유럽풍 옷가지와 장신구로 몸을 두르고 커피 한잔을 찾아 방랑하는, 보들레르가 명명했던 '산보객들'이 경성 한복판에 등장하기에 이른다.

경성고등보통학교 건축과 학생이었던 이상 역시 화구통을 메고 거리를 어슬렁거린다. 그러나 그의 눈에 비친 것은 가난이었다. 끼니를 잇기 힘든 가난한 중인 가문의 장남이었던 그는 현미빵을 팔아 학교를 다녔다. 그가 배우는 최신 기하학과 건축학이 식구들과 이웃의 허기를 달래 줄 날은 참으로 요원했다. 하지만 이런 물질적 가난보다 더 무서운 것은 정신의 가난이었다.

생활은 점점 더 돈을 중심으로 굴러가고 있었다. 돈은 아비와 자식, 친구와 애인을 연결시켜 주는 가장 강력한 매개체였다. 의리도 인정도 돈 앞에서는 힘을 쓸 수 없었다. 지독한 정신의 가난은 가난한 서민들뿐 아니라 도시인 전체를 갉아먹고 있었다. 대중매체가 선전하는 소비와 향락, 학교에서 강요하는 청결하고 근면한 생활. 이상이 보기에 이것은 실상 일본식 유행풍속을 좇아 양복을 입고 몇 개 안 되는 다방을 전전하면서 '교양입네' 하는 꼴이었다. 제국 일본의 식민도시 경성은 제대로 문명화를 구가하지도 못하면서 박래품 소비에만 열광하는 '무늬만 근대도시'였다

경성의 도시인들은 모두 '모던'(modern)이라는 거울을 통해 자신의 모습을 보지만, 정작 자신의 텅 빈 정신은 보지 못하는 불구자들이었다. 왼팔을 들면 거울 속의 나는 오른팔을 들어 올리는 기묘한 형국처럼 도시인들은 자신을 비추는 문명의 거울 앞에서 분열증에 시달렸다. 지독한 정신의 가난 속에서도 겉으로는 잘사는 척, 문명인인 척하기에 급급한 삶이

라니! 이상은 이 사태가 공포스러웠다. 그 수선스러움에 질식할 것 같았다. 이 가난에 맞서야 한다!

나의 펜은 나의 칼이다

1930년 『조선』에 연재된 첫 장편소설 「십이월 십이일」을 필두로, 「이상한 가역반응」, 「삼차각설계도」, 「건축무한육면각체」 등 기하학과 일본어가 맞물린 시들과 「지도의 암실」 등의 소설, 다양한 수필이 발표된다.

문명을 지탱하는 정신의 가난과 대결하면서 그가 집중적으로 관심을 기울인 것은 언어의 문제였다. 식민지 조선에서는 일본어가 국어다. 하지만 일상적으로 사용하는 말은 조선어다. 그는 식민지에서의 가난과 소외가 무엇보다도 언어와 그 언어 사용자 사이에 놓인 간극 때문에 발생한다고 생각했다.

예컨대 1930년대를 지배하는 '모던'이라는 말 안에는 그 어떤 진지한 성찰도 부재했다. 도시의 소비자들은 양복(洋服), 양행(洋行)과 같이 서양풍을 내세운 습속에만 매달릴 뿐 왜 서양식 옷을 입고 서양에서 나온 책을 읽어야 하는지에 대해 자문하지 않았다. '모던'이란 말은 식민지 조선에서 텅 빈 기호였다. 그 안에서 어떤 정신적 가치도 찾을 수 없었다. 이상은 그런 시대를 '활자 허무 시대'라고 명명했다.

이상은 그렇게 기호에 갇혀 자기 삶의 진실을 외면하는 문명인의 삶을 해부하기로 했다. 그러니 당연하게도 그런 그에게 문학은 대중이 기대하는 여가선용이나 위안의 도구일 수 없었다. 그렇다고 사회주의자들이 주장하듯 특정한 계급의 현실을 드러내고 정치적 방향을 선동하는 이념의 도구에 머무를 수도 없었다.

　문명의 메커니즘을 해부하고, 소외된 삶을 극복하는 것! 이것이 문학의 일차적인 임무여야 했다. 이상에게 펜은 그런 가난한 문명과 나태한 정신을 향해 휘두르는 칼이어야 했다. 그의 시 「오감도」는 숫자와 여러 가지 기호들을 통해 근대적 삶의 폐쇄성과 불구성을 해부하는 '메스'로서의 문학이었던 셈이다.

　「오감도」 연재가 중단된 후 자신의 시도가 불러일으킨 적대적 반응에도 불구하고 이상은 실망하지 않았다. 자신을 몰라보는 대중을 무시하지도 않았으며, 관광객의 시선으로 그들의 삶을 관조하지도 않았다.

　속악한 돈의 횡포나 비정한 이기주의를 직시하면서도, 그는 자신 역시 허위에 찬 근대의 산물임을 처절하게 의식했다. 박태원(朴泰遠)과 김기림(金起林) 같은 지인들은 이상이 퇴폐적 카페를 열고 여급들과 연애하는 것을 보면서, 그가 문학만이 아니라 자신의 삶으로도 문명을 비판하고 자조하고 있다는 걸 알 수 있었다. 그는 감추려고도, 미화하려고도 하지 않았다. 자신이 겪은 배반과 궁핍을 솔직하게 드러내면서 근대 문명을 고민하고, 그 안을 휘청거리며 걸었다.

이상, 시대의 혈서를 쓰는 자

1936년 가을, 이상은 일본 도쿄로 떠났다. 「날개」를 통해 평단으로부터 큰 주목과 호평을 받은 직후였다. 「날개」는 돈으로 마음과 정신을 사고파는 근대인의 삶을 적나라하게 드러낸 작품이다. 여기서 이상은 주인공이 날개를 얻어 비상할 것을 꿈꾸는 장면으로 작품을 마무리했다. 해부를 넘어 새로운 도덕을 발견할 필요성을 느꼈기 때문이다. 그는 어쩌면 그 도덕적 비전이 식민지 조선 바깥에, 현해탄 건너 문명의 본산에 있을지 모른다고 생각했다.

그러나 도쿄에서 그를 기다리는 것은 허영의 낙원이었다. 특가품, 할 인품, 온갖 상품들로 넘쳐나는 긴자(銀座) 거리에서 사람들은 모두 화려하 게 치장하고 돌아다니지만 저마다 성병을 한가득 안고 있었다. 최신 서적 들도 그저 교양으로 소비되고 있었다. 거기에도 자기 삶의 정열을 태우는 인간은 아무도 없었다. 오히려 현대 자본주의의 병폐가 더 노골적으로 발 산되고 있었다.

영국 런던에 가도 사정은 마찬가지일 것이다. 어딜 가도 적막, 암흑, 권태뿐이다. 그렇다면 어디에서 새로운 도덕을 찾아야 한단 말인가. 20세 기가 그토록 찬미해 마지않는 문명이란 정신의 가난만 키우는 황금만능 의 허위 세계임을, 이상은 낯선 땅에서 뼛속 깊이 절감한다.

그 해 겨울 도쿄 거리에서 이상은 불온한 조선인으로 낙인찍혀 감방 에 갇히게 된다. 도일(渡日)하기 전부터 앓았던 폐병은 급속도로 악화되었 고, 문명의 속악성은 그의 마음에서 한 가닥 희망마저 앗아가고 있었다.

그 와중에도 그는 글을 쓰면서 돌파구를 모색하겠다는 의지를 포기 하지 않았다. 1937년 4월 17일. 채 십 년이 되지 않는 창작 기간 동안 오직 근대 문명의 실상을 파헤치기 위해 글을 썼던 이상이 죽었다. 그의 죽음은 친구 김기림의 말대로 제 육체의 마지막 조각을 갖고 제 혈관을 짜서 쓴 시대의 혈서였다.

죽기 몇 달 전 탈고한 소설 「종생기」(終生記)에서 이상은 자신의 묘지명을 작성한다. "일세의 귀재(鬼才) 이상은 그 통생(通生)의 대작 「종생기」 일편을 남기고 서력 기원후 일천구백삼십칠년 정축(丁丑) 삼월 삼일 미시(未時) 여기 백일(白日) 아래서 그 파란만장(?)의 생애를 끝막고 문득 졸하다. 향년 만 이십오 세와 십일 개월."

자신을 죽이고, 그 시체로부터 생과 예술의 본질을 투시하려 했던 자. 임박한 죽음 앞에서도 이상은 그렇게 끝까지 예리한 언어의 칼날을 거두지 않았다.

_오선민

태산보다 무거운 죽음 위해 불멸의 『사기』를 남기다

>> 역사를 창조한 역사가, 사마천

정말로 만일 이 역사서를 완성하여 이것을 명산에 비장해서 영원히 전하고, 또 이것을 사람들에게 전하여 천하의 대도시에 유포하는 일이 가능하다면, 그때야 말로 내가 받았던 치욕은 보상받는 것입니다. 그렇게 된다면, 아무리 이 몸이 여 덟으로 찢긴다 하여도 결코 후회할 일은 없을 것입니다.('친구 임안任安에게 보내 는 편지')

기원전 104년부터 기원전 90년까지 약 14년 동안 집필에 매달려, 130편 52만 6,500자에 달하는, 중국 신화시대의 황제 때부터 한나라 무제까지 의 약 3,000년의 시간을 담아낸 역사서 『사기』는 이렇듯 비장하게 탄생했 다. 한나라 무제 때의 역사가 사마천(司馬遷, ?B.C.145~?B.C.86)은 기원전 91년 친구 임안에게 편지를 보낸 이듬해인 기원전 90년에 역사서 『사기』 를 완성한다. 놀라운 점은, 『사기』 저술이 국가가 명령한 일도 아니요, 여 러 사람이 함께한 작업도 아니었다는 사실이다. 사마천은 홀로 이 어마어 마한 글자와 이 엄청난 시간의 궤적들과 싸우며 방대한 역사서를 완성했 던 것이다. 사마천은 『사기』를 저술하기 위해 태어났고, 『사기』를 완성하기 위해 살았다. 그러니 『사기』만이 사마천을 증명할 수 있는 유일한 창구다. 사마천은 어찌하여 『사기』 저술에 생애 전부를 걸었던 것인가?

사마천은 기원전 145년 중국 섬서성 한성현의 교외인 룽먼에서 태어났다. 룽먼의 유력한 지주였던 아버지 사마담(司馬談)은 '사관'(史官)의 후손이라는 자부심으로, 사관이라는 가업을 회복하기 위해 살아갔다. 사마담은 사관이 되기 위해 유가, 묵가, 음양가, 명가, 법가 등 당대에 성행하는 제자백가를 모두 섭렵할 정도로 공부에 매진했다. 사마담은 기원전 138년 사마천이 여덟 살 되던 해 마침내 태사령(太史令)이 된다. 태사령이 된 후 집안 대대로 사관의 직책을 계승하리라는 사명에 불타올라, 장남 사마천을 역사가로 키우기 위한 훈련에 돌입한다. 사마천은 열 살 때부터 고대 경전을 암송하고, 열일곱 즈음 대유학자 동중서(董仲舒)의 문하생이 되어 『춘추』 등의 역사철학을 배웠고, 20대에는 중국 천하를 주유했다. 사마천은 이렇게 역사가로 키워졌다.

역사가의 사명을 띠고 이 땅에 태어났다

사마천의 나이 36살, 아버지 사마담은 태사령으로서 한나라 최초로 황제가 태산에 제를 올리는 봉선대제(封禪大祭)를 준비했으며, 아들 사마천은 낭중으로 황제의 지방순시를 호위하는 등 승승장구하며 가문의 영광을 재현하는 중이었다. 그런데, 기구한 운명이랄까, 사마담은 이 봉선 의식에 참관할 수가 없었다. 결정적 순간에 제외되는 바람에 번민하다 그만 병이 들어 죽을 지경에 이르게 된다. 장안에서 낙양으로 아버지의 임종을 지키러 온 사마천에게 사마담은 유훈을 남긴다. "내가 죽은 뒤 너는 반드시 태사가 되어, 내가 쓰고 싶어했던 논저를 잊지 말고 이루어 주기 바란다.” 공자의 『춘추』와 같은 역사서를 쓰기를 염원했던 아버지 사마담은 이 사명을 아들에게 넘기고 그렇게 허허롭게 떠났다. 아버지의 유훈은 사마천을 예정된 역사가에서 마침내 역사가가 되게 만들었다.

태산보다 무거운 죽음을 위해 굴욕 인내

아버지가 세상을 떠난 지 3년 뒤 사마천은 마침내 태사령이 된다. 기원전 104년(42세)에 역법서 『태초력』을 내놓고 본격적으로 『사기』 저술에 돌입한다. 적어도 47살까지 사마천은 황제를 존숭하고 한나라의 영광을 예찬하며 황금빛 나날을 보내고 있었다. 인생은 한 치 앞도 내다보기 어렵다는 게 맞는 말일까. 태사령으로 황제에게 신임을 받던 사마천에게 일생일대의 비극적인 사건이 터진다.

기원전 99년 5월 무제는 대대적으로 흉노를 공격했다. 무제는 총애하던 이 부인의 오빠요, 대완(서역의 이족)을 정벌했던 이광리(李廣利) 장군에게 수만 군사를 주어 흉노 공격에 나선다. 그러나 이광리의 군사들은 전멸했고 이광리 혼자만 돌아왔다. 이후 무제는 기도위 이릉(李陵)에게 보병 5,000을 이끌고 흉노를 치게 했다. 이광리의 군사에 비하면 압도적으로 적은 5,000의 보병으로 흉노의 수만 기병을 용감하게 물리쳤으나, 결국 흉노의 군사들에게 포위당한다. 한나라 황실은 이릉이 전사하길 바랐으나 이릉은 흉노에게 투항하고 만다.

화가 난 무제는 사마천에게 의견을 물었다. 사마천은 항복은 어쩔 수 없는 상황에서 이뤄진 일이라며 이릉을 두둔했다. 상황이 불운했음을 알았던 사마천은 몸을 사리지 않고 직언을 올렸던 것이다. 무제는 황제 무고의 반역죄로 사마천을 감옥에 유폐시킨다. 1년이 지난 후, 이릉이 흉노에게 병법을 가르친다는 잘못된 보고가 들어와 무제는 또다시 격노하여, 이릉의 일가족은 몰살당하고 사마천은 사형을 선고받는다. 이때 한나라는 국고가 모자라는 상황. 50만전을 내면 사형을 면할 수 있는 법이 생겼다. 그러나 사마천은 가난했고, 사귀던 벗들은 아무도 구해 주지 않았으며, 황제의 측근 중 누구도 사마천을 옹호해 주는 이가 없었다.

49세의 사마천은 사형을 당하거나 궁형(거세형벌)을 당할 기로에 서게 된다. 이 시대, 궁형을 당하는 것보다는 죽는 게 훨씬 쉽고 떳떳한 일이었다. 그러나 사마천은 떳떳한 죽음보다는 궁형을 당하고 구차하게 목숨을 보존하는 편이 낫다고 판단했다.『사기』저술이라는 엄숙한 과업을 완수하지 않은 채 죽는 것은 "새털보다 가벼운 죽음"에 불과하다고 생각했기 때문이다. 사마천은『사기』를 완성해야 "태산보다 무거운 죽음"을 맞이할 수 있다고 여겼다. 그 때문에 사람들의 손가락질을 감수했고, 굴욕을 참아 냈으며, 구차하게 목숨을 연명할 수 있었다. 사마천은 한 글자 한 글자 죽간을 채워 나가며 분노를 풀어냈고, 한 편 한 편의 역사적 사건을 엮어 내며 삶의 의미를 확인했다. 사마천은 오직『사기』를 위해 숨을 쉬었고, 오직『사기』안에서 생의 의지를 불태웠다. 이제 사마천에게 역사 서술은 수많은 일 가운데 하나가 아니라 절대적인 일이 된 것이다.

평범한 개인의 삶도 기억하는 게 역사가

사마천에게『사기』의 저술은 전투요, 수행이었다. '백척간두 진일보'(百尺

竿頭 進一步)라는 말이 있듯, 가장 극한의 상황에서 집필해서인지 『사기』
는 그 이전에도 그 이후에도 찾아보기 어려우리만치 '독보적'이다. 이후
2,000여 년 동안 이를 뛰어넘는 역사책은 나오지 않았다.

공자는 『춘추』를 통해 역사는 정치사의 잘잘못을 가려 후세를 경계하
는 일이라고 보았다. 아버지 사마담, 스승 동중서, 사마천 본인도 그렇게
믿었다. 동아시아 역사는 『춘추』를 전범으로 삼아 국가사, 혹은 정치사를
포폄했다. 그러나 사마천은 『사기』 저술에서 이 역사관을 뛰어넘는다. 왕
조사의 기술도 중요하지만, 남다른 삶의 가치를 보여 준 평범한 개인들의
삶도 기억하는 것이 역사가의 임무라고 보았다. 사마천은 천자의 일을 기
록한 「본기」, 제후들의 일을 기록한 「세가」, 기억할 만한 개인들의 삶을 기
록한 「열전」이라는 기전체 형식을 창조하면서, 이것도 부족해 「본기」, 「세
가」, 「열전」 모두에서 사건이 아니라, 사건 속에서 사람들이 어떻게 행동
하는지, 그 사건에 어떻게 대응하는지를 보여 주었다.

암혈에 숨어 사는 은자는 그 행실이 올바르다. 그렇지만 그들이나 그들과
비슷한 사람들의 이름은 한마디 칭송도 받지 못한 채 연기처럼 허무하게 사
라져 버리고 만다. 그러니 어찌 슬프지 아니한가? 항간의 평민으로 덕행을
연마하고 명성을 세우고자 하는 사람이 청운지사(靑雲之士)에 의지하지 않
는다면 어떻게 그의 명성을 후세에 전할 수 있겠는가?(「백이 열전」)

사람들은 저마다의 신념과 가치를 가지고 고군분투하며 한 시대를
살아간다. 역사의 사건은 어떤 한 사람이 만든 게 아니라, 이런 개개인들

의 삶이 모여 만들어 낸 것이다. 그러니 인간의 삶들이 다면체인 만큼 역사도 다면체다. 그래서 누군가의 삶이 성공했는지 실패했는지, 전투가 승리했는지 실패했는지, 그 결과가 중요한 게 아니라 무엇을 위해 어떻게 살아 냈는지가 중요하다는 것이다.

역사가는 저마다 역사의 주체인 사람들을 기억하여 전하는 자라는 사실도 새롭게 깨달았다. 그래서 사마천의 역사 서술은 경계 짓기가 어렵다. 왕조사와 개인사를 넘나들고, 사실과 상상을 넘나들고, 사료와 구전설화를 넘나든다. 역사이면서 인간탐구의 서사요, 과거의 기록이면서 삶의 기술을 전하는 철학이기도 하다. 사마천은 과거를 기록한 게 아니라 역사를 창조했다!

사마천은 삶과 죽음의 경계에서 『사기』를 저술했다. 사마천은 『사기』를 집필했던 14년 동안 수많은 과거의 인물들이 살고 죽은 이유를 기록하고 전하면서 그 인물들의 원한을 풀어 주었고, 동시에 자신도 해원했다. "같은 종류의 빛은 서로가 비추어 주고, 같은 종류의 물건은 서로가 감응한다"는 믿음으로 자신의 억울함과 치욕을 알아줄, 『사기』 저술의 집념을 알아줄 또 다른 청운지사를 기다렸다. 사마천의 바람은 이루어졌다. 『사기』와 더불어 지금까지 사마천은 불멸의 존재로서 살아 있다.

_길진숙

의사 꿈꾸던 열혈청년,
'낡은 중국' 치료하고자 펜을 들다

>> 중국 현대문학의 선구자, 루쉰

1898년, 루쉰(魯迅, 1881~1936)은 난징의 강남수사학당에 들어가기 위해 고향 사오싱(紹興)을 떠났다. 집을 떠나는 장남의 손을 잡고, 루쉰의 어머니는 "방법이 없었는지 팔 원의 여비를 마련해 주시며 알아서 하라고 하셨다. 하지만 어머니는 울었다" 어머니의 울음에는, 가세가 기울어져 더이상 과거공부를 시켜주지 못하는 안타까움과 갈 곳을 찾지 못한 아들에 대한 걱정과 가여움을 담고 있었다. 사실 루쉰의 어머니가 이렇게 서럽게 운 것도 당연했다. 왜냐하면 "그 시절은 경서(經書)를 배워 과거를 치르는 것이 정도(正道)요, 소위 양무(洋務)를 공부한다는 것은 통념상 막장 인생이 서양 귀신에게 영혼을 파는 것으로 간주되어 몇 갑절의 수모와 배척을 당해야 했기"(『외침』, 「서문」) 때문이다. 1898년, 18세가 되는 해에 루쉰은 새로운 길을 찾아 그렇게 고향을 떠났다.

  루쉰의 본명은 저우수런(周樹人)으로, 저장성 사오싱에서 태어났다. 저우 집안은 그 지역에서 웬만큼 산다는 집안이었으나, 과거시험 부정을 꾀했다는 이유로 조부가 투옥됐고, 조부의 관직 외에는 생활수단이 없었던 독서인 집안은 이로부터 가세가 기울었다. 설상가상으로 병에 걸린 부친의 약값을 대느라 재산은 탕진되었다. 집안의 장남인 루쉰은 집안의 물건을 전당포에 맡기는 일, 그렇게 빌린 돈으로 한약방에 가서 부친의 약에 쓰일 희한한 약재들을 사는 일을 도맡아야 했다. 열네 살의 소년은 재산과 권세가 가시자 차갑게 돌변한 사람들의 시선에서 세상의 인정세태를 깨달았다.

루쉰에게 고향 사오싱은 자신을 얽매고 절망에 빠지게 하는 것들의 집합소나 다름없었다. 사오싱은 중국의 현재이자 미래였다. 전통적 가치에서 한 발짝도 벗어나지 못한 고향은 흡사 고인 물처럼, 현재의 도살자들로 가득했다. 루쉰이 소설가로 발을 내딛으면서 말했던 "쇠로 만든 방"은 결코 은유가 아니었던 것이다. 사방은 철로 만들어져 깨부술 수가 없다. 사람들은 질식사를 기다리듯 그 속에서 잠을 자고 있다. 루쉰은 철방에서 홀로 잠을 깬 자였다. 그는 평생에 걸쳐 철방 속 적막을 느꼈고, 그럴 때마다 사회활동에 더 매진하거나 옛 문헌을 파고들었다. 루쉰은 바로 그런 철방과 같은 고향을 떠났다. 흡사 지금까지의 자신과 결별하듯, 스스로 탯줄을 자르듯.

자신을 짓누르던 전통의 무게에서 벗어나고자 했을 때, 루쉰에게 희망으로 다가온 것은 바로 '진화론'이었다. 1901년, 루쉰은 옌푸(嚴復)의 『천연론』(天演論)을 통해서 '생존경쟁'과 '자연도태'라는 용어를 접했다. 당시 진화론은 생물학적 다위니즘을 비롯해 사회 다위니즘, 상호부조론 등이 한데 뒤섞인 채 물밀듯이 중국으로 들이닥쳤다. 변하지 않으면 망한다는 위기의식에 휩싸인 중국 지식인들은 진화론을 받아들임으로써 중국을 근대 세계와 같은 궤도에 두고, 제국주의의 침략에 저항할 수 있는 힘을 기르고자 했다. 루쉰의 세대에게 진화론은 일종의 돌파구였다.

처녀작 「광인일기」(1918)에서 루쉰은 중국 전통의 예의와 도덕의 해악에 물들지 않은 아이들에게 미래의 희망을 걸며, "아이들을 구하라"고 외쳤다. 자신과 같은 기성세대는 "인습의 무거운 짐을 지고 암흑의 수문을 어깨로 걸머질" 터이니, 아이들은 자신들을 밟고 넓고 밝은 곳으로 나아가라고 말이다. 그렇게 루쉰은 꽃을 피우기 위한 거름이 되기를 자청했다.

1902년 루쉰은 국비로 일본에 유학을 떠났다. 의화단사건(1900)에서 승리한 서구 연합국들이 청나라로부터 받은 배상금을 청나라의 해외 유학생 파견에 전용하기로 결정한 덕분이었다. 일본에 간 루쉰은 망설임 없이 의학을 공부하기로 했다. 이유는 간단했다. 더 이상 부친처럼 어리석은 처방과 치료로 사람을 죽이는 일은 없어야 한다고 생각했다. 진화론과 마찬가지로, 의학은 중국을 구해 줄 과학이라고 믿었다. 하지만 이런 확신은 이른바 '환등기사건'으로 여지없이 깨졌다.

루쉰이 의학을 공부하던 시기는, 바야흐로 일본이 러일전쟁에서 승리를 구가하고 있을 때였다. 수업 시간 틈틈이 선생들은 환등기로 영화를 틀어 주었는데, 어느 날 루쉰은 거기서 자신이 떠나온 고향 사람들을 목격했다. 당시 그가 본 환등기 필름은 러일전쟁 당시 일본군이 러시아 스파이 혐의를 받은 중국인을 처형하는 장면이었다. 처형을 기다리는 사람이 무릎을 꿇고 있고, 그 옆에 일본인 병사가 칼을 치켜들고 있다. 멍한 표정의 구경꾼들은 모두 변발이었다. 동족의 처형을 구경거리인 양 멍하니 바라보는 중국인의 사진 앞에서 루쉰은 충격에 빠졌다. 그리고 학기가 채 끝나기도 전에 의대를 그만뒀다. 의학으로 구국하겠다던 희망은 산산조각이 나고 말았다.

> 어리석고 겁약한 국민은 체격이 아무리 건장하고 우람한들 조리돌림의 재료나 구경꾼이 될 뿐이었다. 병으로 죽어 가는 인간이 많다 해도 그런 것쯤은 불행이라 할 수 없다.(『외침』, 「서문」)

이제 어떻게 할 것인가. 루쉰의 답은 "문예"였다. 어리석고 약한 국민을 치료하는 데는 신체를 고치는 의학이 아니라 정신을 고치는 의학, 즉 문예가 필요하다는 판단이었다. 펜으로 '중국인의 열근성(劣根性)'을 해부하고 치료하겠노라! 신체에 깃든 병을 분석하고 해부하고 치료하듯, 루쉰은 글을 써 내려갔다. 그에게 글쓰기는 익숙함에 안주하는 중국인들을 향한 공격에 다름 아니었다. 한 치의 위로나 연민도 없었다. 새것조차 헌것으로 만들어 버리는 중국인의 사유방식, 그것의 기초가 되는 철학, 신화, 예술, 고전 등 모든 익숙한 것에 총공격을 가했다. 전통의 해독(害毒)에서 청년들을 지키기 위해 고문은 읽지도 말라고 했을 정도였다. 이 모두가, 탁자 하나를 옮기는 데도 수많은 사람들의 피를 필요로 하는 중국의 견고한 전통과 인습으로부터 거리를 두기 위한 피나는 노력이었다.

루쉰은 우리에게 소설가로서 잘 알려져 있지만, 기실 그는 세 권의 단편소설집만을 남겼을 뿐이다. 소설 창작은 1920년대 초반에 집중되어 있고, 그 이후부터 죽을 때까지는 잡문쓰기에 치중했다. 지금의 에세이에 해당하는 잡문은 현실에 대한 풍자와 비판정신을 핵심으로 한다. 일본제국주의의 만행과 군벌들의 난립과 폭행, 국민당의 백색테러, 혁명을 팔아먹는 지식인, 현실의 권력에 굴복하면서도 정인군자(正人君子)인 체하는 하는 지식인. 루쉰의 붓끝은 그 모두를 향해 있었다. 잡문은 민중의 무지몽매함과 아Q식의 정신승리법을 비판하고, 혁명에 들뜬 청년들의 조급증을 논파하는 데도 효과적이었다. 그의 잡문은 말 그대로 시대를 향한 비수이자 투창이었다.

그러나 무엇보다도, 루쉰의 글쓰기는 자신을 부정하고 해부하는 작업이었다. 황금시대로 아이들을 넘겨주는 중간물이자 꽃을 키우기 위한 거름으로 자신을 규정한 루쉰은 새롭게 도래할 혁명의 시기에는 멸망될 운명의 존재였다. 미래 세대의 독이 되지 않기 위해서라도, 그는 자신의 신체에 새겨져 있을지 모를 중국인의 열근성에 대면해야 했다. 스스로에게 엄격했던 만큼, 루쉰은 시대의 암흑에 맞선 투쟁에서도 결코 물러서지 않았다. 그의 이러한 결연한 의지는 죽음을 앞두고 유언처럼 쓴 글에서도 잘 드러난다.

다만 열이 몹시 날 때면 유럽인들은 임종시에 흔히 남이 너그럽게 용서해줄 것을 바라며 자신도 남을 너그럽게 용서하는 의식을 지낸다는 사실이 기억날 뿐이다. 나의 적과 원수는 적지 않은데 신식 사람들이 내게 묻는다면 어떻게 대답해야 하는가? 나는 생각해 보고 나서 이렇게 결심했다. 그들에게 얼마든지 증오하게 하라. 나도 하나도 용서하지 않을 것이다.(「죽음」)

루쉰은 죽어 가면서까지도 무력으로 중국을 농단하는 제국주의자들과 군벌들, 위선적인 지식인들, 그들을 뒷받침하는 과거의 부정적인 것들을 향해 겨누던 창을 거두지 않았다. 전근대와 근대 사이에서 두 세계의 어둠을 볼 수 있었던 루쉰은 자신이 마주하고 있는 암흑의 무게를 결코 가볍게 보지 않았다. 켜켜이 쌓인 중국의 역사를 뒤집는 일, 중국인의 혈관을 흐르는 피를 바꾸는 일, 즉 혁명이 결코 쉽지 않으리라는 것을 잘 알고 있었기에, 루쉰은 죽으면서도 모든 익숙한 것들, 자신을 위로하는 것들에 속지 말라고, 투쟁하라고 외쳤다.

_최정옥

실패서 인류 구원의 길 찾은 '아웃사이더'

>> 문예 비평가, 발터 벤야민

곁눈질로 무언가를 뒤돌아보는 듯한 천사가 앙상한 날개를 펴고 막 날아오르려 한다. 발터 벤야민(Walter Benjamin, 1892~1940)은 「역사의 개념에 대하여」라는 논문에서 파울 클레의 작품 「새로운 천사」(Angelus Novus, 1920)에 '역사의 천사'라는 새로운 이름을 붙였다. 그리고 피레네 산맥에서 비극적인 자살로 48년 삶을 마감하던 1940년까지 자신의 분신처럼 소중히 간직했다. 그가 보기에, 이 천사의 이미지는 진보에 대한 열정으로 가득한 채 미래를 향해 질주하던 당시의 시대적 가치에 반기를 드는 것이었다.

그는 역사에서 '구원'은 미래가 아닌 과거에 있다고 생각했고, 파탄난 역사의 잔해에서 긍정적 가치를 끄집어 낼 수 있다고 믿었다. '현대'라는 이름으로 쌓아 올린 이 번영의 시대 이면에는 파탄난 전통의 잔해가 쌓여 가고 있었다. 이 혼란의 틈바구니 속에서 흔치 않게 기회를 쟁취한 계층이 있으니, 바로 유대인들이다. 그들은 좁은 게토(ghetto)를 박차고 나와 현대 도시의 부르주아적 삶에 무서운 속도로 적응해 갔다.

과거의 잔해로부터 구원을 이끌어 내다

벤야민의 가계는 당시에 부상하던 신흥 유대인 부르주아였다. 1892년 독일의 베를린에서 태어난 벤야민은 부르주아 가정의 질식할 것 같은 안락함 속에서 성장한다. 촘촘하게 구획된 실내의 공간 속에서 보낸 자신의 유년기를 벤야민은 '감금의 경험'으로 회상한다.

벤야민의 부친은 골동품 거래상으로 큰돈을 벌었다. 그의 집을 가득 채운 고가구와 골동품들, 이 낡은 과거의 잔해들은 벤야민에게 마법 같은 느낌을 불러일으켰다. "가장 일상적인 것 아래에 뚫려 있는 가장 깊은 갱도의 바닥에는 얼마나 무시무시한 골동품 보관소가 놓여 있는 것일까?" 벤야민은 이 폐허의 잔해더미에서 낡은 것과 새로운 것, 전통과 현재에 대해 질문했다.

1905년 튀링겐에 있는 진보적 교육기관 하우빈다 학교에 진학한 벤야민은 당시 청년운동의 지도자였던 구스타프 비네켄을 만난다. 그는 청년문화 부흥을 통해 중세의 공동체적 가치와 정신적 삶을 되살려 내려는 낭만적인 사상을 가진 사람이었다. 그 영향으로 벤야민은 요새처럼 그의 유년기를 감싸 온 부르주아 사회에 대해 비판적인 시각을 갖기 시작한다. 이 관계는 그리 오래가지 않지만, 청년운동으로 인해 각인된 기성세대와 부르주아 사회에 대한 염증은 벤야민을 전통 유대 사상으로 이끌었다.

유대교의 가르침에 따르면, 구원의 천사는 늘 파국의 상황에 섬광처럼 도래한다. 그렇기에 절망적인 상황은 소중한 것이다. "인간은 어떻게 그 절망 속에 도달하게 되었는지를 알 때, 절망 속에서도 살아갈 수 있다."

벤야민은 유대 정신이 위기에 처한 유럽 문화에 자양분이 될 수 있다고 생각했다. 그리하여 유대교의 랍비처럼 직업을 거부하고 공부에 매진하게 되는데, 당시의 대학 사회는 유대인에게 교수의 길을 허락할 만큼 개방적이지 않았다. 벤야민의 아버지 역시 무모한 길을 가려는 아들을 이해할 수 없었다. 이렇게 시작된 부자간의 갈등과 함께, 벤야민의 파란 많은 인생도 본격화된다.

대학을 졸업한 벤야민은 프리랜서 작가의 길을 간다. 그는 지식인이 프롤레타리아의 대변자일 수는 없다고 생각했다. 그에겐 지식인에게 열린 실천의 길은 글쓰기뿐이라는 확고한 믿음이 있었다. 신의 창조를 이어받아 사물의 이름을 명명하는 일을 했던 아담의 사역처럼, 작가는 글쓰기를 통해 망각된 사물들에게 목소리를 돌려주는 일을 담당해야 한다는 것. 벤야민은 이런 자신의 작업을 '구제비평'이라 명명한다. 고대의 랍비들이 성서의 경구에 기대어 주석을 다는 '주석가'였다면, 벤야민의 '비평가'는 위기의 상황에 처한 전통을 해석을 통해 '구제'하는 자였다.

비평, 과거의 전통을 구제하는 글쓰기

1920년부터 벤야민은 왕성한 저술 활동을 펼친다. 괴테, 프루스트의 작품비평을 비롯해 「번역가의 역할」, 「폭력비판을 위하여」 그리고 1924년 교수자격 논문인 「독일 비애극의 원천」까지, 전반기 그의 사상을 집약적으로 드러내고 있는 글들이 이 시기에 발표된다.

"나 스스로를 위해 설정한 목표는 독일 문학 비평의 제일인자가 되는 것이다." 그에게 비평은 시대를 초월한 문학작품의 교훈을 논하는 게 아니라 그 작품이 지금 여기에서 말해 주는 바를 끄집어내는 것이었다. 그러기 위해선 우선 작품이 가진 전통과 권위를 파괴해야 했다. 이를 위해 그가 선택한 작업 방식은 '인용구'였다. 이는 언어를 작품의 맥락으로부터 끄집어내 전통과 권위의 베일을 걷어 내고, 작품에 내재된 진리가 곧바로 드러나게 하는 방식이었다.

물론 당시에 이러한 파격적인 글쓰기가 이해받을 리 만무했다. 인용구로 이루어진 「독일 비애극의 원천」은 "단 한 줄도 이해할 수 없다"는 평을 받았다. 파국이었다. 그러나 이 파국은 구원으로 이어졌다. 이 무렵, 러시아의 혁명적 지식인 아샤 라시스와 사랑에 빠졌고, 맑시즘 및 공산주의와 접속했으며, 시인 브레히트를 만나게 된다. 그는 브레히트로부터 지식인이 어떻게 현실에 밀착하는지를 배웠다. 그 영향으로 저술된 책이 『일방통행로』다. 여기서 그는 비의적인 문체와 문헌학적 연구 태도에서 벗어나 팸플릿, 기사 등의 대중매체에 부합하는 글쓰기를 보여 주고 있다.

문학이 중요한 효과를 거둘 수 있는 것은 오직 실천과 글쓰기가 정확히 일치하는 경우뿐이다. 그러기 위해서는 포괄적 지식을 자처하는 까다로운 책보다, 공동체 안에서 영향력을 행사하기에 더 적합한 형식들, 예컨대 전단, 팸플릿, 잡지 기사, 포스터 등과 같은 형식들이 개발되어야 한다. 그와 같은 신속한 언어만이 순간포착 능력을 보여 준다.(『일방통행로』)

그러나 새로운 글쓰기를 얻는 대신 많은 것을 잃어야 했다. 물심양면으로 그를 지원해 왔던 유대인 친구 숄렘과의 관계는 소원해졌고, 이혼 소송으로 파산 직전에 이르렀으며, 아샤와의 사랑도, 차일피일 미루던 공산당 가입도 불발로 그쳤다. 신학자도, 초현실주의자도, 공산당원도 아닌 채로, 그의 삶은 어지러이 표류하고 있었다. 하지만 지독한 불운은 잦아들지 않았다.

나치의 압박이 심해지던 1933년, 그는 결국 파리로 망명길을 떠난다. 그리고 파리의 도서관에 앉아 "전쟁과 경주라도 벌이는 심정으로" 『아케이드 프로젝트』의 저술에 돌입하기 시작한다. 파국이야말로 구원의 순간이라는 여전한 믿음으로, 그는 이 책의 저술에 모든 것을 걸고 난관을 돌파하고자 했다.

인용으로 이루어진 역사서 『아케이드 프로젝트』

아케이드는 초기 자본주의를 대표하던 건축물로 당시엔 대형 백화점에 밀려나 쇠퇴일로에 있던 공간이다. 초현실주의자들이 낡은 사물을 몽타주해 작품을 만들 듯이, 벤야민은 19세기가 남긴 이 폐허의 공간을 '인용'으로 재구성하려고 한다. 넝마주이가 쓰레기를 모아 새생명을 불어넣는 작업을 수행하듯이, 그는 일상의 편린들을 수집하는 인용의 작업이 역사에 대한 구원의 계기가 된다고 믿었다.

그러나 1940년 가을, 벤야민은 스페인 국경에서 싸늘한 시체로 발견된다. 사인은 모르핀 과다복용. 프랑스를 떠나 미국으로 망명의 길을 떠나던 그는 스페인 경비병의 사소한 검문에 걸리자 스스로 목숨을 끊는다. 파리 도서관에서의 사투를 담은 원고뭉치는 친구인 바타이유의 손에 맡겨졌다. 실패와 중단으로 점철된 그의 인생을 대변하듯 이 책 『아케이드 프로젝트』는 미완의 저작으로 남았다.

벤야민은 평생 어떠한 학파에 소속된 적도, 공인된 직함을 가져 본 적도 없다. 파국과 위기의 상황을 각성의 계기로 벼려 냈던 사상가, 발터 벤야민. 실패의 대가인 그는 우리에게 실패와 중단의 미덕을 가르친다. 그가 곧잘 인용하듯이, "계속해서 나아가고 있다는 것은 그 자체가 재앙"인지도 모른다.

차라리 파국의 순간은 우리를 사로잡고 있던 꿈으로부터 깨어나게 하는 힘이다. 폭풍과 같은 휩쓸림에 중단을 고할 때 우리는 섬광처럼 드러나는 자신의 본 모습을 대면할 수 있다. 질주하는 기관차의 브레이크를 당기고 역사 속에서 '진보의 폭풍'에 떠밀려 가는 구원의 천사를 멈추어 세우기. 그 순간, 삶은 다시 시작된다.

_손영달

한번도 성공한 적 없는 '성공한' 혁명가

>> '삼민주의'의 쑨원

중국혁명의 아버지 쑨원(孫文, 1866~1925). 그가 내세웠던 '삼민주의'(三民主義) 곧 민족주의, 민권주의, 민생주의는 한마디로 말하면 '구국주의'(救國主義)이다. 삼민주의는 청 왕조를 무너뜨리고 중화민국을 건국할 수 있게 만든 혁명 정신이었고, 외세로부터 중국의 통일을 지켜 내게 만든 이념적 모토였다. 쑨원의 유훈을 받든 장제스(蔣介石)나 마오쩌둥(毛澤東) 등에 의해서 삼민주의는 재해석되고 계승되었다. 그리고 지금 쑨원은 중국과 타이완 양쪽에서 국부(國父)로 추앙받고 있다. 성공한 혁명가 쑨원. 이상이 우리가 보통 상식으로 알고 있는 쑨원이다. 하지만 놀랍게도 실제 쑨원의 삶은 이와 달랐다. 현실의 쑨원은 혁명가로 이름을 내건 이래로 단 한번도 혁명 봉기에 성공한 적이 없었다. 심지어 신해혁명을 알리는 1911년의 우창 봉기까지도. 한마디로 쑨원의 삶은 수많은 실패의 연속이었다. 여기서 생기는 의문. 무엇이 혁명 봉기에 계속 실패한 그를 성공한 혁명가의 아이콘으로 기억하게 만드는가. 쑨원에게 혁명이란 과연 무엇이었고, 그리고 지금 우리에게 쑨원은, 혁명은 또 어떤 의미인가.

직업 혁명가 쑨원의 탄생

1800년대 청나라가 외국에 문을 열어 놓고 있었던 유일한 곳 광둥성 광저우 근처 농촌의 가난한 농민의 아들로 태어난 쑨원은 외국인과 그들의 생활 및 문화에 대해서 낯을 가리지 않았다. 이 지역 출신자가 으레 그러했듯 그의 집안에도 해외에 나가서 돈을 버는 친척들이 있었던 까닭이다. 쑨원은 하와이에서 일하는 형 덕분에 근대적 교육과 기독교에 접할 수 있었다. 의학 공부를 마친 그는 서양식 의사가 되었다. 하지만 전근대적인 청나라에서 그가 할 수 있는 일은 제한되어 있었고, 중국은 점차 서구 열강들에 의해 잠식당하고 있었다.

> 대체로 중국과 조약을 맺은 나라는 모두 중국의 주인이다. 따라서 중국은 한 나라의 식민지가 아니라 여러 나라의 식민지가 되어 있고, 우리는 한 나라의 노예가 아니라 여러 나라의 노예가 되어 있다. …… 이것을 보아도 중국이 안남이나 조선보다 못하다는 것을 알 수 있다. …… 그래서 중국을 반(半)식민지라고 한 것은 잘못이다. 내가 만든 명칭에 따르자면 '차(次) 식민지'라고 불러야 한다.(「민족주의」 제2강, 1924년 2월)

1895년 전근대 시기 세계 최대 제국의 하나였던 청나라는 일본과의 전쟁에서 무참히 패배했다. 서구 열강도 아닌, 일본과의 전쟁에서 패했다는 사실에 중국은 엄청난 충격에 빠졌다. 또한 중국을 오이처럼 분할(瓜分)하려는 외세의 침략도 더 교묘해졌다. 중국의 멸망이라고 할 수 있을 정도의 위기감은 강력한 민족주의적 신념과 혁명적인 방법을 통한 해결

쪽으로 쑨원을 몰고 갔다. '만주족을 몰아내고 공화국을 건설하자.' 혁명이 그의 답이었다.

쑨원은 요동치는 정국을 틈타 혁명 봉기를 도모했다. 하지만 쑨원의 봉기는 시작도 하기 전에 청 정부의 감시와 단속에 발각됐다. 함께 거사를 도모한 동지들 중 일부는 정부군에 잡혀 처형을 당했다. 시작도 하기 전에 실패한 이 거사로 쑨원은 반체제의 길로, 직업적 혁명가의 길로 들었다. 이후 혁명은 그의 삶이 되었다.

한번은 쑨원이 해외의 지원자를 모으기 위해 영국 런던에 갔다가 런던 주재 중국공사관 관헌에게 잡힌 일이 있었다. 쑨원의 자칭 '피랍' 사건은 그의 이름을 중국보다도 해외에서 먼저 반체제 혁명가로 알리는 계기가 되었다. 쑨원은 하와이를 필두로 미국, 영국, 프랑스, 일본 등 가는 곳마다 중국혁명을 역설했다. 그들로부터 한푼 두푼 피땀이 가득 밴 후원금을 모금했다. 그리고 그는 혁명의 불길을 살리고, 청 왕조를 무너뜨리고 공화정을 수립하기 위해 항상 봉기를 일으켰다. 그것의 성공과 실패는 상관없이 그는 항상 격동하는 중국의 근현대사와 온몸으로 부딪쳤다.

혁명, 다시 한번 더

1905년 쑨원은 입헌군주제를 주장하는 보황회와 힘겨운 각축을 벌였다. 그는 혁명과 공화를 기치로 내건 단체들이 연합해 만든 중국동맹회의 지도자로 선출되었다. 당시 쑨원만큼 서구 열강을 다루는 교섭에 뛰어나고, 해외 화교 사회와 긴밀한 관련을 맺고 있다고 평가를 받은 자가 드물었던 덕분이다. 쑨원은 중국혁명에 열강들이 개입할까 항상 우려했다. 쑨원에게는 열강들의 이권 다툼 속에서 중국의 운명을 연관지어 생각할 수 있는 냉철함이 있었다. 그럼에도 불구하고 이후 쑨원이 도모했던 봉기들, 가령 광둥, 광시, 윈난 등 남서부 변방의 봉기들은 모두 실패했다. 1911년에 일으키려고 했던 거사도 마찬가지였다.

쑨원에게는 중국 국내에 어떠한 정치적·군사적·경제적 기반도 없었다. 이 때문에 쑨원을 대하는 서구 열강의 시선도 냉담해졌다. 열강들은 중국에서 자신들의 이권을 지켜 낼 수 있느냐, 쑨원에게 그럴 만한 힘이 있느냐가 중요했기 때문이다.

그래서 쑨원이 기댈 것은 이대로는 안 된다는 민중의 불만과 혁명적 열기뿐이었다. 쑨원은 자신을 대하는 서구 열강의 시선이 냉담해질수록 민중의 혁명적 열기에 의지했고, 그것을 혁명 이상으로 녹여 내는 작업에 매진했다. 삶이 계속되듯 쑨원의 혁명은 계속되었다.

1911년, 혁명 정신을 갖고 온 사나이

쑨원은 우창 봉기가 일어났다는 소식을 미국에서 신문을 통해 접했다. '열 번째 패배'에서 잠시 낙담한 뒤, 다시 활동을 재개하려고 움직이고 있던 찰나였다. 우창 봉기가 성공했다는 소식이었지만, 쑨원은 서둘러 중국으로 돌아가지 않았다. 도리어 그는 워싱턴, 런던, 파리를 경유해서 귀국하는 긴 행로를 선택했다. 긴 항해를 마치고 1911년 말 상하이에 도착한 쑨원. 사람들은 그에게 무엇을 갖고 왔느냐고 물었다. 쑨원의 답은 간단했다. '혁명 정신'을 갖고 왔노라.

쑨원이 세계를 돌고 돌아 귀국한 까닭은 바로 열강들에게 중국혁명에 개입하지 않겠다는 약속을 받기 위해서였다. 열강의 이권 다툼으로 중국이 사분오열되는 것을 막기 위해서였다. 쑨원에게 중국혁명의 성공은 외세의 중국분할 없이 전 영토를 온전하게 보존하는 형태로 공화제혁명을 달성하는 것이었다. 중국혁명의 과정에서 보여 줬던 통일된 중국에의 염원, 이것이야말로 쑨원을 중국을 낳은 아버지로 추앙받게 만든 힘이었다.

혁명이 성공한 후에 쑨원이 보여 준 행적도 중국의 통일이라는 궤적에서 벗어나지 않는다. 공화정에 맞춰 비밀결사의 구태를 벗은 동맹회는 국민당으로 거듭났다. 국민당의 대표로 선출된 쑨원은 중화민국 임시 대총통의 자리에 올랐다. 하지만 군사적인 기반이 약했던 그는 초대 대총통의 자리를, 당시 베이징을 중심으로 기반을 잡고 있던 위안스카이(袁世凱, 1859~1916)에게 양보했다. 쑨원에게서 혁명은 공화정의 수립으로 완성됐기도 했지만, 외세에 흔들리지 않는 강하고 하나된 중국이 더 중요했기 때문이다. 1912년 마침내 중화민국이 수립됐다.

그러나 혁명 정신의 완성태로 보였던 공화정은 잘 굴러가지 않았다. 선거를 통해 만들어진 임시약법은 믿었던 위안스카이 등 정치가들에게 유린당했다. 아첨, 뇌물, 협박과 살인이 횡행했다. 설상가상으로 1915년 위안스카이의 칭제(稱帝)와 군벌의 난립으로 중화민국의 기반은 흔들렸다.

실패를 받아들이는 쑨원의 방식

"또 다른 거사를 분주히 준비하고 있다. 이번에 나는 모든 일을 직접 지휘하겠다"라고 쑨원은 미국인 친구에게 쓴 편지에서 말했다. 중화민국의 성립과 더불어 역사에서 사라진 듯 보였던 쑨원. 그는 오뚝이처럼 일어났다.

국민당을 재정비하고, 혁명 세력을 결집시키고, 그들을 훈련시켰다. 삼민주의로 혁명 정신을 다잡았다. 1923년 쑨원은 마침내 광둥을 진원지로 한 통일을 위해 북벌을 선언한다. 하지만 그는 혁명의 시작점에서 그 결과를 보지 못한 채 1925년에 병으로 사망했다.

쑨원은 단 한번 성공한 1911년의 혁명에서 무참한 실패를 맛봐야 했다. 쑨원은 결과물로 주어진 현실을 견주고, 재고, 제도화하는 정치에 서툴렀으므로 새로 만들어진 공화정에서는 힘을 발휘할 수 없었던 것이다. 쑨원은 그 실패에서 혁명이 결코 공화제라는 정치체제의 수립만으로 이뤄질 수 없음을 알았다. 쑨원은 실패를 실패로 받아들이지 않았다. 여전히 혁명 정신은 유효하고, 중국은 통일을 갈망하고 있기 때문이다. 쑨원은 중국의 통일을 향한 외침, 북벌을 선언한 채 죽었다. 그는 혁명의 결과를 보지 못하고 그 길 위에서 생을 마감했다. 혁명이란 오로지 길 위에서 끝나지 않는 과정으로만 말해지지 않던가. 그래서 쑨원에게 혁명은 언제나 현재형이다. 그렇기에 언제나 지금 여기 혁명의 이름으로 그는 항상 살아 있다. 이것이 바로 '혁명가' 쑨원이 갖는 의미다.

_최정옥

'불멸의 작가'보다 '현재의 작가'이기를 소망하다

>> 실존주의 철학자, 사르트르

다행스럽게 사르트르가 있었다. 사르트르는 우리들의 외부였다. 그는 정말로 뒤 뜰에서 부는 바람이었다. 그는 우리들에게 새로이 자리잡은 질서를 견딜 수 있 는 힘을 준 유일한 수단이었다. 그는 계속해서 그런 수단이었다. 그는 하나의 모 델, 하나의 방법 혹은 하나의 전형이 아니라 약간의 신선한 공기, 바람이었다. 카 페 드 플로르에 들어서면서 그는 이상하게도 지식인들의 분위기를 바꿔 버리는 그런 지식인이었다.(『대담』, 들뢰즈)

1980년 4월 19일, 파리 몽파르나스는 인파로 넘쳐났다. 한 꼬마의 말로 회자되듯이 "사르트르의 죽음을 반대하는 시위"가 열린 것. 이 스펙터클 한 장례식 행렬 속에는 도무지 하나로 파악될 수 없는 여러 유형의 사람들 이 한데 섞여 있었다. 보기 흉하리만치 작달막한 신체, 까칠한 피부, 썩은 치아, 실명한 한쪽 눈에 콧소리 섞인 목소리를 지닌 철학자. 사르트르만 큼 세인의 관심을 받은 철학자가 또 있을까. 어떤 사건이 있을 때마다 사 람들은 그의 입을 주시했으며, 그에게 무언가를 기대했다. 그는, 베르나르

앙리 레비(Bernard-Henri Lévy)의 표현대로 "대중의 열정과 조급함의 대상"이었다.

사르트르 역시 자신에게 떨어지는 스포트라이트를 마다하지 않았다. 그는 공적 삶과 사적 삶이 분리될 수 없다고 믿었으며, 자신의 삶과 철학이 당대에든 후대에든 '투명하게' 노출되기를 바랐다. 사람들은 그런 그에게 열광했고, 또 한없이 분노했다.

사르트르의 영광과 비참

제2차 세계대전 직후인 1945년. '실존주의는 휴머니즘이다'라는 제목으로 열린 사르트르의 강연회는 강연을 듣기 위해 몰린 사람들로 아수라장이 되었다. 의자가 부서지고 고함이 난무했으며, 몇몇은 실신했다. 그들은 왜 거기 모였는가? 정작 그들 중에, 난해하기 짝이 없는 사르트르의 텍스트 『존재와 무』를, 그의 악명 높은 처녀작 『구토』를 읽은 사람은 많지 않았다. 그렇다. 당시 프랑스에서 사르트르는 하나의 '유행'이었던 것이다.

이 강연은 즉각적으로 그에 대한 오해와 비난을 야기했다. 젊은 들뢰즈와 그의 친구들은 '휴머니즘'이라는 낡은 모토에 아연실색했으며, 레비-스트로스를 위시한 일단의 '구조주의자'(미셸 푸코를 포함해서)들은 역사와 주체의 책임을 강조하는 그의 논리를 도무지 용납할 수 없었다. 그리고 사르트르 자신의 의지와 무관하게 '실존주의'라는 용어는 사르트르의 꼬리표가 되어 전 세계로 퍼져 나갔다. '사르트르'라는 이름은 대중문화처럼 삽시간에 소비되었으며, 1950년대와 60년대에 세계 각지의 민족해방 운동단체, 혁명집단, 압제당하는 소수집단들은 앞을 다퉈 그에게 도움을 요청했다. 그 중에는 '대지의 저주받은 자들'인 프란츠 파농도 있었다.

하지만 이와 동시에 그는 증오의 표적이 되었다. 그의 소설 『구토』는 세상의 모든 오물과 악취에 비유되었으며, 그의 여성 편력과 취향은 소설 속의 묘사와 비교되면서 끊임없이 가십거리가 되었고, 그의 아파트에는 두 차례에 걸쳐 폭탄이 투하되기도 했다. 좌파, 우파, 공산주의자, 반공주의자, 신, 도덕, 국가 등등 사람들은 사르트르를 거의 모든 것의 이름으로 공격하고 비난했다. 심지어 알튀세르는 이런 '사기꾼'의 입을 막으려면 채찍으로 때리는 수밖에 없다는 말을 서슴지 않았다.

이 영광과 비참 사이에 사르트르가 있다. 그는 끊임없이 인용되었으며, 그보다 더 많이 오해되었다. 사르트르라는, 한 시대의 아이콘에 대한 애정을 담아 쓴 꼼꼼하고도 깊이 있는 평전 『사르트르의 세기』(한국어판 제목은 『사르트르 평전』)의 저자 베르나르 앙리 레비는 사르트르에게 가해진 당대의 비난들, 즉 휴머니스트·역사주의자·주체주의자 등의 명명으로부터 사르트르를 구출해 내려고 한다. 사르트르는 영속적인 본질과 내면을 지닌 인간 주체를 믿기는커녕 끊임없이 '인간' 자체를 회의하고 자아를 부정했으며, 고리타분한 역사의 진보 따위가 아니라 역사 속에서 분출하고 단절하고 폭발하는 '사건들의 도래'를 기다렸다는 것이 레비의 생각이다.

사르트르의 텍스트에 대한 가치판단은 해석자의 몫이다. 다만, 한 가지 분명한 것은, 누구나 그를 비난할 수 있었지만 당대의 누구도 그의 영향으로부터 자유롭지 못했다는 사실이다. 사르트르의 '뒤틀리고 왜곡된 사유'를 비난했던 푸코도 마지막 대담에서는 자신이 그에게 진 빚을 고백했으며, 들뢰즈 역시 그러했다. "마지막 철학자는 사르트르야. 알겠나. 우리 모두는 그에게 모든 것을 빚지고 있어."

나는 현재를 위한, 현재에 의한, 현재의 작가다

20세기 철학자 중 사르트르만큼 다양한 장르에 열정적으로 참여한 지식인은 찾아보기 힘들다. 문학, 정치, 연극, 저널리즘, 비평, 방송, 샹송 작사 등 그는 글로 참여할 수 있는 거의 전 영역을 종횡무진했던, 말 그대로 '총체적 지식인'이었다. 사르트르가 지향했던 '총체적 지식인'의 이미지는 보부아르의 「이별의 의식」에 나오는 한 구절로 단번에 짐작된다.

내가 당신을 알게 되었을 때, 당신 스스로 스피노자이면서 동시에 스탕달이 되고 싶다고 이야기했지요.

스피노자와 스탕달, 냉정한 철학자와 이야기하는 사기꾼을 동시에 꿈꾸었던 철학자. 사르트르는 자기 시대를 사유하기 위해 수많은 철학자를 경유했고, 이를 자신만의 언어로 풀어내기 위해 문학을 필요로 했다. 그에게 문학과 철학은 별개의 영역이 아니라 세계에 참여하는 두 개의 동시적 글쓰기요, 존재양식이었다. 정치와 문학, 정치와 철학 역시 마찬가지였다. 때로는 지식인으로, 때로는 작가로, 그는 필요할 때마다 여러 가지 모습으로 발언하고 행동했다. 전후에 벌어진 거의 모든 시위 현장에는 사르트르, 그가 있었다. 1947년에 발표된 「문학이란 무엇인가」는 문학에 대한 이론이라기보다는 '쓴다는 행위'에 대한 현재적 질문으로 구성된 텍스트다.

쓴다는 것은 무엇인가? 왜 쓰는가? 누구를 위하여 쓰는가? 사실, 아무도 이런 물음을 스스로 제기해 본 일이 없었던 것 같다.(『문학이란 무엇인가』)

결론적으로 말하면, 사르트르의 답은 이렇다. 작가는 자기 시대에 관해 쓰고, 자기 시대를 위해 쓰며, 그럼으로써 현재의 다수에게 호소해야 한다는 것. 문학작품은 바나나와 마찬가지로, '상하기 전에' 소비되어야 한다. 문학 자체가 현재의 상황으로부터, 즉 이 시대의 비참함과 가난으로부터 비롯된 것이기 때문이다. 따라서 작가는 '후세의 영광'을 위해서가 아니라 바로 지금을 위해, 지금에 대해 말해야 한다. 이게 바로 사르트르의 그 유명한 '참여문학론'이다. 우리가 흔히 오해하듯이, 사르트르는 '문학'이라는 것이 있는데, '그것을 가지고' 현실에 참여해야 한다고 말하지 않는다. 오히려 문학 자체가 이미 '참여된' 것이라고 말한다. 사물에 이름을 부여하는 행위 자체가 이 세계에 참여하는 행위라는 것.

사르트르는 자신의 작품을 틈날 때마다 가다듬고 수정하는 그런 유의 작가가 아니었다. 작가의 임무는 걸작을 남기는 것이 아니라 현재의 대중을 도발하는 것이라는 믿음. 이 믿음하에서 그는 사유의 속도로 글을 써 내려갔고, 불멸의 작가가 되기보다는 현재에 어필하는 '공공작가'가 되기를 소망했다.

작가는 설령 그것이 가장 명예로운 방식이라 할지라도 스스로 기관화되는 것을 거부해야 합니다 …… 인간과 문화는 '기관'의 간섭 없이 존재해야 합니다. (「수상 거부를 알리는 편지」)

잘 알려진 대로 사르트르는 '기관'이 주는 일체의 상과 지위를 거부했다. 1945년에는 레지옹 도뇌르 훈장을 거부했으며, 콜레주 드 프랑스의 교수직도 거부했다. 그리고 1964년에는 노벨상 수상마저 거부한다.

그에게 노벨상을 안겨 줄 뻔했던 작품 『말』은 사르트르의 유년기를 담은 일종의 자전소설이다. 사람들은 『말』이라는 작품을 통해 사르트르가 '참여문학'이라는 유치한 망상에서 벗어나 문학의 품으로 돌아왔다고 믿었다. 하지만 그것은 사실이 아니다.

레비에 따르면, 『말』은 문학에 고하는 이별선언문이다. 문학이 세계를 치유할 수 있을 거라는 믿음이야말로 병증이었다는, 자신이 유년기부터 앓아오던 '문학'이라는 병증으로부터 이제야 벗어났다는 섬뜩한 고백. 그러니까 스웨덴 한림원은 문학에 이별을 고한 작가에게 노벨문학상을 수여하려 했던 셈이다. 희대의 아이러니!

사르트르는 끊임없이 대중의 기대에 부응하는 척하면서 대중을 배반한다. 누구도 사르트르가 어떤 사람인지 알 수 없다. 그를 사랑했던 이들도, 그를 증오했던 이들도. 한 가지 확실한 것은, 그의 삶은 그대로 그의 텍스트였다는 사실이다. 저자의 죽음이 말해지는 시대에, 사르트르는 여전히 텍스트와 삶의 일치를 꿈꿨다. 그것이 성공이었는지 실패였는지를 파악하는 건 독자의 몫이다. 그러나 분명한 건, 그가 20세기의 가장 '핫'한 현장 속에서 가장 뜨거운 글을 쓴 현재적 작가였다는 사실이다. "이 노인은 우리의 젊은이였다." 그의 장례식에 참가한 한 시민이 했다는 이 말은, 사르트르를 표현하는 최적의 찬사인 듯하다.

_채운

백락을 찾아 헤매는 천리마

>> 당나라 고문운동의 리더, 한유

세상에 백락(伯樂)이 있은 연후에 천리마가 있으니 천리마는 항상 있으나 백락은 항상 있는 것이 아니다. 그러므로 비록 준마가 있더라도 노예의 손에 모욕을 당하다 (보통 말과 함께) 마굿간에서 나란히 죽어 끝내 천리마로 일컬어지지 못한다. …… 천리마를 채찍질하되 그 도로써 하지 아니 하며 이를 먹이되 능히 그 재주를 다하게 하지 못하며, 울어도 그 뜻을 이해하지 못하면서 채찍을 들고 말에 임하여 말하되 "천하에 좋은 말이 없노라" 하니 슬프도다. 참으로 말이 없느냐, 참으로 말을 알아보는 자가 없느냐?(「잡설」雜說)

천리마, 백락을 찾아 나서다

송대의 문장가 소식(蘇軾)이 "문장으로써 8대 동안의 쇠미한 풍조를 진작시키고 도의로써 물에 빠져 허우적대는 천하를 구제했다"고 칭송했던, 당대 '고문(古文)운동'의 리더이자 송대 '신유학'(新儒學)의 계보를 논할 때 맨 앞자리에 놓이는 사상가 한유(韓愈, 768~824). 그러나 한유의 청년 시절은 곤궁하고 암울했다. 당나라 대종(代宗) 연간에 태어난 한유는 조실부모하고 형님마저 일찍 세상을 떠나 의지할 가문도 어른도 없었던, 실질적인 소년가장이었다. 집안을 일으키고 세상에 이름을 남길 방법은 과거 합격을 통한 출세밖에 없었다.

그러나 과거를 보려 해도 추천이 있어야 했고 명문가의 자제들은 특채로 임용되었다. 한유는 자존심을 내던지고 재상의 집 근처에 머물며 자신의 추천을 부탁하는 편지를 연거푸 보낸다. 하지만 그런 상황에서도 그는 한순간도 자부심을 버리지 않는다. 스스로 천리마임을 자처하고, 세상에 그 천리마를 알아주는 이가 없음을 탄식한다. 천리마는 여기 있으나 백락은 여기 없구나! 그럴진대 천리마가 스스로 백락을 찾아 나서는 수밖에 없지 않은가.

한유가 살았던 시대는 당나라가 경제·문화적으로 최고의 전성기를 누리던 성당(盛唐) 시절에서 중당(中唐)으로 넘어가던 때였다. 이 전환의 결정적 계기는 755년에 일어난 안사(安史)의 난이었다. 대규모 용병을 지휘하며 세를 키워가던 군벌의 잦은 반란으로 정치는 불안했고 유랑민이 속출했다.

당 제국은 일시에 혼란에 빠졌지만, 귀족들은 조정의 관직을 세습하면서 도교의 양생술이나 불교의 마음 수행에 빠져 백성들의 고통을 나 몰라라 했다. 도대체 세상을 걱정하고 경영하는 자는 누구인가. 이런 탄식 속에서 한유는, 마음을 다스리고 뜻을 바로 하는 것이 천하 국가를 위한 일이라는 유학의 도를 종주(宗主)로 삼아 스스로를 '유학자'로 정립한다.

당시의 사상적 조류는 불교와 도교였으며, 유학의 도는 쇠미해진 옛날의 도(古道)에 불과했다. 그렇지만 한유는 이 유학의 도야말로 백성을 구제하고 시대를 쇄신할 수 있는 무기라고 생각했다. 이런 신념하에, 어찌 할 수 없는 신분의 특권을 인간의 능동적인 배움으로 뛰어넘고자 스승 되기를 자처했다.

그는 "옛날 성인은 보통사람을 능가하는데도 스승을 찾아 물으러 다녔고 지금의 사람은 성인보다 한참 부족한데도 스승에게 배우는 것을 부끄럽게 여긴다"(「사설」師說)라고 말하며 스승과 제자로 이어지는 배움을 강조한다.

벼슬길에 나아가면 성인의 도를 실천하고, 물러나면 성인의 도를 전파하는 것이 유학자였기 때문에 제자를 키우는 것은 너무나 당연한 일이었다. 장유(長幼)와 귀천(貴賤)에 상관없이 누구든 배우면 성인의 도에 이를 수 있다는 그의 주장은 당시의 견고한 귀족주의에 대한 정면 도전이었다. 한유에게 유학은 고리타분한 '옛 학문'(古之學)이 아니라 가장 혁신적인 '현재의 학문'(今之學)이었던 것이다.

뿌리를 길러 열매 맺기를 기다리시오

새로운 사상은 새로운 글쓰기를 낳는 법. 한유가 귀족주의에 대항한 또 다른 방법은 글쓰기를 혁신하는 것이었다. 당대 글쓰기의 조류는 성당 시절의 화려함이 그대로 드러나는 변려문(駢儷文) 형식이었다.

'변'(駢)은 두 마리 말이 나란히 수레를 끈다는 뜻이고, '려'(儷)는 한 쌍의 남녀라는 뜻으로, 글을 쓸 때 글자와 성조(聲調)를 고려하여 나란하게 대구를 맞춰 쓰기 때문에 변려문이라 한다. 변려문은 한자의 아름다움을 드러내고 중국 문학의 예술성을 한껏 높이는 글쓰기였다.

그러나 미적인 아름다움만 추구하는 변려문은 당시의 어지러운 현실상을 제대로 반영하지 못하는, 귀족들의 자족적인 글쓰기가 되고 말았다. 한유는 변려문의 알맹이 없는 공허함을 비판하면서 성인의 도를 드러낼 수 있는 고문으로 문풍의 변혁을 꾀한다. 고문이란 당나라 이전 선진(先秦), 양한(兩漢) 시대의 산문적 글쓰기를 지칭한다. 한유의 주장은, 내용은 없고 화려하기만 한 지금의 글(時文)을 배척하고 누구나 읽을 줄만 알면 그 뜻을 이해할 수 있는 예전의 문장(古文)을 쓰자는 것이다.

맹자 이후로 단절된 성인의 도를 계승할 사람이 바로 자신이라고 자부하던 한유에게 고문은 옛 성인의 도가 담긴 모범적 글쓰기였다. 따라서 그의 '고문운동'은 단순한 문장의 개혁을 넘어서, 귀족주의적 세계관에 대항하는 사상투쟁의 일환이었던 것이다. 그러므로 한유의 고문운동은 중소지주층, 과거 수험생인 젊은 지식인 계층에게서 전폭적인 지지를 받을 수 있었다.

"남에게 보여 주었을 때 남이 비웃으면 나는 기뻤고, 칭찬하면 근심했다"라 할 정도로, 한유는 전력을 다해 당시의 문장과 거리를 둔다. 그 결과 한유의 문장은 전고(典故)도 없고 성운(聲韻)도 없는 기이한 것이 되었다.

한유 문장의 특징을 한 글자로 요약하면 '기'(奇)라고 할 수 있다. 이는 변려문의 인습에 얽매이지 않는, 그의 독창적 글쓰기를 압축적으로 보여 준다. 한유는 고문의 담백한 문체와 명징한 내용 전달을 본받으면서도, 시를 산문처럼 쓰기도 하고, 글자를 반복해서 리듬감을 살리는가 하면, 참신한 소재를 글쓰기의 주제로 삼는 등 자신만의 파격을 감행한다. 그가 내세웠던 '유학의 도'는, 전통과 혁신이 통일된 글쓰기 속에서 효과적으로 되살아날 수 있었던 것이다.

기존의 문장을 답습하는 것은 사유 자체를 답습하는 것이다. 언제까지 귀족적 질서에 종속되어 살 텐가. 새롭게 생각하고, 새롭게 써라! 한유의 고문운동은 자기 시대 안에서 자기 시대를 극복하고자 했던 한 지식인의 처절한 '반시대적 고찰'의 산물이었다.

마음이 편치 않으면 운다

대개 만물은 평정을 얻지 못하면 소리를 내게 된다. 초목은 소리를 내지 않지만 바람이 흔들면 소리를 내고, 물은 소리가 없지만 바람이 움직이면 운다. 만물이 뛰어 오르는 것은 무엇인가가 그것을 쳤기 때문이고 그것이 내달리는 것은 무엇인가가 그것을 막았기 때문이고 그것이 끓어오르는 것은 무엇인가가 데웠기 때문이다. 소리를 내지 않는 쇠나 돌을 무엇인가가 치면 소리를 낸다. 말에 있어서 또한 이와 같아서 사람은 부득이한 일이 있은 뒤에야 말을 하게 된다. 노래하는 것은 생각이 있어서이고 우는 것은 가슴에 품은 것이 있어서이다. 입에서 나와 소리가 되는 것은 모두 마음에 편안하지 못한 것이 있어서일 것이다(「불평즉명」不平則鳴).

한유는 평생 소리를 냈다. 청년 시절의 불우함, 유학자를 자처하며 많은 사람들과 논쟁하는 과정에서 시달렸던 비방, 두 번의 유배 생활, 생계를 위해 써 준 묘지명 때문에 무덤에 아첨했다는 불명예까지, 그야말로 "평정을 얻지 못한" 한평생이었다.

56세에는 장안의 행정과 사법을 담당하는 장관인 경조윤의 자리에까지 오르기도 했지만, 한유는 평생토록 시대의 부침 속에서 민감하고도 과감하게 "소리를 냈다(鳴)". 깊은 울림을 주는 그의 문장에 공명(共鳴)한 이들은 새로운 지식인 계층을 형성했고, 그가 내세운 '도'는 훗날 후학들이 걸어가는 길이 되었다.

백락이 없음을 한탄하던 천리마의 고성(高聲)은 지금 우리에게까지 전해진다. 우리는 천리마인가, 백락인가. 천리마가 되지 못할 바에야, 천리마를 알아보는 백락은 되어야 하지 않을까. 그러기 위해 세상 모든 소리(鳴)에 귀 기울이면서, 그 안에 담긴 '불평심'(不平心)과 공명해야 하지 않을까.

_홍숙연

지옥을 맛보고 세계를 방랑하다

>> 프랑스 천재 시인, 랭보

1854년과 1891년. 랭보(Jean Nicolas Arthur Rimbaud)의 생몰연도다. 그는 19세기 중·후반 37년 동안 살면서『지옥에서 보낸 한철』과『채색판화집』이라는 두 권의 시집을 완성했다. 수많은 상징들로 뒤덮여 여전히 열리지 않는 그의 작품들은 모두 십대 시절 쓰인 것들이다. 이 시인은 스무살 이른 나이에 절필을 하고 문학계를 떠나 버렸다. 그때 이후로 그의 수많은 독자들은 그를 '천재 시인', '조숙한 반항아', '저주받은 시인', '타고난 방랑자'라 부른다.

시인들의 시대

1870년, 16세가 된 랭보의 프랑스어 처녀작「고아들의 새해 선물」이『모두를 위한 잡지』에 게재되었으니 역시 천재다운 첫 출현이다. 굳이 '프랑스어 처녀작'이라고 말하는 이유는 '라틴어 처녀작'이 이미 세상에 나왔기 때문이다.

  일곱 살에 학교에 입학한 이래 랭보는 수석을 놓치지 않았는데, 특히 라틴어 수업에서 단연 독보적이었다. 그는 이 수업을 통해 논리, 수사법 그리고 시를 배울 수 있었다. 그는 라틴어 시를 해체한 뒤 다시 복원하고 패러디하면서 놀이하듯 시를 배워 나갔다.

랭보의 시가 잡지에 게재된 해, 프랑스는 프로이센에 선전포고를 했다. 보불전쟁의 서막이었다. 랭보의 관심은 즉각적으로 여기에 집중된다. 랭보는 나폴레옹 3세와 그 숭배자들을 단순무식한 민족주의자들이라며 혐오했고, 그들의 전쟁 선동에 분노했다. 그 분노를 드러내는 길이 곧 시 쓰기였다. 랭보의 문학적 스승 중 하나였던 빅토르 위고가 그런 것처럼. 랭보에게는 위고가 문학을 통해 민중의 지도자 역할을 하는 듯 보였다.

"저는 말합니다. 견자(見者)여야 한다. 견자가 되어야 한다고." 1871년 5월, 한 편의 짧은 시와 같았던 파리코뮌에 대한 열정이 사그라질 즈음 랭보는 시인 폴 드메니에게 편지를 보냈다. 견자란 보는 자이고, 예언자다. 미래로부터 온 메시지를 사람들에게 전하는 게 그의 몫이다. 그러기 위해서는 제 시대를 통찰할 수 있어야 한다. 랭보는 시 쓰기란 타인들의 고통에 함께 괴로워하고, 현실에 대해 함께 분노할 수 있는 언어를 만드는 행위라 보았다. 그는 부르주아 이데올로기, 민족주의, 기독교 등을 조소하기 시작했다.

어린 시인이 보기에 프랑스는 지극히 형편없었으나 그래도 희망은 있었다. 위고를 포함해 탁월한 시인들이 많았으므로. 랭보는 『현대 고답 시집』을 통해 소위 '고답파'로 분류되는 시인들의 세계와 만날 수 있었다. 샤를 보들레르, 스테판 말라르메, 폴 베를렌 등이 그들이다.

특히 그는 낭만주의에서 시작했으나 그것의 부조리함을 깨닫고 뛰쳐

나온 보들레르에게 크게 경도되었다. 취기와 도시 산책을 통해 현대성을 질문하는 보들레르의 작품들은 모호하고 신비롭게 절망과 죄, 욕망을 그려 냈다. 더 이상 작가의 이성이나 사상이 문제가 아니었다.

문제는 이미지다! 고전적 형식에서 벗어난 이 시인은 현대시를 열어 젖힌 가장 중요한 작가로 기록된다. 보들레르가 그랬듯 랭보 역시 시를 위해, 그리고 시 속에서 기꺼이 타락에 빠져들었다.

> 저는 지금 최대한 타락한 생활을 하고 있습니다. 왜냐고요? 저는 시인이고 싶고, 또 견자가 되려고 노력하고 있습니다. …… 모든 감각의 착란을 통해 미지에 도달하는 것이 문제입니다. 고통이 극심합니다.(이장바르에게 보낸 편지 중)

지옥은 어디 있는가?

아! 다시 삶으로 떠오르기! 우리의 추한 모습에 눈길을 던지기! 그리고 이 독, 정말로 저주받을 이 입맞춤! 나의 연약함, 세계의 잔혹함! 맙소사, 불쌍히 여기시오, 날 숨겨 주오, 나는 너무 행실이 나쁩니다!(「지옥의 밤」)

그의 '타락'이 가장 두드러지게 드러난 것은 단연 베를렌과의 행보에서였다. 랭보는 고답파의 또 다른 시인 베를렌에게 자기 시를 써 보냈고, 1871년 9월 드디어 베를렌의 초대로 파리에서 그를 만난다. 알려진 대로 이후 두 사람은 국경을 넘나들며 사랑을 나눴다. 설마 두 예술가가 만나 한 짓이 고작 압생트와 해시시에 취해 벌거벗고 뒹구는 것뿐이었으랴. 당시 랭보가 바지런히 작업한 시들에는 그들 연애 관계에 도사린 폭력성, 우울한 랭보의 성정 등이 검은 피처럼 스며들었다. 3년여에 걸친 둘의 연애는 어느 날 베를렌이 랭보의 손에 쏘아 박은 권총 탄환으로 끝났다. 베를렌은 감옥에 처박혔고 랭보는 그로부터 달아났다. 고향집에서 랭보가 몰두한 것은 역시나 시를 쓰고 고치고 때론 과감히 폐기해 버리는 것뿐이었다. 이때 탄생된 9편의 작품들이 시집 『지옥에서 보낸 한철』을 이룬다.

전체를 여는 「서시」, 자기 삶의 연대를 담은 「나쁜 혈통」, 환각 기록 「지옥의 밤」과 「헛소리 1, 2」, 서구 문명과 기독교에 대한 증오를 담은 「불가능」, 탈출을 꿈꾸는 「섬광」, 지옥의 밤이 끝났다고 외치는 「아침」, 방황과 고통의 여정을 끝마치는 「이별」 등이다. 『지옥에서 보낸 한철』은 그 전체가 하나의 구조를 이루는 시로서 완성된다.

랭보는 베를렌과의 나날들을 지옥으로 여겼을까? 그럴 수도 있다. 둘이 함께 경험한 쾌락과 혐오감, 도취와 불안은 떠나고 싶지 않지만 견딜 수도 없는 지옥 풍경을 만들어 냈다. 랭보는 그 시간이 준 독을 그다운 방법으로 치료하고자 했다. 즉, 그는 시 안에서 지옥에 들어갔고, 고통과 황홀함을 겪은 뒤 다시 기어 나왔다.

그러나 그 시들을 한낱 일기장으로 치부할 수는 없다. 랭보가 춤추는 마녀와 울부짖는 관자놀이를 노래할 때, 그것은 자신의 어두움을 되는 대로 배설해 내려는 게 아니었다. 그는 장기를 최대한 발휘해 단어 하나하나를 신중하게 고르고 배치했다. 마치 그 단어들이 구원을 위한 디딤돌이 된다고 믿는다는 듯이. 그리하여 풍부한 상징과 기괴한 이미지, 낯선 언어적 결합으로 살아 있는 거대 요새가 된 그의 지옥은 모호하면서 보편적인 메시지를 형성하는 데 성공했다. 그것은 읽는 이에 따라 진정한 신을 갈구하는 이교도의 절규가 되기도 하고, 서구인에게 으르렁거리는 흑인의 외침이 되기도 한다. 랭보의 언어는 가장 나쁜 피가 되었다. 기독교의 피가 아니라 이교도의 피, 백인의 피가 아니라 흑인의 피, 시대에 가장 위협적이고 권력이 가장 혐오하는 피.

> 나는 짐승이다. 흑인이다. 그러나 구원받을 수 있다. 당신들은 가짜 흑인, 당신들은 미치광이, 무자비하고 탐욕스럽다.(「나쁜 혈통」 중)

절필, 그후

랭보는 훗날 『채색판화집』으로 출판될 원고더미를 갓 출감한 베를렌에게 맡겼다. 그리곤 돌연 시를 멈췄다. 1875년, 그는 스무 살이었다. 이때부터 그는 침묵했다. 이후 17년을 더 사는 동안 그는 한번도 시를 쓰지 않은 것 같다. 그렇다면 남은 반생 동안 무엇을 했을까? 놀랍지만 장사다. 아프리카로 건너간 그는 커피 중개 회사에서 근무하기도 했고, 총기 매매도 했다. 그는 관절염 때문에 고통스러워하면서도 쉬지 않고 걸었다. 그 때문에 오른쪽 다리는 끝내 절단해야 했으며, 이후 병세가 악화되어 사망했다.

베를렌이 랭보에게 지어 준 별명은 '바람 구두를 신은 사내'였다. 그 별명답게 랭보는 어린 시절부터 방랑자 기질이 농후했다. 고향에서는 틈만 나면 친구와 함께 산과 들을 몇 시간이고 쏘다녔고, 몇 번이나 가출해 파리에 상경했으며, 베를렌과의 연애 중에는 수시로 국경을 넘어 다녔다. 그뿐 아니다. 엄격한 운율로 엮인 시에서 산문으로, 베르길리우스의 라틴어 시에서 위고의 낭만주의와 보들레르의 현대시로, 스승 이장바르를 지나 연인 베를렌에게로, 그는 월경(越境)에 월경을 거듭했다

드메니에게 랭보는 "'나'란 하나의 타자(他者)입니다"라고 썼다. 어쩌면 우리는 랭보의 삶 자체를 타자들로 변신하는 과정으로 볼 수도 있을 것이다. 랭보는 움직이지 않고는 배길 수 없는 사람이었다. 그래서 나비, 고양이, 원숭이들처럼 팔랑거리며 일생을 쏘다녔다. 말은 잘 때도 서서 잔다. 녀석이 바닥에 앉는 것은 죽음이 임박했을 때뿐이다.

말도 않고, 생각도 않으리. 그러나 한없는 사랑은 내 넋 속에 피어오르리니, 나는 가리라, 멀리, 저 멀리, 보헤미안처럼, 계집애 데려가듯 행복하게, 자연 속으로 (「감각」)

_수경

농민에 의한 중국식 사회주의 실천한 현장의 혁명가

>> 중국식 사회주의의 아이콘, 마오쩌둥

1966년 마오쩌둥(毛澤東, 1893~1976)이 천안문 광장을 가득 채운 홍위병들을 사열하는 순간 문화혁명은 중국 전역으로 퍼졌다. 그리고 10년 동안 중국은 상처로 얼룩져 갔다. 1976년 마오의 죽음과 함께 문화대혁명은 종결되었고, '마오'라는 아우라에 지배되던 중국 현대사도 일단락됐다. 마오는 중국공산당 창립(1921) 멤버 13인 중 한 사람으로, 혁명의 씨앗을 뿌린 '대장정'(1934)을 이끌었던 홍군의 일인이었다. 아울러 국공합작을 이끌어 중일전쟁(1937)에서 승리하고, 1949년 10월에는 중화인민민주주의 공화국 성립을 선포하는 천안문 광장에 섰다. 신중국 성립 이후 많은 지식인들에게 깊은 상흔을 남긴, '내란' 문혁 때도 마오는 홍위병 곁에 있었다. 『마오쩌둥 어록』은 홍위병들의 성경이었다. 이렇듯 중국 현대사는 마오의 족적을 빼고는 아무것도 말할 수 없을 정도다. 마오가 걸어간 길은 곧 중국 혁명이 걸어간 길이다. 그렇기에 지금도 마오에 대한 역사적 평가와 인민들의 평가는 양가(兩價)적일 수밖에 없다. 마오에 대한 평가는 바로 중국 인민인 '나', '우리'에 대한 평가일 수밖에 없기 때문이다.

혁명은 현실에 대한 '나'의 저항에서 시작

마오쩌둥은 후난성 샹탄현(湘潭縣) 출신으로, 소작농에서 자수성가하여 중농이 된 집안의 장남으로 태어났다. 배를 곯지는 않았지만 어려서부터 머슴과 마찬가지로 호되게 어른 몫의 일을 해야 했다고 한다. 마오의 어린 시절 학업은 3년 정도의 서당 공부가 전부이다. 부친이 수를 셈하고 장부를 정리할 정도의 지력만 키우고, 소송에 대처할 수 있는 고문만 배울 것을 원했기 때문이다.

어린 시절과 관련해서 마오는 자신이 저질렀던(?) 두 가지 일을 자랑스레 이야기하곤 했다. 하나는 권위적이고 위압적인 서당 훈장에게 저항하여 수업을 거부하고 땡땡이쳤던 일이고, 다른 하나는 경제력과 힘으로 가족을 억누르는 부친에게 목숨을 걸고 대들면서 반항했던 일이다. 어찌 보면 평범한 경험이라고 할 수 있지만, 마오는 그 사건들을 의미 있는 것으로 기억했다.

> 공개적인 반항으로 나의 권리를 지키려고 할 때면 아버지가 누그러지고, 내가 온순하게 복종하는 태도를 보일 때는 그가 오로지 욕만 하면서 때린다는 사실을 알았다.(『마오쩌둥 자서전』, 한국어판 제목은 『모택동 자서전』)

마오는 경험을 통해 약자가 자신의 목소리를 내기 위해서는 '저항'하지 않으면 안 된다는 것을 체득했다. 혁명이란 다른 누구로부터 선물로 주어지는 것이 아니라, 자신의 저항을 통해서만 획득된다는 것. 그것은 중국 인민 전체에게 적용되는 문제였다.

마오는 신해혁명을 창사(長沙)에서 맞았다. 하지만 신해혁명의 성공 이면에서 혁명의 '덧없음'을 경험했다. 그는 빈자와 피억압자의 이익을 대변하는 후난의 혁명가들이 상인, 학자, 부르주아지 및 돌아선 군중에 의해 살해당하는 현장을 보게 된다.

혁명이 반혁명으로 변질되던 1910년대에 베이징의 한 처량한 회관에서 탁본을 베껴 쓰면서 적막감을 토로했던 루쉰처럼 마오도 학교로, 도서관으로 돌아갔다. 몇 해 동안 점심시간을 제외한 나머지 시간을 도서관에서 서구와 중국의 근대 지식을 흡수하는 데 쏟았을 정도다. 그러다 5·4운동(1919)이 일어날 즈음 마오는 베이징도서관 사서의 조수로 일하면서 맑스주의와 접하게 된다.

오랜 적막 뒤 마오가 깨달은 것은 노동자와 농민에게 혁명을 수행하도록 강요하는 것은 불가능하다는 사실이었다. 인민 스스로가 자신을 해방하고 혁명의 주체가 되는 것, 그것이 혁명이다. 그렇다면 이런 상황에서 혁명가의 임무란 무엇인가. 공산당원은 어디에 서야 하는가. 인민을 계몽하거나 그들에게 혁명의 열매를 시혜하는 것이 아니라 그들이 스스로 혁명의 주체로 서게끔 실마리를 풀어 주고, 옆에서 뒤에서 그들을 돕는 것, 그게 혁명가의 임무였다.

'인민에 의한' 혁명을 꿈꾸다

"지식을 얻으려면 현실을 변혁하는 실천에 참여하라"(『실천론』, 1937)는 말대로 마오는 혁명에 관한 지식과 이론을 현실의 농민들에게서 '몸으로' 배웠다. 그에게 '몸으로'는 결코 은유가 아니었다.

학창 시절에는 '신체단련'이라는 명목으로 한겨울에 들판을 누비거나 산을 오르내리는가 하면, 남중국 일대를 무전여행하기도 했다. 걸어 다니면서 가난한 농촌의 현실을 직접 보고 들을 기회를 가졌음은 물론이다. 게다가 중농 출신인 마오는 스스로를 인민의 '지도자'로 자처하는 지식인들과는 달랐다. 마오는 '인민을 위한' 혁명이 아닌, '인민에 의한' 혁명을 꿈꿨다. 그리고 스스로를 그 '인민'이라고 생각했다. 마오는 소련의 사회주의 이론이나 강령에 중국 현실 꿰맞추기를 거부하고, 혁명의 현장에 대한 정확한 장악과 실제적인 조직화 사업을 통해 '중국적 사회주의 이론'을 정립했다.

그는 먼저 농촌 근거지를 만들고 농민운동을 조직화하는 일에 참여했다. 그 경험의 결과물이 「후난성 농민운동 시찰보고서」(1926)이다. 여기서 마오는 농민의 실생활을 직접 조사하고, 농촌에서의 혁명 가능성을 객관적인 자료로 보여 줬다. 농촌 경제의 모순과 농민의 계급 분화 및 갈등은 혁명의 도화선이 되기에 충분해 보였다.

이런 판단하에 그는 소유 토지 면적이나 높은 이자율뿐만 아니라 돼지기름, 소금, 석유, 차, 종자, 비료, 장작, 가축, 농기구 유지 비용까지 자세히 분류한 후, 그 소유 정도에 맞춰 농민계급을 보다 세분화했다. 이런 실천적 분석을 통해 마오는 농민을 중심으로 하는 중국 혁명을 구상해 냈는데, 이것이 바로 '중국식 사회주의'의 탄생이었다.

몇 차례 계속된 국민당의 포위공격을 피해 장시성(江西省) 징강산(井岡山)에서 활동하던 공산당원들은 근거지를 버리고 '도주의 길'을 떠났다. 그러나 도망으로 시작한 '대장정'은 승리로 귀결되었다. 1년 동안 공산당은 18개의 산맥을 넘고(그 중 5개의 산은 만년설로 덮여 있었다), 24개의 강을 건넜으며, 12개의 성을 통과했다.

또 62개의 마을과 도시를 점령했으며, 전투를 치르고 돌파한 지방 군벌의 포위망이 무려 10개에 달했다. 지나가는 곳마다 대중 집회를 열어 노예를 해방하고 토지개혁을 실시했다. 이 초인적인 고난의 행군을 가능하게 했던 규율은 가난한 농민들로부터는 어떤 것도 빼앗지 않는다는 것, 지주들에게 몰수한 재산은 소비에트 정부에 전달해서 처분한다는 것, 농민들과의 모든 거래는 정직하고 예의 바르고 정중하게 한다는 것 등이었다.

지도자라고 해서 특별대우를 받는다거나 하는 일은 아예 없었다. 마오는 이들과 똑같이 자기 '몸으로' 산을 넘고 강을 건넜다. 대장정을 마치고 산시(陝西) 지역에 마련된 근거지에서 마오가 다른 홍군에 비해 특별대우를 받은 것이 있다면 모기장 정도였다고 한다.

주어는 '나'가 아니라 '우리'다

1938년 미국 언론인 에드가 스노는 대장정을 마친 공산당의 근거지를 찾아가 직접 보고 들은 중국공산당의 실체와 역사를 담은 『중국의 붉은 별』을 출간했다. 여기에는 마오를 비롯한 공산당원들의 자전적 이야기가 포함돼 있다.

스노는 마오의 회고담을 들으면서 역사적 사건들 속에서 마오가 행한 역할은 선명하지만, 역설적이게도 개인적인 마오의 모습은 찾을 수 없었다는 점을 의아해했다. 어느 순간부터 마오의 진술에서 사용되는 주어는 더 이상 '나'가 아니라 '우리'였기 때문이다.

어느 혁명가가 혁명이 진행되는 과정에 자신의 모든 것을 잃지 않았겠는가마는 마오는 자신을 온전하게 인민 속으로 던졌다. 때문에 역사적 현장에서 마오는 비인칭으로 존재했다.

자신의 이름을 잊고 혁명의 흐름에 몸을 던지면서 인민과 함께 걸어간 혁명의 동반자 마오의 혁명은 실패였을까 성공이었을까. 한마디로 단언하기는 어렵다. 하지만 성공이든 실패든, 그것을 내 삶의 지침으로, 나의 앎으로 만들기 위해서는 그 변혁의 순간에 자신을 던져야 한다는 것, 그것이 마오의 삶이 일관되게 보여 주는 메시지다.

마오는 어떤 일이든 자신을 온전히 그 현장에 넣지 못하면, 몸으로 전력으로 저항하지 않으면 어떠한 열매도 얻지 못할 것이라고 말한다. 때문에 마오쩌둥이 중국 현대사의 선봉에 선 카리스마 넘치는 정치가였음은 분명하지만, 그에게는 정치가라는 이름보다 혁명의 순간에 자신을 내던져 자신을 산 혁명가라는 이름이 더 어울린다.

_최정옥

사랑을 위해 노래하고 사랑을 위해 싸우다

>> 사랑의 달인, 파블로 네루다

그러니까 그 나이였어…

시가 나를 찾아왔어(「시」일부)

시인의 영원한 근원, 사랑

칠레 출신의 세계적인 시인 파블로 네루다(Pablo Neruda, 1904~1973). 열 살의 네루다는 사랑하는 새어머니를 위해, 뭔지도 모르면서 운율 있는 편지를 써 내려갔다. 그리고 열네 살, 그는 잡지 『달려라 ─ 날아라』에 시들을 게재하고, 이듬해에는 백일장에서 두 차례 수상한다. 열아홉, 네루다는 드디어 첫 시집 『황혼 일기』를, 이듬해에 출세작 『스무 편의 사랑의 시와 한 편의 절망의 노래』를 출판했다. 이 모든 건 두 뮤즈, 자연과 여성 덕분이다.

> 사랑과 자연은 아주 어렸을 때부터 내 시의 근원이다.
>
> (『사랑하고 노래하고 투쟁하다』)

자연에 둘러싸여 보낸 유년기, 그리고 수많은 여성들 사이를 전전하며 보헤미안처럼 살았던 그의 삶은, 시에서 통합되어 생생하고 뜨거운 형상이 된다. 요컨대 네루다는 자연과 여성을 통해 숨 쉬듯 자연스럽게 시를 쓰기 시작했다. 그는 샘솟는 사랑을 고스란히 다른 이들에게 전했다. 그런 의미에서 그의 모든 시는 일종의 연애편지다. 그 시를 통해 촉발받지 않을 수신자는 없었다. 20세기 칠레의 사랑은 이 한 명의 시인에 의해 불붙어 활활 타올랐다.

1936년은 네루다의 생에 있어 일종의 변곡점이다. 자연에 대한 찬탄과 더불어 사랑, 외로움, 우울 등을 노래하던 네루다는 이 시기『가슴 속의 스페인』을 집필하기 시작한다. 그리고 이듬해 '반파시즘 세계작가 대회'를 조직하고, 잡지『세계시인들은 스페인 민중을 지지한다』를 발간하며, 반파시즘 예술가와 지성인 단체 '문화 수호를 위한 칠레 지식인동맹'을 창설한다. 대체 1936년, 그에게 무슨 일이 있었던 걸까?

이를 이야기하기 위해서는 2년 전인 1934년으로 가야 한다. 이 해에 그는 두 명의 운명적 상대를 만난다. 스페인 출신의 시인 로르카, 그리고 아르헨티나 출신의 여성 델리아. 첫번째 부인과 결혼 생활 중이었지만, 네루다는 스무 살 연상에 지적이고 아름다운 델리아로부터 헤어날 수 없었다. 그의 지인들은 훗날 네루다가 공산당원이 된 것도 전투적 공산주의자였던 델리아의 영향이 컸다고 회고한다. 또 한 명의 운명적 인물 로르카와는 시, 정치, 그리고 시답잖은 농담을 함께 나누며 그야말로 '절친'이 된다. 그러나 1936년 스페인내전에서 파시즘 진영에 의해 로르카는 총살당하고 만다.

스페인에서 전쟁이 발발하기 전에 작가들을 알고 지냈는데 한두 사람을 제외하고는 모두 공화파였습니다. 그리고 나에게 공화국은 스페인에서 문화, 문학, 예술의 부활을 의미했지요. 페데리코 가르시아 로르카는 여러 세기에 걸친 스페인 역사에서 가장 폭발적인 시 세대의 표현입니다. 따라서 이 모든 이들의 육체적 파괴는 나에게 한 편의 드라마였지요. 내 삶의 한 부분이 통째로 마드리드에서 끝났어요.(애덤 펜스타인,『파블로 네루다』, 한국어판 제목은『빠블로 네루다』)

광장으로 나가다

네루다의 「첫번째 프롤레타리아 시」는 이로 인해 탄생한다. 시는 사건 당일로부터 두 달 후 잡지에 실렸고, 훗날 스페인내전 희생자들에게 바치는 시집 『가슴속의 스페인』에 수록된다. 그해 가을, 네루다는 정치 집회에서도 이 시를 낭송한다.

이 시기에 이르러 네루다는 군중이 밀집한 광장으로 나간다. 바야흐로 '광장의 시인'의 시간이 열린 것이다. "대낮에 광장에서 읽는 시가 되어야 한다. 책이란 숱한 사람들의 손길에 닿고 닳아 너덜너덜해져야 한다." 그는 짐작만 하던 독자들의 얼굴을 드디어 마주본다. 그의 이름이 불리자 모자를 벗는 청중들, 그의 시를 들으며 눈물 글썽이는 노동자, 그의 시를 함께 외우는 학생.

햇볕이 이글거리는 대낮에 힘겨운 노동으로 얼굴이 상하고 먼지 때문에 두 눈이 벌겋게 충혈된 광부가 흡사 지옥에서 올라온 사람처럼 로타 탄광의 갱

도에서 나오더니 나를 보자마자 대번에 투박한 손을 내밀고 눈동자를 반짝
거리며 '오래전부터 당신을 알고 있었습니다'라고 말하는 그런 묵직한 순간
이 바로 내가 받은 상이다.(『사랑하고 노래하고 투쟁하다』)

라틴아메리카에는 수천만 문맹자들이 두 차례 존재했다. 이는 현실적
으로는 불행이지만 시인의 입장에선 행운일 수 있었다. 네루다는 자기에
게 독자를 창조할 임무가 있다고 여겼다. 그의 연애편지는 이제 민중을 향
해 쓰이기 시작한다. 자신을 바라보는 천만 개의 검은 눈동자 앞에서 시를
낭송하는 네루다의 모습이 눈에 선하지 않은가. 듣도 보도 못했지만 강하
게 마음을 때리는 낯선 언어는 광산 노동자들을 네루다의 독자로 변모시
키기에 충분했으리라.

내가 연애시를 쓰고 있을 때 말야, ……
그때 그들은 나한테 말했어 : "당신 참 굉장하군요, 테오크리투스!"
…… 다른 사람들이 어떻게 사나 보려고
광산의 갱 속으로 다녔지.
그리고 내가 나왔을 때, 내 손은 쓰레기와 슬픔으로 얼룩져 있었고,
나는 손을 들어 그걸 장군들한테 보여 주며
말했지 : "나는 이 죄악의 일부가 아니오."
그들은 기침을 하기 시작했고, 역겹다는 표정을 지었고, 인사도 하지 않았고,
나를 테오크리투스라고 부르는 것도 그만두었고, 결국 나를 모욕하기에 이
르렀으며

전 경찰력으로 하여금 나를 체포하도록 했는데

왜냐하면 내가 주로 형이상학적 주제에 매달리는 걸 계속하지 않았기 때문

이야

(「카라카스에 있는 미겔 오테로 실바한테 보내는 편지」)

나는 고발한다

네루다는 요주의 인물이 되었으며, 스스로 그 사실을 자랑스럽게 여겼다. 그는 정부의 심기를 건드리고, 체제를 불안하게 할 수 있었다, 무엇도 아닌 시를 통해. 그의 시는 사람들을 긴장하게 하고, 깊이 생각하도록 만들었다.

1945년 3월, 네루다는 광산 노동자들의 지역 타라파카-안트파가스타의 상원의원으로 당선된다. 이 또한 그의 큰 자랑거리였다. 그는 노동자들의 표를 받았고, 이는 그들의 형제로 받아들여진 것이기 때문이다. 같은 해 7월에는 드디어 칠레공산당에 가입한다. 물론 이때도 시 쓰기는 중단되지 않았다. 그는 9월부터 『마추픽추 산정』의 집필을 시작했고, 1947년에는 '지상의 거처' 제3권을 출간했으며, 그 외에도 강연문이나 칼럼 등을 써 댔다. 매일 일정 시간 글을 쓰고 읽는 것은 도망자 생활에서도 포기되지 않았다.

1948년 1월, 상원 연설에서 그가 강경하게 날린 정부 비판은 다음 달 '국가원수 모독죄'라는 죄명으로 발급된 체포영장으로 돌아왔다. 네루다의 망명 생활은 이때부터 3년에 걸쳐 지속된다. 사람들은 기꺼이 그를 숨겨 주고, 먹을 것을 주고, 재워 주고, 차를 태워 주었다. 이 시기 그의 시는

점점 더 어두워졌고, 때론 분노 때문에 시로서 덜 익은 듯 보이기도 했다. 그러나 '바로 그 시'였기에 동시대 사람들은 울었다. 그들은 네루다가 자신들의 이야기를 하고 있다는 것을 마음으로 알 수 있었다.

연애편지 쓰는 네루다와 혁명시인이자 공산당원인 네루다는 멀리 떨어져 있지 않다. 소재가 무엇이건 그가 지향하는 바는 명확하다. 그는 노벨문학상을 수상하던 해인 1971년, 초로의 노인이 되어서도 우리의 가능성은 사랑에 있다고 서슴없이 말했다. 사랑을 막는 사회, 서로 간 소외와 고립을 낳는 관계는 그의 주적(主敵)이다.

『1844년 경제학·철학 초고』에서 맑스는 우리가 자본주의 사회 안에 있는 한, 사물과 인간 사이의 소외는 피할 수 없는 귀결이라고 썼다. 맑스에게 있어 혁명이란 다양한 관계를 개발하는 과정 그 자체였다. 그러한 면에서 네루다의 모든 시들은 맑스의 혁명론과 근거리에 있다. 사랑이라는 키워드는 그로 하여금 "떨어진 밤(栗)을 기리"며, 언덕 같고 이끼 같은 여자를 그리며 노래하게 했다. 네루다가 시에서 던진 빛을 통해 우리 주위의 평범한 사물은 우리와 새로운 관계를 맺었고, 그만큼 세계는 확장될 수 있었다.

정치적 혼란기 속에서도 시인의 사랑은 지속된다. 오히려 그의 사랑은 다른 존재들의 고통에 대한 공감으로 확장되었다. 어린 학생과 노동자들이 총탄과 고문으로 죽어 가고, 전 세계에 파시즘이 들끓는 혼돈기. 그러니 이를 고발하지 않는 시를 쓰기란 불가능했다. 이제 네루다는 소로코의 봉기자들, 죽은 의용병, 학살당한 사람들을 노래한다. 그 시 안에서는 공감을 통해서만 가능한 무한한 배턴 터치가 이뤄진다. 죽은 혁명가, 네루다 자신, 그리고 독자. 그의 공감, 그것이야말로 곧 사랑이고 혁명이고 시다. 삶은 이런 식으로 무한히 계속된다.

아픔보다 넓은 공간은 없다
피를 흘리는 아픔에 견줄 만한 우주도 없다
(「점_點 전문)

_수경

자본주의가 잉태한 괴물, 칼 맑스

>> 프롤레타리아의 편에 선 부르주아, 칼 맑스

지배계급들로 하여금 공산주의 혁명 앞에 전율케 하라. 프롤레타리아들은 공산주의 혁명 속에서 족쇄 이외에 아무것도 잃을 것이 없다. 그들에게는 얻어야 할 세계가 있다. 만국의 프롤레타리아여, 단결하라!(「공산당선언」)

역사학자 에릭 홉스봄의 말대로 "탁월하고 폭발적인 창의력이 써 내려간, 정치적 입장을 초월해 마치 스스로 불후의 명언이 되어 버린 것 같은 간결한" 저 문장을 읽으며 수많은 사람들이 전율했던 적이 있었다. 두려움 또는 희망의 이름, 칼 맑스(Karl Marx, 1818~1883).

맑스가 살았던 당시는 산업혁명과 기술의 발전으로 사람들이 진보를 체감하던 시기였다. 철로가 놓이고 교역량이 폭발적으로 늘어나면서 대도시가 생겨났으며, 프랑스에서는 노동자와 산업자본가가 새로운 사회세력으로 등장하고 있었다. 1848년 2월, 노동자들과 사회주의자들은 보수적이고 억압적인 제2공화정을 무너뜨리는 혁명을 일으킨다. 새로운 사회관계가 형성되는 역사의 한복판에서 탄생한 것이 맑스의 「공산당선언」이다.

맑스가 분석한 부르주아들은 혁명적인 존재였다. 그들은 "처음으로 인간의 활동이 무엇을 이룩할 수 있는가를 증명"했다. 이전의 모든 봉건적 관계를 끊어 내고 현금관계 외에는 어떤 끈도 남기지 않은 계급, 부를 축적하기 위해 새로운 욕구를 창출해 내고, 생산과 소비를 범세계적으로 확장시켰던 그들은 '자신의 모습대로' 세계를 창조하고 있었다. 그러나 맑스는 봉건제 안에서 부르주아의 태동을 보았고 부르주아의 성립에서 프롤레타리아의 싹을 본다. 그가 보기에 프롤레타리아의 도래는 '필연적'이었다. 맑스는 그 무렵 신문에 "부르주아 지배가 무너질 것"이라고 예견했고, 아버지가 물려 주신 유산 6,000프랑을 기꺼이 체제 전복을 위해 써버린다.

철학은 세계를 해석하는 것이 아니라 변혁하는 것이다

맑스는 부르주아지의 소멸을 확신했지만, 정작 그 자신은 부르주아 출신이었다. 그는 1818년 프로이센 라인란트 지방의 트리어 시에서 존경받는 유대인 변호사의 장남으로 태어났다. 젊은 시절 맑스는 논쟁을 즐기고 명석했지만, 쉽게 흥분하는 편이었다고 한다. 공격적이고 거만한 이미지에 쩌렁쩌렁 울리는 목소리를 가진 청년 맑스. 술에 취해 패싸움도 불사하는 문제적 아들에게 아버지 하인리히 맑스는 "너의 광기를 잠재우라"고 애원하며 제발 부모의 희망을 저버리지 말라고 당부한다.

맑스도 처음에는 가족의 바람대로 법학을 공부하고자 했다. 그러나 사회의 급격한 변화에 대해 법은 아무 설명을 하지 못했다. 사회 변화의 원동력은 무엇인가? 이것에 대한 답을 찾아 지적 탐구를 하던 와중에 맑스는 청년헤겔주의자들을 만나 헤겔을 공부하기 시작한다. 헤겔의 변증법은 역사 발전의 법칙을, 부르주아의 필연적 몰락과 프롤레타리아의 승리를 설명해 줄 수 있는 무기로 보였다. 맑스는 사람들이 모두 헤겔을 '죽은 개' 취급할 때 공개적으로 헤겔의 사상적 제자임을 공언했다. 이때를 그는 "인생의 한 시기를 완성하고 새로운 방향을 가리키는 변경의 초소와 같은 순간"이라고 표현한다. 그러나 맑스는 이내 헤겔을 떠나게 된다.

헤겔은 역사의 추동력을 변증법적 '이성'에서 찾았고, 19세기 당대 유럽의 놀라운 진보는 모두 이성의 힘이라고 보았다. 그러나 검열과 비밀 경찰의 힘으로 유지되는 절대왕정을 이성적이라고 할 수 있을까? 맑스는 스승 헤겔의 논리를 뒤집는다. 절대이성이 현실을 만들어 낸 게 아니라 현실사회의 생산력이 새로운 관계를 만들어 내고 있었다. 변증법의 운동은 바로 현실세계에 내재해 있었던 것이다. 철학을 통해 현실을 이해해서는 안 되고, 현실을 통해 철학이 새롭게 정초되어야 한다. 맑스가 보기에 철학은 지금까지 세계를 설명하고 해석하기만 해왔다. 하지만 이제 철학은 현실 속에서, 현실을 변혁할 수 있는 무기가 되어야 한다.

대영박물관 열람실의 혁명가

세계를 바꾸기를 원했던 혁명가 맑스를 사람들은 '요람에 누운 아기를 잡아먹는 신사' 쯤으로 생각했다. 죄 없는 부르주아들을 잡아먹는, 말끔한 지적 테러리스트. 그러나 맑스는 비밀주의와 음모를 싫어했다. 그는 공공연하게 자신의 견해를 밝히고 자신의 목적과 자신의 지향을 표명했다. 공산주의는 충동과 정열만으로는 불가능하며, 냉철하게 현실을 분석하는 데서 시작된다고 보았던 것이다. 공산주의, 프롤레타리아, 혁명은 맑스의 말과 글을 통해 새롭게 개념화되었다.

2월 혁명이 실패한 후, 맑스는 파리에서 추방당한다. 영국으로 이주한 그는 대영박물관 열람실에서 정치경제학 공부에 매진한다. 그가 처음으로 계급, 개인 소유, 국가의 문제에 관심을 갖게 된 계기는 1842년『라인신문』편집장 시절의 '농민들의 목재 절도 사건'이다. 이때 그는 공산주의에 대해서도, 정치경제학도 잘 몰랐기 때문에 보수적인 귀족이 쓴 글에 대해 재치 있는 답변을 했을 뿐이었다. 이 사건을 통해 맑스는 현실을 변혁하기 위해서는 현실을 더 치밀하게, '과학적으로' 분석하고 사유하지 않으면 안 된다는 자기반성에 이른다. 그리고 유럽을 휩쓴 혁명의 분위기가 가라앉은 후에, 세상의 함성에서 동떨어진 도서관에서 맑스는 계급과 소유, 국가의 문제를 파고들기 시작한다.

그 결과 탄생한 역작이『자본』이다. 맑스는 1867년 국제노동자연맹(인터내셔널)의 실질적 지도자 역할을 하면서 현대사회의 경제적 운동 법칙을 밝힌 책이자, 공산주의 혁명의 토대가 될 책을 세상에 내놓는다. 맑스에게 혁명은 꿈이 아니었다. 빈부 격차가 극심해지고 불황이 반복되는 현실을 타개할 방법은 근검을 외치는 것도 아니고 부르주아의 동정을 바라는 것도 아니었다. 부르주아를 증오하는 것은 더더군다나 아니었다. 맑스는 상품경제가 인간의 삶을 지배하는 현실을 분석해 냈다. 그는 그로부터 거대한 자본주의 기계 안에 왜소해진 인간의 모습을, 소외된 노동을 이끌어 냈으며, '자본'이라는 거대한 기계의 작동을 보았다. 맑스의『자본』은 경제학 저술이지만, 그보다 근본적으로는 자본주의 사회에서 인간의 존재론을 탐구한 철학서였다.

역사에 결합된 이름, 맑스와 엥겔스

어떻게 천재를 질투할 수 있는지 나는 도무지 이해할 수가 없네. 천재란 아주 특별한 것이기 때문에, 그런 재주가 없는 우리는 처음부터 그것이 얻을 수 없는 권리임을 알 수 있지. 그런 것을 질투하는 사람은 자신이 엄청나게 속 좁은 사람임을 보여 주는 꼴밖에 안 되네.(엥겔스, 「에두아르트 베른슈타인에게 보낸 편지」)

맑스는 자본주의의 생리는 정확하게 간파했지만, 정작 자기 가계를 꾸리는 능력은 '제로'였다. 귀족과 결혼한 것을 자랑스러워했던 맑스였지만 아내의 집안에서 물려받은 가보는 늘 전당포에 맡겨야 했고, 대문 앞에는 청구서를 든 사람들이 떠나지 않았다. 이런 맑스의 생활을 구원한 사람은 그의 영원한 동지 프리드리히 엥겔스(Friedrich Engels, 1820~1895)였다.

맑스의 '도서관에서의 혁명'에 엥겔스가 끼친 영향력은 간단히 말하기 어렵다. 물질적 지원도 지원이거니와 아버지의 공장에서 직접 경영을 체험한 엥겔스는 맑스에게 부족한 실물경제의 원리를 알려줄 수 있었다. 『자본』은 맑스와 엥겔스의 공저라고 봐도 좋다. 맑스가 『자본』을 1권만 저술하고 세상을 뜨자, 맑스의 악필을 독해하고 단편적 메모들을 모아 하나의 이론으로 완성해 2권, 3권을 출판한 사람도 엥겔스였다. 그 자신은 아버지 회사에서 "비굴한 장사, 증오스러운 장사"를 한다고 자신을 혐오했지만 그 덕에 맑스는 생계난 속에서도 비굴해지지 않을 수 있었다.

맑스가 가장 좋아했던 경구는 "인간적인 것 가운데 나와 무관한 것은 없다"였다. 그는 부인 예니와 딸들을 무척 사랑했지만 결혼하지 않은 엥겔스를 부러워했고, 저속한 농담을 주고 받았지만 매우 세련된 신사이기도 했다. 실제로 그는 속되면서 귀족적이었고, 차가우면서도 감상적이었다. 이런 맑스의 모습은 종종 적들에게 비난의 표적이 되곤 했다. 그의 저서도 논란을 불러일으키는 부분들이 많다. 그는 자신의 삶 자체도 일관성 있게 포장하지 않았지만 자신의 이론에 대해서도 개방적이었다. 그는 자기 이론을 이상화하지도, 완성이라 하지도 않았다. 언제나 자기가 보지 못한 부분이 있음을, 자기 분석이 틀렸을 수도 있음을 인정하며, 그의 이론을 영원한 '과정' 속에 던져 놓았다.

사회주의 붕괴 이후, 한때 맑시즘은 오류로 단언되었다. 그러나 맑스는 예언자가 아니었다. 그는 자신이 살아가는 그때 필요한 것들을 해 나갔을 뿐이다. 현실 분석이 철학을 바꾸고 철학이 현실을 변혁할 수도 있음을 보여 준 혁명가이자 철학자. 은행이 파산하고, 정리해고를 당하고, 물가가 폭등할 때마다, 이른바 '자본주의의 경제시스템'에 대한 환멸을 느낄 때마다 우리는 맑스의 이름을 기억한다. 자본주의를 살고 있는 자들은 모두가, 얼마간은 '맑시스트'가 아닐까.

_홍숙연

혁명의 길! 구원의 길!

>> 위대한 영혼, 마하트마 간디

식민지 청년, 인권변호사가 되다

간디! 흔히 '인도 독립의 아버지', '힌두의 성자'라고 불리는 '위인'. 그러나
청년 시절의 간디는 조혼이나 카스트 제도를 부끄럽게 여겼고, 육식을 금
지하는 힌두교 전통을 낙후된 것이라 생각했던 식민지의 젊은 문명론자
였다. 그가 영국 런던으로 유학을 떠나면서 "인도의 대개혁을 위해 성심
을 다해 일하겠다"고 다짐한 것은 당연한 일. 이 촌뜨기 식민지유학생은
식민 본국에 도착하자마자 '영국 신사'의 꿈을 꾸면서 새 옷을 맞추고, 실
크 모자와 야외복과 고급 넥타이를 사고, 그것도 모자라 댄스와 프랑스어
와 웅변술과 바이올린을 배우고자 하는 열망에 빠진다. 물론 이런 부박한
충동은 금세 극복되었다.

그렇다고 '문명=개혁'에 대한 간디의 이상이 사라진 것은 아니다. 간
디는 귀국 후 집안에서 자녀에게 체조 교육을 시키고, 음식을 개량하고 의
복을 서구화했다. 그에게 영국은 문명과 이성의 대명사였고, 인도는 교화
시키고 개혁시켜야 할 대상이었다. 식민지 엘리트 청년은 스스로를 위대

한 대영제국의 신민으로 인식하고 있었다.

그러나 바이샤 계급 출신으로 인도 사회에서는 흔하디 흔한 '식료품상'이란 뜻의 '간디'란 이름을 가진 이 청년은 변호사 자격을 따고 고향으로 돌아왔지만 개업하기가 어려웠다. 집안의 꿈이었던 정치 관료로 출세하기란 더 난감해 보였다. 간디는 스물넷에 '잘나가는 변호사'를 꿈꾸며 남아프리카로 떠난다.

안타깝게도 날선 바지에 영국식 양복을 입은 변호사도 그곳에선 '갈색 피부'에 불과했다. 1등석 차표를 지녔지만 "같이 못 타고 가겠다"는 백인의 말 한마디에 강제로 끌려 나와 낯선 기차역에 버려진다.

최초의 충격! 그랬다. 간디는 당시 남아프리카에 5만 명가량 존재했던 이주노동자, '쿨리'(coolie)에 불과했던 것이다. 자연스럽게 쿨리들의 구심점이 되어 버린 간디. 이제 스물여섯 살 청년 간디는 '쿨리'들의 노동조건을 개선시키는 '인권 변호사'가 되었다. 결국 남아프리카의 나탈에서 인도국민의회를 결성하고 전혀 예상하지 못했던 정치가, 혁명가의 삶을 살게 된다. 이후 간디는 23년간 남아프리카에서 그리고 귀국 후 조국 인도에서 죽을 때까지 정치 지도자의 삶을 살게 된다.

진리에 대한 멈추지 않는 실험

간디는 자신의 자서전에 "나의 진리 실험 이야기"라는 부제를 붙였다. 이미 수차례에 걸쳐 대영투쟁을 성공적으로 이끌었던 전국적인 정치 지도자가 자신이 해왔던 것은 정치적 실험이 아니라 "정신적 실험"이며 '모크샤'(자기 구원)를 향한 하나의 사례에 불과하다고 말하는 것이다.

물론 징조는 이미 오래전부터 있었다. 학창 시절에 "단 한번도 거짓말을 한 기억이 없다"거나 도둑질을 했을 때 깊은 양심의 가책을 받고 속죄를 했다는 식의 자기성찰은 진지하다. 그러나 이런 특징을 모든 위인이나 성인의 특징이라고 말해 버리면 간디는 그냥 '본투비 성인'에 불과하게 된다. 그러나 간디의 삶은 그런 게 아니었다. 매번 자신이 의도하지 않았던 낯선 상황, 낯선 사건에 놓였고, 매번 그 현장에서 '진리'가 무엇인지를 스스로에게 물었다. 영국에 협력할 것인가 말 것인가 같은 정치적 문제에서부터 육식을 할 것인가 말 것인가 같은 일상적인 문제에까지 간디에게 쉬운 것은 단 하나도 없었다.

처음에 그는 책을 통해서 진리의 길을 발견했다. 그가 자발적 채식주의자가 된 것은 유학 시절에 읽었던 책들의 영향이 컸다. 그러나 남아프리카 시절 이후 그가 생산해야 하는 진리의 길은 매번 한치 앞도 내다볼 수 없었던 투쟁의 한복판에서였다. 그리고 그는 놀라울 정도의 윤리적 감수성으로 매번 창조적인 '진리 실험'을 한다. 소위 '비폭력 불복종'이라고 불리는 '사티아그라하' 역시 그 과정에서 탄생했다.

따라서 '사티아그라하'는 단순한 정치적 불복종, 지문 찍기를 강요하는 영국 지배에 대한 정치적 저항만은 아니었다. 그것은 인간의 자존심에 상처를 주고, 정신적 고결함을 파괴하며, 인간 관계의 평화를 깨뜨리는 모든 폭력에 대한 불복종이었다. 그것은 영국을 향하는 것이기도 했지만 스스로에게 하는 '맹세'이기도 했다. 나부터 한없이 고귀해지겠다는, 나부터 한없이 낮아지겠다는 스스로에게 다짐하는 맹세.

간디의 진리 실험이 더해질수록 그는 유명해졌다. 그러나 동시에 그의 삶은 점점 더 간결해졌다. 그는 가장 가난한 사람들이 입는 만큼만 입었으며(윈스턴 처칠은 그가 "반쯤 벌거벗은 몸으로 총독 궁전 계단을 올라가는 것"을 보자 기절초풍하며 "경악스럽고 역겹다"고 했다), 가장 비천한 불가촉천민이 하는 일, 청소나 똥 푸는 일을 했다. 그러나 그런 일들은 가족과 친구들에게 고통스러운 일이었다. 간디의 아내는 때때로 절망하고 울부짖었으며, 아들은 아버지 곁을 떠났다. 맏아들은 마치 아버지 보란 듯이 공개적으로 말썽을 피우고 다녔다. 그럼에도 불구하고 그는 투명하고 단호했다. 비록 때때로 좌절하고 비틀거렸지만 그는 단 한번도 '사티아그라하', 모든 폭력과 지배에 대한 그 위대한 불복종을 멈춘 적이 없다.

마을이 세계를 구한다

간디의 물레! 그건 간디의 상징이고, 인도 독립의 상징이고, 나아가 모든 식민지 반제국주의 투쟁의 표상이기도 하다. 그러나 한편으로는 너무 익숙해서 진부하기조차 한 물레! 그러나 간디의 물레, 그것은 단순한 '국산품 애용' 운동이 아니다.

흔히 자치로 번역되는 '스와라지' 역시, 단순한 정치 체제를 일컫는 말은 아니다. 그건 사람들이 "절망을 이겨낼 수 있는 능력", 인도에 사는 모든 사람이 서로를 "형제, 자매로 생각할 수 있는 능력", 나아가 그것은 "죽음에 대한 두려움을 떨쳐 버리는" 정신적 힘을 의미했다.

도대체 인도가 왜 식민지가 되었는가. 물론 동인도회사의 지배 때문이다. 그런데 단순히 그것 때문인가. 그 이면에는 돈을 벌기 위해 인도로 들어온 영국 상인만큼 단숨에 돈을 벌고자 했던 인도인의 욕망과 협력이 있었다. 수백 년 동안 인도인의 마음에 뿌리박힌 영국 문명에 대한 동경, 물질과 화폐에 대한 욕망. 독립과 해방은 영국 통치가 끝나야 이루어지는 것이 아니었다. 그건 영국적 삶의 방식 전체, 근대 문명 전체가 종식되어야 가능한 일이었다.

따라서 '물레'는 도구가 아니라 비전이었다. 모든 사람이 자기 힘으로 노동하고, 그 노동의 힘으로 정신적으로 자립하고, 그 자립하는 정신들이 상호호혜의 관계를 맺는 가장 단순하고 가장 이상적인 꿈. 그걸 위해서는 중앙집권적인 정치체제나 대량생산 체제를 극복해야 한다. 오히려 다양한 수공업들이 리바이벌되는 작은 마을들의 연합. 간디가 꿈꾼 인도의 미래였다.

마을 스와라지에 모든 사람이 환호와 갈채를 보냈을까. 아니다. 타고르는 '실을 잣고 천을 짜는 것'이 과연 한 민족의 구루가 전하는 메시지로 적절한가에 대해 간디에게 물었고, 간디의 정치적 후원자였던 고칼레조차 간디의 '스와라지' 이상을 어리석은 짓이라 비웃었다.

간디는 대답했다. "나는 원시적 방법 자체를 위해 원시적 방법으로 되돌아가는 것을 특별히 좋아하는 것이 아닙니다. 내가 원시적 방법으로 돌아갈 것을 제안하는 것은 이 방법 말고는 할 일 없이 살아가고 있는 수백만 마을 사람에게 일자리를 줄 길이 없기 때문입니다." 그리고 덧붙인다. "한 걸음으로도 나는 충분하다네."

절대적 빈곤 속에서 술과 아편으로 일상을 살아가는 사람들에게 자존심과 고결함을 돌려주는 일. 상호 의존과 형제애를 일상에서 실감하는 일. 노동과 명상과 섬김이 함께하는 마을에서의 삶! 그건 어떤 비웃음에도 불구하고 간디가 결코 포기할 수 없었던 인도의 비전, 아니 인류의 비전이었다.

1947년 의회를 통과한 인도독립법령에 따라 8월 15일 영국의 인도지배가 종식되었다. 어찌 보면 간디의 이상이 실현된 날이기도 하다. 그러나 독립의 날, 그는 어떤 일도 하지 않았다. 그는 자신이 실패했다고 생각했다. 왜냐하면 그 독립은 온갖 적대와 폭력 속에서 힌두와 이슬람이 결국 결별을 하는 분단 인도가 탄생한 날이었기 때문이다.

뿐만 아니다. 평생 간디를 추종했고 간디에 의해 후계자로 지명되었던 네루는 간디의 스와라지 이상을 버렸다. 그는 중공업을 기반으로 한 '발전된 인도'를 열망했다. 하지만 간디의 머리에는 타고르의 시가 떠나지 않았다. "혼자 걸어가라!"

간디는 결국 처음부터 다시 시작하겠다고 생각했다. 물론 기회는 오지 않았다. 얼마 못 가 암살을 당했기 때문이다. 그러나 '본투비 성인'으로 출발하지 않았지만 '위대한 영혼'으로 잠들었던 간디를 따라 수많은 사람들이 간디의 출발점에 다시 서고 있는 게 아닐까. 혁명의 길과 구원의 길이 다른 게 아니라는 믿음을 갖고. 나 역시 그런 사람 중의 하나이다.

_이희경

기개 높은 '동파 거사' 사물의 경지를 초월하다

>> 송나라 대문장가, 소식

우리에게 소식(蘇軾, 1036~1101)은 대문장가로 알려져 있다. 그는 문장가일 뿐만 아니라 정치가이자 화가, 시인, 서예가였다. 심지어 그는 요리에도 조예가 있는 팔방미인이었다. 다방면에 걸친 그의 재능은 자신의 문장을 자평할 때 말한 것처럼, "만 섬이나 되는 샘의 원천과 같아서, 땅을 가리지 않고 용솟음쳐 나올" 정도였다. "평지에서는 도도하게 콸콸 흘러 하루에 천 리를 가기에도 어렵지 않다. 그것은 산의 돌멩이들과 어울려 꾸불꾸불 흐를 때에 사물에 따라 모양을 바꿔 나간다."(「자평문」自評文) 자신의 문장에 대한 드높은 자부심과 거침없는 기개야말로 소식이라는 인간 그 자체이자 그의 문장의 특징이다.

21세에 과거 급제, 정치 행보는 부침 거듭

스물한 살, 소식은 과거에 급제했다. 당시 최고 문장가였던 구양수(歐陽修)는 소식의 과거 시험지를 보고, "이 늙은이는 이제 이 사람에게 자리를 내주지 않을 수 없소"라며 감탄했다고 한다. 구양수의 예언대로 소식은 30

년이 채 지나기도 전에 그를 대신해서 문단의 맹주로 이름을 날렸다. 하지만 소식의 이름이 문장으로 널리 알려진 것과는 별개로 정치적 행보는 부침을 거듭했다. 신법당과 구법당의 정쟁의 소용돌이에서 소식은 지방으로 좌천되었으며, 두 차례나 유배를 당했다.

1069년, 송나라 신종(神宗)은 왕안석(王安石)의 신법을 채택하여 정치 개혁을 추진하고자 했다. 신법은 대지주와 호족들의 토지 겸병을 막고, 관료체제를 정비하고 중앙집권을 강화하고자 한 부국강병책이었다. 대지주와 호족지주의 이익을 대변하는 구법당은 시행 과정상의 예상 문제점들을 들어 신법을 반대했다. 구법당은 사마광(司馬光), 정이(程頤)의 낙파(洛派)와 소씨 삼부자(소순蘇洵, 소식, 소철蘇轍)의 촉파(蜀派)로 나뉘어 서로 신법에 맞섰다. 북송 '신 고문운동'을 추진했다는 점에서 소식과 왕안석은 한데 묶일 수 있지만, 정치적인 견해에서는 서로 달랐다. 또한 신법에 대한 정견이 일치했을지는 모르나 유가의 도를 종주(宗主)로 삼는 낙파와 달리, 소식은 노장과 불교를 모두 포괄한 유학자였다.

소식은 신법에 반대하는 상소문을 세 차례나 올렸지만 받아들여지지 않았다. 이 일로 신법당의 미움을 사자, 그는 지방의 벼슬길을 자청했다. 지방관으로 떠돌아다니면서 소식은 신법이 실행되던 농촌의 현실과 관료들의 후안무치 그리고 백성들의 고된 삶을 직접 볼 수 있었다. 시인의 내면에서 우러나오는 목소리는 곧장 시, 사(詞), 산문, 기(記) 등 다양한 장르로 분출되었고, 소식의 호방하고도 개성 넘치는 문체 덕분에 문학 장르들은 새로운 생명을 얻을 수 있었다. 소식을 좌천과 유배로 몬 것도 그의 문장이었고, 자신에게 닥친 정치적 불운에도 불구하고 험난한 인생을 치고 나갈 수 있도록 힘을 준 것도 그의 문장이었다.

생각이 충만하면 글은 저절로 써진다

소식은 "마음속 생각이 충만하면 글은 저절로 써진다"고 봤다. "옛날에 글을 짓는 사람은 글에 능한 것을 '좋은 글'로 여긴 것이 아니라, 쓰지 않을 수 없어 쓴 글을 '좋은 글'로 생각했다. 산천의 구름과 안개, 초목의 꽃과 열매도 충만하고 울창하게 되어야 밖으로 드러나듯이."(「남행전집 서」南行前集敍) 작가가 생활 속으로 깊이 들어가 얻은 충실한 사상, 내용을 갖고 있으면 예술적 형식은 자연스럽게 얻게 된다. 이 문장론은 '흉유성죽론'(胸有成竹論)이라는 예술론으로 더 잘 알려졌다.

　문인화론의 확립자로 알려진 소식은 사군자, 그 중에서도 특히 문동(文同, 1018~1079)의 대나무 그림에 주목했다. "대나무를 그릴 때에는 반드시 먼저 마음속에 대나무를 완성하고 나서 붓을 들고 자세히 바라보아야 그리고자 하는 것이 보일 것이다. 그때 급히 서둘러 붓을 휘두른다."(「문동의 운당곡 누운 대나무 그림에 관한 글」文與可畫篔簹谷偃竹記) '마음속의 대나무'를 들어 소식이 말하고자 하는 바는 예술과 인격의 관계였다. 일체의 객관 사물이란 모두 작가의 주관적인 색채로 그려지고, 이렇게 함으로써 의경(意境)이 조화를 이뤄 감상자에게 생동감을 줄 수 있다.

　문동이 즐겨 그렸다는 '누운 대나무'는 단지 몇 마디의 대나무를 그린 것에 불과하지만 그 안에는 만 자가 넘는 화가의 기세가 담겨 있다. 세상의 불의와 타협하지 않고, 권력에 아부하지 않으며, 자신의 절개를 지키며 살아가겠다는 문인의 기세.

문여가(여가는 문동의 자)의 「묵죽도」. 대나무를 즐겨 그린 문동은 대나무를 잘 그리기 위해 수 그루의 대나무를 직접 심고 가꿨다고 한다. 그리하여 대나무를 그리는 데 그를 따라갈 자가 없었을 뿐 아니라 죽화법의 전형을 형성기에 이르렀다. 또한 문동은 소식의 외종사촌형이자 절친한 벗이었으며 그림의 스승이기도 했다.

요컨대 대나무라는 대상을 얼마만큼 잘 모사했느냐가 아니라, 대상을 통해서 불의와 타협하지 않는 화가의 고유한 감정과 정신세계를 얼마나 잘 드러냈느냐가 핵심이다. 이 같은 문인의 자부심이야말로 좌천과 유배와 같은 정치적 불운에도 굴하지 않게 만든 '소식의 힘'이었다.

자신의 인연 받아들이고 '거사' 자처

1079년(44세), 신법당과의 악연은 마침내 필화사건으로 터졌다. 오대시안(烏臺詩案)이라고 불리는 이 사건은 소식이 썼던 시들에 임금과 정부를 모욕, 비방하는 내용이 있다는 신법당의 참소로 일어났다. 136일 동안 어둡고 좁은 감옥 안에서 그는 언제 사형 명령이 떨어질지 숨죽이며 기다려야 했다. 다행히 사형은 면했지만, 황저우(후베이성) 유배령이 떨어졌다.

"본성이 말을 삼갈 줄 몰라서 남들과 친하건 친하지 않건 가릴 바 없이 마음속의 생각을 다 털어놓아야지 못 다한 말이 있으면 마치 목구멍에 음식이 걸린 것 같아서 반드시 토해 내고야 마는" 소식의 성격을 잘 알고 있던 소철은 유배길을 떠나는 형에게 신신당부했다. 구설수에 오르지 않도록 글과 말에 조심하고 또 조심하라고.

호방한 성격의 소식이었지만 충정심이 나라에 죄를 얻은 상황이라, 폄적(貶謫, 벼슬자리에서 내치고 귀양 보내다) 초기에 글을 한 줄도 지을 수 없었다. 그는 "문을 닫고 외부와의 출입을 끊은 채 놀란 혼백을 가다듬고 물러나 엎드려 있었다."

붓을 놓은 일은 외부와의 완전한 관계 단절을 의미했고, 또한 자기 존재의 의의까지 회의하게 만든 일이었다. 폄적은 그를 벼랑 끝으로 내몰았다. 가족을 부양하는 경제력의 원천인 관직을 잃자 소식의 가족들은 갑작스레 경제적인 어려움에 빠졌고, 설상가상으로 동생·친척과의 이산 및 지인의 죽음은 인생무상으로 엄습했다. 폄적은 소식으로 하여금 다른 경계로 자신을 밀어붙이는 어떤 문턱에 서게 만든 경험이었다.

소식은 불교 서적을 읽고, 근처 절을 찾아가 향을 피우고 고요히 앉아 묵상에 잠겼다. "깊이 성찰하여, 대상과 자아를 잊고 몸과 마음이 모두 텅 비는 경지에 이르기"까지, 안팎으로 얽매이지 않고 자유로워지기까지, 5년이라는 시간이 걸렸다.

또 소식은 지인의 도움으로 황저우성 동쪽 산비탈의 황무지를 사서, 그곳을 '동파'(東坡)라 이름하고, 자신을 '동파거사'(東坡居士)라고 불렀다.

우리에게 이름보다 더 유명한 '동파'라는 호가 탄생한 시점이다.

이 시기 소식의 두 벗은 『도연명집』(陶淵明集)과 『유종원집』(柳宗元集)이었고, 그는 스스로를 도연명에 비유하며 세속적인 욕심에서 벗어나고자 했다. 그리고 이런 깨달음은 저절로 흘러넘쳐 글이 되었다. 이 시기의 대표적인 작품이 바로 황저우성 밖의 적벽에서 뱃놀이를 하다가 지은 「적벽부」(赤壁賦)다.

손님도 저 강물과 달을 아는가? 흘러가는 것은 이와 같이 쉼 없이 흘러가나 아주 가 버려 없어진 적은 없고, 달도 차고 이지러지는 것이 저와 같으나 결국 줄거나 늘어나지는 않았네. 변한다는 각도에서 보면 천지도 일순간을 멈추어 있지 못하지만, 불변한다는 각도에서 보면 만물과 내가 모두 무궁하다네. 그러니 또 무엇을 부러워하겠는가? …… 또한 천지간에는 만물에 각기 주인이 있어 만일 나의 소유가 아니라면 비록 터럭 하나라도 가져선 안 될 것이나, 오직 강 위의 맑은 바람과 산간의 밝은 달만은 귀로 들으면 음악이 되고 눈으로 보면 경치를 이루어 이를 가져도 막는 이 없고 써도 다 없어지지 않으니, 이는 조물주의 무한한 보배요, 나와 그대가 함께 즐겨야 할 것이라네.

스무 살 무렵부터 『장자』를 애독하며 "이 책을 보고 마음을 얻었다"던 그는, 이제 어떤 외물(外物)에도 얽매이지 않는 '거사'를 자처했다. 그리고 사물을 사물로 대하고 사물의 노예가 되지 않는 것을 "사물의 바깥에서 노닌다"고 말하며, 초월적 경지에 도달하기 위해서 노력했다.

하지만 「적벽부」에서도 보이듯, 말년의 소식은 변화와 불변의 경계조차 자유로이 가로지르면서 초월적 경지마저도 초월한 듯이 보인다. 그는 이제 억지로 세간과 출세간을 분별하려 하지 않았다. 자신을 둘러싼 인연의 오고 감을 그대로 받아들이고, 자연에 자신을 있는 그대로 편안히 내맡길 따름이었다. '궁이후공'(窮而後工)이라는 구양수의 표현대로, 소식의 문장은 궁함을 통해 하나의 궁극에 이르게 된 것이다.

_최정옥

그의 삶에 머리·가슴·손 사이 간극은 없었다

>> 아나키즘 사상가, 크로포트킨

1,200명이나 되는 농노와 드넓은 소작지를 소유한 러시아 귀족의 아들. 황제의 최측근이 될 수 있는 근위학교를 수석 졸업하고도 안락한 궁정 생활 대신 시베리아 장교 지원. 시베리아 지형 탐사를 통해 지리학자로 명성을 얻지만 '제국지리학회' 사무관직 거절. 막대한 상속을 포기하고 혁명운동에 투신. 반체제운동 주동자로 지목돼 투옥. 2년 후 탈옥. 그리고 반세기 동안 이어지는 투옥과 추방. 1917년 러시아혁명 후 귀국. 이어지는 볼셰비키의 아나키즘 탄압. 심장질환과 폐렴으로 사망. 10월혁명 이래 가장 많은 사람이 모인 장례식……. 이것이 아나키즘의 사상적 기반을 마련한 표트르 알렉세예비치 크로포트킨(Pyotr Alekseevich Kropotkin, 1842~1921)의 간략한 프로필이다. 이 정도면 그를 소재로 드라마 한 편을 찍어도 손색이 없어 보인다.

하지만 크로포트킨은 드라마의 주인공이 되길 원하지 않았다. 그는 고뇌에 찬 지식인의 자의식을 보여 준 적도 없고 혁명투사의 화약 냄새도 풍기지 않았다. 크로포트킨의 삶에는 골방 대신 시베리아의 벌판과 눈 덮인 스위스의 산들이 있다. 그 산기슭에서 노동자들과 함께 값싼 봉투를 붙이며 격론을 벌이는 이론가가 있다. 그는 비밀경찰들도 아랑곳하지 않고 보란 듯이 유럽을 누비고 다녔다. 유산을 포기할 때도, 되풀이되는 추방과 고된 망명 생활에 관해서도 괴로움을 토로하는 법이 없다.

지식인 운동가의 교만함이 혁명을 왜곡한다

크로포트킨은 솔직담백했다. 그의 삶의 모든 것은 공공연하게 말해지고 공공연하게 행해졌다. '공공연함', 이것이야말로 크로포트킨이 혁명가로서 보여 준 최고의 미덕이었다. 크로포트킨이 보기에 사회주의 지식인 운동가들은 공공연하지 못했다. 이유는 간단하다.

자신들이 농민이나 노동자들보다 더 안다는 교만함. 민중들은 무식해서 복잡한 현실을 제대로 판단할 수도, 설명해도 알아들을 수 없다는 오만함. 그런 운동가들은 현실을 계산하고 전술을 찾았다. 현실이 허락하지 않는다며 침묵하고, 해야 할 일을 미뤘다. 심지어 전술을 위해 황제와 귀족 편에 서서 농민과 노동자의 봉기를 탄압하기도 했다. 지식인 운동가들의 계몽적 태도와 이로 인한 지도부와 민중 사이의 괴리. 이 사이에서 혁명은 왜곡되고 비밀주의로 물들었다. 크로포트킨은 이런 괴리를 거부한다. 현실이 어려운가? 그럼 공공연히 말하라. 그럼 답은 온다. 해야 하는가? 그럼 공공연히 하라. 그럼 된다. 이 간단한 원칙이 그의 삶 전부다.

아나키스트, 생각한 대로 행동하라

1878년경 유럽 전역에서 왕에 대한 암살이 네 차례나 시도되었다. 유럽

정부들은 이 음모의 주동자들을 스위스가 숨겨 주고 있다고 비난했다. 스위스는 아나키즘운동의 중심인 쥐라연합에 대한 탄압을 시작했다. 쥐라연합의 많은 지도자들이 추방당하고 망명 생활에 오르게 됐다.

결국 기관지 편집 일이 크로포트킨에게 맡겨졌다. 이제 막 러시아 감옥에서 탈출한 망명자 크로포트킨, 가난한 농민의 아들로 초등학교 중퇴가 학력의 전부인 듀마르트리, 제네바 출신의 내성적인 사나이 헤르치히. 이 세 사람은 1879년 제네바에서 『반란자』를 창간하는 데 성공한다. 하지만 스위스 정부의 탄압은 멈추지 않았다. 정부는 인쇄소에 압력을 넣었다.

"정부에서 일을 받지 못하면 살 수가 없습니다. 아무도 『반란자』를 인쇄해줄 수 없을 겁니다." 나는 매우 실망하고 제네바로 돌아왔다. 그러나 듀마르트리는 오히려 열정과 희망에 불타 있었다. "간단한 문제입니다. 3개월 동안 신용담보로 인쇄기를 사면 됩니다. 3개월이면 기계 값을 지불할 수 있어요." "그렇지만 돈이라곤 겨우 200~300프랑밖에 없지 않소?" 나는 반대했다. "돈이란 우스운 겁니다. 만들면 되지 않습니까? 우선 기계를 주문해서 다음 호를 내면 돈이 모일 겁니다." 그의 판단은 정확했다. 우리는 기계를 주문했다. 그리고 다음 호를 우리의 '쥐라 인쇄소'에서 찍고 우리의 어려움을 호소하는 팸플릿을 발행했다. 우리 모두가 직접 인쇄했다. 과연 돈이 모이기 시작했다. 대부분 동전과 소액의 은화였지만 어쨌든 돈이 모였다.(『크로포트킨 자서전』)

활동을 하려면 돈이 필요하다. 그런데 돈이 없다. 이것이 크로포트킨이 좌절한 이유였다. 하지만 듀마르트리는 어땠는가. 그는 말한다. 활동을 해야 돈이 생긴다. 그러니 활동을 하자. 『반란자』는 그렇게 21년간 발행되었다. '이론가' 크로포트킨에게 '못 배운 노동자'들은 언제나 배움을 통해 삶의 길을 열어 주는 동지였다.

어려움을 복잡하게 만드는 것은 지식인들이었다. 그들은 어려움을 과도한 비장함으로 포장할 뿐아니라 너무도 쉽게 좌절했다. 노동자들은 달랐다. 그들은 단도직입적으로 판단했으며, 꾸밈없고 단순하게 문제를 받아들였다. 혁명가를 자청하는 지식인들이 문제를 분석하고 방법을 모색하는 동안 노동자들은 문제 속으로 직접 뛰어들어 갔다. 머리와 가슴, 그리고 손 사이에 어떠한 간극도 없음!

크로포트킨은 이 간극을 없애는 것이 혁명의 출발이라 생각했다. 그리고 스스로 그 길을 간다. 막대한 유산 상속, 위로부터의 개혁을 위한 관료로서의 삶, 학계의 권위 있는 지도자로서 얻게 될 명예와 힘. 그는 이 모든 것을 버린다. 그리고 노동자들이 가진 간극 없는 삶을 배우기 위해 그들 속으로 들어간다. 세상을 바꾸려면 자신의 삶부터 바꿔라! 이것이 그가 살아 낸 아나키즘이었다.

"우리란 누굴 말하는 겁니까?"

러시아 2월혁명. 크로포트킨은 40년의 망명 생활을 끝내고 러시아로 돌아온다. 이어진 10월혁명. 레닌을 중심으로 한 볼셰비키는 이 혁명을 프롤레타리아트 독재로 이어간다. 그리고 이에 반대하는 아나키스트들에 대한 탄압을 시작한다. 그래도 호랑이는 함부로 건드릴 수 없는 법. 레닌은

1919년 크로포트킨을 만난다. 레닌은 크로포트킨의 『프랑스혁명사』를 극찬하며, 이 책을 인쇄해 전국에 배포하고 싶다 말한다. 크로포트킨은 그 책을 정부인쇄소가 아닌 소비조합과 같은 곳에서 출판할 조건을 내건다.

레닌, "희망하신다면 그렇게 해드리지요. 우리는 전적으로 편하신 대로 하겠습니다." 그러자 크로포트킨, "우리란 누굴 말하는 겁니까? 정부 말인가요?" 허를 찔린 레닌은 대답을 얼버무린다.

레닌은 여전히 혁명을 도달해야 할 무엇으로 보았다. 그렇기에 그는 프롤레타리아트 독재라는 혁명의 중간 단계의 필요성을 역설했다. 크로포트킨의 생각은 달랐다. "만물은 서로 돕는다."(상호부조) 이것은 도달해야 할 이념이 아니라 자연 법칙이고, 먼 훗날의 이야기가 아니라 모든 역사 속에서 인간의 삶을 일구는 현재적 조건이었다. 제도는 이런 인간의 본성을 억압하는 것이었다.

"그 의도가 아무리 민주적일지라도 지배 기구는 모두 악"이다. 국가를 위시한 온갖 사회적 제도들은 만인을 노예 상태로 묶어 둔다. 레닌이 말한 프롤레타리아트 독재도 결국은 하나의 제도로 새로운 노예 상태를 만들어 낼 뿐이다. 지금 필요한 것은 제도가 아니다. 오히려 제도로 인해 가려진 인간 본성, 그 상호부조의 본성을 되살려 내는 것이다.

혁명의 지점은 여기에 있었다. 혁명의 지도자든 농민이든 노동자든 바로 그 자신의 삶에서 이 본성을 찾아내고 구현해야 한다. 때문에 크로포트킨에게 노동자를 '위한' 활동은 없다.

혁명은 누가 누구를 구원하는 문제가 아니다. 구원의 주체와 대상이 따로 존재하는 것도 아니다. 크로포트킨은 직접 노동자가 '되는' 활동을 했다. 그는 농민과 노동자들로부터 배웠다. 그리고 배운 만큼 글로 써 내려갔다. 배움을 실천하는 삶이 아니라 삶을 배우는 실천. 이 과정을 통해 크로포트킨은 아나키즘 사상의 이론가가 되었다. 크로포트킨이 최후에 쓰고자 했던 책은 '윤리학'이었다. 이것은 혁명에 관한 그의 생각을 잘 보여 준다. 크로포트킨의 질문은 '노동자들을 위한 세상이 무엇인가?'가 아니었다. 그는 오로지 '어떻게 우리는 스스로 노동자가 될 수 있는가?'를 물었다. 이 물음에 답할 수 있는 자만이 혁명가였다. 폭약 냄새와 무질서, 혹은 대규모 시위로 혁명을 떠올리는 우리들 앞에, 크로포트킨은 이런 혁명가의 초상으로 우뚝 서 있다.

_신근영

부록 2
나의 멘토 BOOK

이제마의 『동의수세보원』

나를 살리는 책

몸과 삶을 치유하는 책

나는 문제가 없다고 생각되는데 보기 싫은 사람이 계속 생긴다. 그렇다고 싫은 티를 낼 수도 없는 노릇이니 거짓 웃음을 흘리며 친한 척하고 의미 없는 인사말을 늘어놓는다. 이상은 현대인의 삶의 단면이다. 물론 여기엔 현대인의 계산이 들어 있다. 이익이 걸려 있거나 좋은 사람으로 보이고 싶은 인정 욕망이 마음에 없는 말을 일삼게 한다. 이제마에게 이런 행위는 모두 병의 근원이 된다. 나와 상대방은 속일 수 있지만 내 안의 세포는 속일 수 없는 일이니 말이다. 사실 이제마의 문제의식은 단순하다. '생명'의 질서(몸의 질서)를 지키는 것, 그것이 곧 삶이다. 수세보원(壽世保元)의 '보원'(원칙을 지켜라)이 의미하는 바도 이것이다.

수많은 세포가 유기적으로 소통하면서 집합체를 구성하는 것이 몸이다. 또한 사회도 다양한 인간으로 구성된 집합적 신체다. 사회든 몸이든 다양한 개체들이 상호 소통하는 가운데 '생명'은 유지되고 있다. 오장육부가 각기 다른 역할을 수행하면서 소통하듯이, 각기 다른 인간이 서로 어울려 살아가고 있다. 이제마는 자신의 경계를 뚜렷이 하면서 타인과 관계 맺기를 거부할 때 병이 난다고 보았다. 몸을 생리뿐 아니라 사회적 관계로 확장시키고 있는 것이다. 그러므로 그의 저서 『동의수세보원』은 몸을 치료하는 의서인 동시에 삶을 위한 수양서이기도 하다.

성인 = 소통 가능한 신체

『동의수세보원』이라는 제목에서 알 수 있듯이 '수'(壽)는 목숨을 뜻하는 동시에 존재를 의미한다. 그리고 '세'(世)란 세계 혹은 삶으로, 『동의수세보원』은 '존재(壽)가 세상(世)에서 지켜야 할(保) 원칙(元)'이란 뜻을 가진 책이다.

이제마는 병을 삶에서 지켜야 할 원칙을 어겼을 때 생기는 것으로 보았다. 그의 질병관과 양생관은 책 구성에도 잘 드러나 있다. 서론에는 성명(性命), 사단(四端), 확충(擴充), 장부론(臟腑論)으로 이어지는 이제마의 철학적 사유가 집약되어 있다. 그리고 본론에선 태양(太陽)·태음(太陰)·소양(少陽)·소음(少陰)의 사상(四象)에 따른 각각의 병증을 논하고 결론인 광제설(廣濟說)에선 도덕과 양생으로 마무리하고 있다. 요컨대 『동의수세보원』은 단순히 임상을 목적으로 하는 책이 아니라, 삶의 비전을 제시하고 있는 책이다.

『동의수세보원』의 시작은 성명론이다. '성명'이란 하늘에서 부여받은 본성을 뜻한다. 성명은 우주의 원리와 직결된다. 감나무는 감나무답게 개미는 개미답게 살듯 인간도 인간다운 삶의 양식이 존재한다. 우주에 수많은 별이 있지만 함부로 운행되는 일이 없는 건 각자에게 부여된 질서가 있기 때문이다. 지구도 태양도 우주적 운행 경로가 있듯이 인간도 따라야 할 본성이 있다는 것이 성명론이 전하는 바다.

이제마가 성명을 말하면서 몸을 사유의 중심에 놓은 건 매우 혁명적

발상이었다. 유학의 최종 목적지는 수양을 통해 성인(聖人)이 되는 것이다. 성인은 '천리의 이치를 체현하는 자'로 유학자가 도달할 최종 목표이기도 하다. 보통 유학적 수양은 독서를 통해 이루어지므로 서민들은 접근조차 할 수 없었다. 그런데 이런 통념을 깨고 이제마는 누구나 성인이 될 수 있다고 선언한다. '타자와 소통 가능한 신체'가 이제마가 확충한 성인이었다. 우리는 보통 성인을 고고한 인품을 지닌 존재로 한 마리 학 같은 이미지로 생각하기 쉽다. 하지만 이제마의 성인은 보통 사람과 같이 장부를 가지고 있으며, 만 개의 장부와 소통 가능한 존재였다. 이제마는 성인과 똑같은 장부를 가지고도 무능력한 것을 죄라고 말하면서 우리의 게으름을 꾸짖고 있다.

> 천하의 모든 보통 사람들의 장부도 역시 모두 성인의 장부와 같다. 그 재능도 또한 성인의 재능이다. 같은 폐, 지라, 간, 콩팥에 성인의 재능을 가지고 있으면서도, 스스로 말하기를 나는 아무 재능도 없다고 한다. 이것이 어찌 재능의 죄이겠느냐. 그것은 사실은 마음의 죄인 것이다.(『동의수세보원』, 「사단론」)

몸과 삶의 네비게이션

『동의수세보원』에서는 인간이 중요하다. 내가 인지하고 느껴야 땅도 하늘도 의미가 있다. 인간(人間)이라는 말에서도 알 수 있듯이 인간은 사이의 존재, 즉 관계의 산물이다. 관계의 전령사는 몸이다. 우주가 아무리 광대무변해도 인간은 이목구비로 세상과 통해 있다. 그 기운은 폐비간신(肺脾肝腎)을 통과하면서 장부의 수용 능력에 따라 차이를 만들게 된다. 장부의 대소가 각기 다르므로 체질이 나눠지고, 태양·태음·소양·소음이라는 사상인이 탄생되는 것이다. 사상인은 집합을 이루어 체질 간의 순환을 이뤄 내야 하지만, 자기 정체성을 고집할 때 몸은 소외되기 시작한다. 예컨대 태양인은 순환을 통해 인(仁)의 덕목을 잘 체현하지만, 다른 신체와 교감하지 못하고 고립될 때 방종하는 자로 변하게 된다. 또한 태양인은 폐 기운을 잘 쓰는데 폐란 외부 기운과 소통하는 장부이다. 그래서 외부 공기를 몸으로 유입하지 못할 때 태양인은 제대로 듣지 못하게 된다. 이처럼 듣는 것과 폐의 건강성은 직결되고, 인이란 덕목을 실천하는 것과 폐 기능이 하나로 연결된다. 나머지 체질의 경우도 동일하다. 이렇듯 몸의 원리와 삶의 관계성은 긴밀하게 연관되어 있다.

이제마는 몸과 삶을 순환하는 법으로 박통(博通)과 독행(獨行)을 제안한다. 박통이란 몸의 원리를 아는 것이고, 독행은 몸의 원리를 실천하는 것으로 몸의 매커니즘을 알고 그에 맞는 행을 할 때 불통의 삶이 천지만물과 소통하는 삶으로 변환된다. 결국 지와 행의 일치를 통해 몸의 원리가 삶의 윤리로 완성되는 것이다.

보원, 삶과 몸의 간극 줄이기

이제마에겐 '인간은 어떻게 살아야 하는가'가 화두였고 그는 평생 이 질문에 답하기 위해 『동의수세보원』을 썼다. "이 글은 이제 계사년(1893) 7월 13일에 쓰기 시작해서 밤낮으로 깊이 생각하고 헤아려서 잠시의 휴식도 없이 이듬해 갑오년(1894) 4월 13일에 이르렀다." 이제마는 1893년 7월부터

1894년 4월까지 필생의 역작인 『동의수세보원』을 집필했는데, 당시 그는 마치 '실성한 사람'처럼 열과 성을 다해 원고를 썼다고 한다.

생명 세계의 본질은 순환이다. 순환을 하려면 삶을 돌아보고 타인과 끊임없이 관계 맺으며 변이해야 한다. 그러나 현대 사회는 소유와 증식에 대한 욕망 때문에 순환이 불가능해졌다. 이제마식으로 말하면 잘못된 욕망은 몸의 순환을 가로막기 때문에 병의 치료란 생명 원칙에 기반한 욕망의 재배치가 된다.

그럼에도 불구하고 현대의학은 삶과 무관하게 병에 접근하고 있다. 현대의학 장비는 최첨단 수준으로 발달했지만, 현대인이 여전히 온갖 병에 시달리는 건 기술로 해결될 문제가 아니라는 증거가 아닐까. 이제마라면 삶의 궤적이 자신이고 병이 삶의 성적표라며, 병을 치유하기 전에 삶을 돌아보라고 권할 것이다. 그가 해법으로 제시한 것이 '보원'이다. 이제마는 누구나 삶의 의사가 되기를 주문한다. 내가 살려면 '보원'해야 한다! 삶과 몸이 만들어 낸 간극, 그 거리를 극복하는 해법이 『동의보세보원』에 오롯이 담겨 있다.

낯선 생각, 새로운 질문을 던지는 일

저항인가, 자학인가

조선에 만세가 일어나던 전 해의 겨울이었다.

염상섭의 『만세전』(1924) 첫 구절이다. 이 작품은 제목 그대로 '만세'(1919년 3월 1일)가 일어나기 전, 어느 며칠을 배경으로 하고 있다. 그 무렵 일본 유학생이던 조선 청년 이인화는 아내가 위독하다는 연락을 받고 집으로 출발한다. 그 출발로부터 경성에까지 이르는 귀향 과정이 『만세전』의 주요 내용이다. 기차를 타고, 배를 타고, 기차를 타고……일본에서 조선으로 돌아오는 길에서 이인화가 보고, 듣고, 느낀 것을 꼼꼼하게 되살려 놓고 있다. 이러한 『만세전』에 대해 지금껏 많은 사람들은, 식민지가 되어 버린 조선을 '무덤이다, 구더기다'라고 외치는 이인화의 심리에 주목해 왔다. 동경이라는 화려한 제국의 수도와 식민지라는 낡은 고향을 대비시키고, 그 간극을 사실적으로 고발했고, 그래서 『만세전』을 식민지 시기의 대표적인 저항문학으로 손꼽기도 한다.

식민지 조선에 대해 비판하는 이인화의 목소리는 그러나 '저항'이라기에는 뭔가 석연찮은 느낌이다. 오히려 저항이라기보다는 자조와 자학, 신경질적인 비명에 가깝기도 하다. 물론 이 목소리가 실상은 식민지 치하의 지식인의 압박으로 비롯되었다는, 기존 평가의 전제도 충분히 설득력이 있다. 그럼에도 불구하고, 짜증스러운 혹은 잘난 척하는 것처럼 여겨지는 지식인의 소리 높은 비판이 왜 그리 중요한 의미로 읽혀질 수 있는지는 뭔가 석연치 않다.

『만세전』의 초판(사진). 발표 당시의 제목은 「묘지」(墓地)였다. 구더기가 들끓는 무덤, 그것이 바로 염상섭이 바라본 당시 조선의 모습이었다.

조혼했던 아내가 위독하다는 전보를 받긴 했지만, 이인화에게 그 사실은 그다지 촌각을 다투는 상황으로 여겨지지 않는다. 아울러 조선으로 나가는 것도 별로 내키지 않는다. 이 당시의 이인화를 살펴보면 스스로의, 자기 속의 '생각'이 많은 인간이다. 상황 판단이나 호오감정 판단 등은 모두 속으로 하는 생각일 뿐, 그 테두리를 벗어나는 일이 없다. 그래서인지 그는 늘 혼잣말에 능하다. 그 혼잣말은 대체로 내가 이렇게 생각하는 것은 어쩔 수 없어, 할 권리가 있다면 하지 않을 권리도 있어, 등등 자기식으로 살아간다는 데에 대한 명분을 주는 데 사용된다. 그래서 그에게는 나의 감각과 나의 생각만이 세계의 중심이다. 그런 그가, 무덤이다. 다 뒈져라…… 는 저주스러운 한탄을 한 것이 뭐 그리 대수라고, 이 한 마디로 갑자기 이인화는 우국충절의 지사처럼 여겨지고, 『만세전』은 식민지 시기 대표적인 문학작품으로 격상되는 것일까.

자신과 세계에 대한 비명

『만세전』이 이인화의 귀향 과정을 주요 구조로 삼은 만큼, 그것은 전형적인 여로형 소설이다. 소설이란 원래 여행-길찾기 과정을 다루는 장르다. 소설 속에서 벌어지는 사건, 세계 상황에 따라 주인공이 의미를 탐색하는 과정이 소설의 본질적인 요소이기 때문이다. 그런 만큼 소설에서는 주인공이 무엇을 보고, 느끼는가가 중요하다. 특히 『만세전』처럼 명백한 여로형 구조에서는 주인공이 대면하는 외부세계가 핵심이다.

　이인화는 귀향길에서 각양각색의 조선 사람들을 만난다. 과거의 영화에 매달려 살아가는 사람, 일본에 빌붙어 이익의 향방만을 좇아 가는 사람, 차라리 요보(일본인들이 한국인을 멸시해서 부르는 호칭)로 업신여김을 받더라도 일본과는 완전히 거리를 둔 채 살아가는 사람, 그저 아무 생각없이 되는 대로 끌려다니며 사는 사람 등등. 유학생 처지인 이인화는 이 가운데 어디에도 낄 수 없는 애매한 '조선인'이다. 그가 일본에서 '학생'으로 지낼 때에는 딱히 조선인이라는 자각이 필요치 않았다. 가난한 유학생이라 할지라도 '학생'이란, 근대적 지식을 매개로 상류계층으로 나아갈 수 있는 신분이었기 때문이다. 그런 그가 일본의 경계를 넘어가려는 순간, 가치중립적인 것처럼 여겨졌던 학생이라는 신분 대신 '조선인'으로 호명된다. 그래서 일본-조선을 오가는 배에 오르자마자, 형사에 의해 이끌려 나가 굴욕적인 몸수색을 당해야 했고, 식민지인으로서의 자신을 인식할 수밖에 없게 된다.

　나아가 배 안에서 들은 조선 노동자의 현실, 기차 안에서 마주친 가난한 조선인들의 모습은 얌전한 도련님 같은 이인화를 감정적인 격랑에 휘말리게끔 만들기에 충분하다. 일례로 산발한 머리에 땟자국이 줄줄 흐르는 옷차림을 하고, 자고 있는 아이를 업은 젊은 여편네는 그 자체로도 충분히 곤궁하기 짝이 없는 모습이지만, 그런 몰골로 결박까지 당해서 기찻간에 앉혀져있다. 눈으로 보고도 사실인가 싶을 이런 장면들로부터 이인화는 저주 같은그 유명한 혼잣말을 퍼붓는다. 너도 구더기! 나도 구더기! 모두 다 망해 버리라고. 시종일관 '이인화'는 자신의 고향, 자기 민족에 대해 냉소적이고 조롱가득한 태도를 보여 주는데, 이는 사실상 다분히 과장된 태도다. 아니 정확하게 말하면 스스로 위악(僞惡)을 자처한 태도이다. 그 위악은 식민지가 되어 버린 조선에 대한 견딜 수 없는 괴로움을 드러내는 것이자, 지식인 아니인간이 가지고 있는 허위의식에 대한 솔직한 토로이다. 그런데 이때 '이인화'는 너도 구더기이고, 나도 구더기임을 비웃고 조롱한다. 그의 위악은 자기 자신을 포함한 자기 세계 전체였던 것이다.

자기 질문을 만들어 내는 인간

당대의 모습을, 마치 주인공 이인화가 기차를 타고 차창 너머의 풍경을 바라보듯이 사실적으로 그려 내기만 했다면 아마도 『만세전』은 그저 그런 소설들 중 하나일는지도 모른다. 그러나 이인화는 그 풍경으로부터 자기 내부로시선을 옮겨 온다. 이때의 이인화는 일개인으로부터 서사적 자아라는 공동체성을 회복하는 것이라 할 수 있다. 더럽고 비루한 조선인이 자신과 동떨어진 남의 일이 아니었던 것이다. 그가 느낀 조선인으로서의 자각은 자신과 상관 없었던 '풍경' 같은 장면이, 나와 '연대'한 공동체의 몫이라는 것을 깨달는 일이다. 그 깨달음이 긍정적인 반응으로 이어지기는커녕 혐오감과 구역질을 불러일으키는 부정적인 감정으로 발산된다 할지라도, 그 참을 수 없는 분노는 곧 공동체에 대한 자각이 있음을 반증하는 것이기도 하다. 이 과정이 일어나는 장소는 물론 이인화의 머릿속이다. 머릿속에서 갖가지 생각들이 일어나고, 그 때문에 갖가지 감정을 발산한다.

이때 이인화의 '생각'이란 그야말로 예전에는 생각지도 못한 것, 예전에 가져 보지 못한 생각이 떠오른 것이다. 머릿속에 있는 무언가를 그려 내는 것이 아니라 나에게 없던 것을 만들어 낸 것이다. 그 없던 것이 일으키는 이질감, 낯섦이 역겨움을 비롯한 부정적인 감정을 불러일으키지만, 결국은 예전에는 가져 보지 못한 새로운 생각의 단계로 들어선다. 그래서 생각한다는 것. 즉 자신의 외부를 받아들이는 것. 그 외부를 통해 나 자신을 다시 바라보는 일이다. 그래서 나의 찌질함마저도 스스로 바라보는 인간, 자기 삶에 대해 자기 질문을 만들어 내는 인간이 탄생한다. 어쩌면 소설을 쓴다는 것 자체가 자기 세계를 만들어 보는 일일지도 모른다. 그 시도와 노력 자체가 염상섭의 삶이었고, 『만세전』이 구축한 세계이다.

다시 한번 말하지만, 『만세전』은 저항문학도 애국소설도 아니다. 오히려 『만세전』의 시각에 선다면, 순결한 조선, 단일 민족의 애국심도 비판의 대상이 된다. 우리의 민족주의가 긍정이라면, 일본의 민족주의도 긍정해야 할 것이기 때문이다. 누구에게나 공정한 민족주의란 사실상 불가능하다. 오히려 정의롭다는 것이 어떻게 규정될 수 있는지를 물어야 할 것이다. 이 지점에서 『만세전』이 가진 덕목이 오롯이 드러난다. 자기 감각을 통해 외부세계를 받아들이는 이인화의 변화 과정은 자기 삶을 살아가는 힘겨운 고투를 보여 주기 때문이다. 그래서 자신이 마주하고 있는 외부세계에 대해 참을 수 없는 분노를 표출하는 순간, 그 이전과는 다른 낯선 시점을 확보하게 되고, 그 앞에 놓여진 모든 것들은 다르게 보이기 시작한다. 예전에는 차마 상상하지도 못했던 방식으로 세계가 보이는 것이다. 그 방식을 통해 자기 삶에 질문하는 것이 성공한 소설이 바로 『만세전』이다.

_김연숙

벤야민의 『아케이드 프로젝트』

19세기의 넝마조각으로 기운 책

벤야민의 『아케이드 프로젝트』를 낳은 곳은 첨단의 대도시 파리다. 1933년 파리 망명길에 오르기 7년 전, 벤야민은 이 작품을 구상했다. 1927년 초고를 쓴 뒤, 몇 주 안에 끝난다고 호언장담하던 이 작업은 아무리 해가 바뀌어도 감감 무소식이었다. 그 뒤로 약 10년의 구상 기간 동안 『아케이드 프로젝트』에 관한 열망은 "밤마다 작은 야수처럼 울부짖으며" 그를 떠나지 않았다. 그의 바람은 현대 도시의 실상을 규명함으로써 새로운 역사철학을 만들어 내는 것이었다. 그런데 그 "한 방의 결정타"를 날릴 기회가 파리 뒷골목의 하숙방을 전전하는 비참한 망명자 신세가 되어서야 찾아 온 것이다.

파리에서 그는 참담한 연금 생활자였다. 한편에서는 생활고가, 다른 한편에서는 전쟁과 나치의 압박이 그를 옥죄어 왔다. 그는 이 절박함 속에서 어떻게든 써야 했고, 살아 나가야 했다. 이런 그에게 유일한 출구가 되어 준 것은 파리의 국립도서관이었다. 그의 일과는 오직 파리의 도서관을 서성이며 그곳의 방대한 장서들을 뒤적이는 것이었다. 당시 작성된 편지에는 "이곳에서처럼 고독한 적은 없었다"는 구절이 후렴구처럼 반복되고 있다. 그가 할 수 있는 것은 오로지 파리 도서관에서 자기 안의 울부짖음과 싸우는 것뿐이었다.

벤야민의 넝마자루

대도시 파리의 낯선 인물 군상 가운데 유독 그의 눈을 사로잡은 것은 거리의 쓰레기를 수거하는 넝마주이였다. 넝마주이는 중의적인 의미를 가진 존재다. 넝마주이는 쓰레기 같은 모습을 하고, 쓰레기로 연명한다. 도시가 뱉어 내는 부유물들을 새롭게 변용시키고, 쳇바퀴처럼 무한 반복되는 권태로운 도시의 리듬 가운데 경쾌한 엇박을 만들어 낸다는 점에서, 이들은 폐허 속에서 생산하는 자다. 벤야민은 이들에게서 파국의 상황에 도래한다는 "구원적 실천"의 모델을 본다. 쓰레기를 재생하는 자, 파괴 속에서 재구축하는 자. 벤야민이 보기엔 "인간 빈곤의 가장 도발적인 모습"을 한 넝마주이야말로 현대 사회의 영웅이었다.

그런데 넝마주이가 행하는 놀라운 변신의 과정은 별다른 기술을 요하지 않는다. 넝마자루를 들쳐 메고 "무뚝뚝하고 집요하게, 얼큰하게 취해서, 하지만 경멸적으로" 주워 담으면 그만이다. 수집한다는 것, 그것은 혁명적 행위일 수 있다. 수집이라는 행위는 한 사물을 본래 그것이 복무하던 유용성으로부터 절연시킬 때 가능한 것이다. 골동품이건 고물이건 맥락으로부터 떨어져 나왔다는 점에서 이들은 모두 파괴 행위를 전제로 한다. "파편 그 자체를 위해서가 아니라, 그 파편을 통해 이어지는 길"을 위한 파괴. 이런 점에서 "파괴는 건설의 전제 조건"이 될 수 있다. 벤야민은 질문한다. 빛나던 전통과 지리멸렬한 현대, 현란한 상품과 나뒹구는 쓰레기, 부르주아와 프롤레타리아, 개인과 집단 등 모순되어 충돌하는 양변을 어설픈 조작으로 종합시키지 않으면서, 어떻게 한데로 모을 수 있을까? 어떻게 이들에게서 "진정한 새로움"을 끄집어낼 수 있을까? 여기서 그는 갈등하는 양극단들의 공존이라는 문제에 대한 답을 얻는다. 나뒹굴고 있는, 그리하여 망각되고 있는 지난 세기의 흔적들을 발굴하고 기억하는 것, 그게 곧 지식인의 과제다. 파탄난 모습 그 자체를 끌어 모으는 것, 앞으로의 글쓰기는 여기 복무해야 한다. 그러기 위해선 파괴해야 한다. 전통과 권위, 그리고 기존의 가치평가들을 다른 각도에서 바라봄으로써 "해묵은 세계를 새롭게 하는 일" 그것이 곧 그에게 주어진 임무였다.

작전명은 '아케이드 프로젝트'. 결과는 미완으로 끝난 누더기 넝마자루같은 원고뭉치였다. 날것 그대로 발췌된 인용구들이 알파벳 항목을 따라 늘어서 있는 이 기이한 책을 두고 사람들은 경악한다. 하지만 여기서 우리는 벤야민의 심중을 읽어 내야 한다. 그는 맥락에서 떼어 냄으로써 구절을 파괴했고, 이질적인 것, 양극적인 것들을 의도적으로 충돌시켰다. 이 충돌의 순간 섬광처럼 드러나는 이미지가 유대교에서 말하는 구원의 메시아 혹은 진정한 진보의 이미지일 수 있다고 생각했다. 건물, 상품, 매춘부, 도박꾼 등 그의 원고는 그 자체 폐품들의 집합소였다. 19세기 파리의 조각난 잔해를 탐하는 지친 망명객의 넝마자루, 그것이 이 책 『아케이드 프로젝트』다.

미로를 위한 지도

"나는 몇 년 동안 삶의 영역을 지도상에 생생하게 그려 설명하려는 생각에 사로잡혀 있었다. …… 그러나 나는 오히려 미로에 관해 말해야 한다." 『아케이드 프로젝트』는 두 번에 걸쳐 작성된 서문 「19세기의 수도 파리」, A-Z 그리고 a-z 항목에 따라 배열된 인용구와 짧은 단상으로 이루어진 복잡한 미로이다. 독자들은 입구도 출구도 따로 없는 거리를 헤매야 한다. 길 잃은 거리에서 낯선 표지판과 건물이 들이 닥치듯이, 19세기의 편린들이 "노상강도처럼 불쑥 들이닥친다."

19세기 파리는 현대성의 요람이며, 거기서 자본주의의 빛나는 성채가 이룩되었다. 그리고 그 핵심은 바로 아케이드다. 아케이드를 가능하게 한 것은 철골과 유리를 자유자재로 다루는 건축술의 발전이다. 건축술의 발전으로 인간은 새로운 공간을 가질 수 있게 되었다. 그런데 역사의 주체는 "억압받는 사람들"이라 생각하는 벤야민이 보기에 현대는 기술 발전을 그들 역사의 주체를 위해 사용하지 못하고 있다. 이 도시를 주름잡고 있는 집단적 허상 때문이다. 영사기에서 쏟아내는 빛이 가상의 형체를 만들어 내듯이, 19세기가 낳은 현대는 "스스로의 환(등)상(Pantasmagorie)에 지배되는 세계"다. 그곳을 지배하는 것은 맑스가 말한 바 있는 상품의 물신성이다. 사람들은 화폐라는 가상의 신에게 도취되어 있다. 세계박람회는 "상품들의 우주를 건립"했고, 파리는 사치품과 유행의 도시로 자리매김했다. 끊임없이 새로운 상품들이 범람하지만, 이 새로움은 가장된 것이며 대도시는 바뀌지 않는 동일성의 반복으로 나타난다.

파리의 거리를 어슬렁거리는 인물 군상은 꿈속을 부유하듯 현대성이 부여하는 지루함 속에 몸을 비튼다. 그 게으름과 느림을 무기로 산업 생산의 무자비한 속도에 저항하는 듯하지만, 상가에 진열된 물건들을 바라보는 가운데 그 자신이 상품이 되어 버렸음을 알지 못하는 산책자들. 국제 카지노와 다를 바 없는 증권거래소의 도박사들, 자기 자신을 파는 임금노동자, 상품의 육화를 실현하는 인물인 매춘부들. 파리를 채우는 것은 이처럼 현대성의 꿈에 빠진 존재들이자 스스로 파국을 체현하는 존재들이다. 이야말로 "지옥의 시간"이 아니고 무엇이겠는가. 유행의 노예가 된 사람들은 자기 모습이 영원한 형벌에 신음하는 지옥의 죄수와 같다는 것을 결코 알아차리지 못한다. 우린 이런 집단의 꿈에 빠져 있는 것이다.

벤야민은 꿈에 빠져 있는 시대의 각성을 준비하는 것이 지식인의 임무라 생각했다. 19세기 파리를 통해 현대의 근원사를 작성하겠다는 벤야민의 의도는 우리 시대가 사로잡힌 꿈의 전체 모습을 있는 그대로 보게 하려는 것이다. 꿈에서 깨어난다는 것은 어떤 것인가? 자기가 꿈꾸고 있었다는 걸 아는 게 꿈에서 깨어나는 것이다. 자기 꿈을 직시하고 미로와 같은 실타래들을 따라갈 때, 지금의 파국을 그 자체로 드러나게 하는 힘뿐만 아니라 또 다른 국면으로의 진입을 위한 실마리도 열린다. 벤야민은 여기서 "정지상태의 변증법"을 말한다. 나아가는 것이 아니라 멈추고 돌아보는 것이 진보이다. 그것은 시간을 전체의 모습 그대로 포착하는 깨달음의 순간이다. "지금 막 덮쳐오고 있는 불행이 얼마나 오랜 기간 동안에 걸쳐 준비된 것인가를 인식하는 순간 동시대인은 자기 자신이 갖고 있는 힘을 한층 더 잘 알게 된다."

『아케이드 프로젝트』는 19세기 파리의 캐리커처다. 벤야민은 낡은 과거의 편린들을 우리에게 들이민다. 그런데 놀라운 점은 그 모습이 우리의 현재와 너무도 흡사하다는 사실이다. 우후죽순 솟아나고 있는 타워팰리스는 아케이드의 21세기 버전이다. 그 앙상한 성채에는 자신의 몸값을 베팅하는 게 너무도 당당하고 자연스러운 이 시대의 연예인과 스포츠맨들, 그리고 주식투자자들이 거주하고 있다. 그 좁은 문에 들어가기 위해 사람들은 오늘도 인생역전의 꿈, 로또를 긁는다. 카드빚을 내 가며 최신의 명품의류를 걸치는 사람들, 소리 높여 시대를 비판하지만 그런 자신이 곧 상품이 되고 있음을 알고 경악하는 록커들, 그 사이로 질식할 듯한 권태감에 빠져 오늘도 숱한 자살 사건들이 쏟아지고 있다. 어쩌면 우리는 벤야민의 말대로 무려 2세기에 달하는 시간을 동일한 자리를 맴돌며 회귀하고 있는 것인지 모른다.

벤야민은 아케이드와 나란히 푸리에의 팔랑스테르를 병치시켰다. 공상적 사회주의자 푸리에, 그는 파리의 아케이드를 변용시켜 공동체의 주거공간으로 거듭나게 했다. 부르주아들의 "요새"가 다른 배치 속에선 "계급 없는 사회"를 위해 복무할 수도 있다. 벤야민의 지론대로, 파국이 곧 구원의 가능성일 수 있는 것이다. 극단으로 치달은 신자유주의 시대, 자본주의의 파국은 어느덧 만개한 듯하지만, 언젠가는 이 파국의 상황이 새로운 가능성으로 펼쳐질지 모른다.

_손영달

세익스피어의 『햄릿』

비극, 말, 그리고 햄릿

『햄릿』은 셰익스피어의 4대 비극 중 아마도 가장 많은 사람들에게 알려진 작품일 것이다. "죽느냐 사느냐 그것이 문제로다"는 초등학생도 알 법한 대사이고, 물에 빠져 죽은 미친 오필리어의 그림은 화가가 누군지는 몰라도 한 번쯤 지나치며 봤을 것이다. 또 선왕의 유령을 만나 진실을 듣게 된 뒤 180도 달라진 세계 속에서 번민에 번민을 거듭하며 서서히 미쳐 가는 햄릿은 아마 수많은 남자 배우들이 한번쯤 연기해 보고 싶은 역할이었을 것이다. 의심하고 머뭇거리고 질문하는 이 캐릭터, 16세기에 만들어진 가장 근대적인 자아 햄릿.

세상은 사개가 제대로 맞지 않고 있어

선왕의 유령은 오직 햄릿에게만 진실을 알려주고자 한다. 햄릿의 절친이자 부하인 호레이쇼와 마셀러스가 같은 장소에 있었지만, 사건의 진실을 들은 건 오직 햄릿뿐이다. 왕의 동생이 독약으로 왕을 죽였고, 왕관과 왕비를 꿰찼다. 그러니 남은 건 복수뿐! 그런데 햄릿은 두 친구에게 그 내용을 함구하고, 그것도 모자라 여기서 유령을 보았다는 사실, 유령과 자신이 대화를 했다는 사실 모두를 비밀로 할 것을 당부한다.

햄릿: 그럼 잘 부탁하네. 이 햄릿 비록 무력한 인간이긴 하지만 하느님 덕
택으로 장차 자네들 우정에 보답하게 될 걸세. 자, 들어가세. 신신당부하네
만, 끝까지 입을 열지 말아 주게. (혼잣말 비슷하게) 세상은 사개가 제대로 맞
지 않고 있어. 이 무슨 악연이냐! 내 그걸 바로잡을 운명을 지고 태어나다니!
(두 사람에게) 자, 들어가세. (모두 성문으로 퇴장) (1막 5장)

햄릿의 유명한 대사 중 하나가 여기 등장한다. "세상은 사개가 제대로
맞지 않고 있어."(The time is out of joint) 다른 국내 번역본들은 이렇게도
번역한다. 시간이 경첩에서 빠져 있다, 시간의 이음새가 빠져 버렸구나, 빗
장 풀린 시간, 뒤틀린 세상……. 요는, 햄릿의 현재가 합이 맞지 않는 형국이
되어 버렸다는 것이다. 햄릿은 자신이 뒤틀린 세상에 살고 있음을 처음으로
절감한다. 동생이 형을 죽이고, 신하가 왕관을 빼앗고, 시동생이 형수와 잠
자리에 드는 세계. 그런 사람이 다스리는 이곳 덴마크. 햄릿은 이를 바로잡
을 의무가 오로지 자신에게 있음을 깨닫는다. "내 그걸 바로잡을 운명을 지
고 태어나다니!" 하지만 이러한 진실을 듣는 운명은 오직 햄릿만의 것이었
다. "맹세하라!"고 지하에서 외치는 유령의 목소리를 듣는 것도 오직 햄릿뿐
이다.

햄릿 읽기는 여기에서 시작된다. 햄릿은 진실을 깨달은 사람, 그렇기에
더 이상 전과 같이 살아갈 수 없는 사람이다. 진실은 언제나 감춰진 곳에 있
고, 그것과 접촉하는 것이 허락된 자는 극소수에 불과하다. 문제는 감춰진
진실과 대면하는 것은 보통 사람으로서는 감당하기 힘든 일이라는 것이다.
햄릿이 접한 진실은 무엇이었던가? 그것은 덴마크 왕국이 결코 순결하고 선

하지 않다는 것, 그러나 자신은 그것을 당장 바로잡을 만한 힘이 없다는 사실이다. 거대하고 또 타락한 세계, 그리고 무력한 일개인. 그러므로 진실을 알아 버린 자는 순식간에 세계를 감옥처럼 느끼고 만다. 햄릿은 수인(囚人)이다. 그는 이제 살 수 없게 되었거나, 아니면 최소한 전처럼은 살아갈 수 없게 되어 버렸다. 빗장 풀린 세계 안에서 악독한 것들이 살아 날뛰는 것이 눈에 보이기 시작했기 때문이다. 자, 그러니 그는 앞으로 어떻게 살아야 할까? 자신의 세계가 지옥이고 감옥임을 깨닫고 난 뒤 인간은 어떻게 되는가?

오, 나를 구원해 주소서, 내 위를 비호해 주소서

햄릿은 광기를 가장해 진실을 캐묻고 자신의 숙부이자 현왕을 압박하기 시작한다. 그는 광인의 언어로 폴로니우스를 비꼬고 현왕을 비아냥거리며 어머니를 희롱한다. 그러나 햄릿은 그러면서도 때때로 고개를 치켜드는 의심에 휘청거린다. 흔히 '복수 지연'이라고 부르는 햄릿의 행동은 이를 두고 하는 말이다. 셰익스피어의 햄릿은 복수의 화신이 아니다. 진실을 안 뒤 분노의 고함을 내지르며 단박에 왕을 찔러 죽이기에 그는 너무 예민하고 신중하고 사색적이다. 그런 자신을 나무라고 들쑤시면서 햄릿은 더더욱 알 수 없는 사람이 되어간다.

어머니이자 왕비의 침실에서 그녀와 대화하는 도중 햄릿은 휘장 뒤에 숨어 있는 누군가를 무참히 칼로 찌른다. 이게 왕이면 좋겠다고 생각하면서. 쓰러져 죽은 사람은 재상인 폴로니어스. 비명을 지르며 나무라는 왕비에게 햄릿은 이렇게 말한다. "잔인한 짓이라구요? 그야 어머니, 왕을 죽이고 그 동생과 결혼하는 짓만큼이나 흉악한 일입니다." 햄릿의 두번째 분기점이 여기다. 유령을 만난 뒤 죄악에 물든 세계와 자신을 분리해 그에 대한 처벌을 다짐한 햄릿은 더 이상 힘을 발휘하지 못한다. 왜냐하면 방금 폴로니어스를 죽임으로써 그 역시 현왕과 똑같은 사람이 되어 버렸기 때문이다. 햄릿의 혼란은 극에 달한다.

> 햄릿: 거지 같은 왕 ─ (이때 망령이 잠옷 차림으로 나타난다) 오, 나를 구원해 주소서, 내 위를 비호해 주소서, 수호 천신들이여 ─ (망령에게) 대체 어떻게 하라는 거요?
>
> 유령: 잊지 마라! 이렇게 내가 찾아온 것은 거의 무디어진 네 결심을 날카롭게 해주기 위해서이다. 하지만, 보아라, 네 어머니의 저 공포에 가득 찬 모습을. 아, 저 고민을 도와드려라. 심약할수록 고민은 강하게 작용하는 법이란다. 자, 어머니께 말을 해드려라.
>
> 햄릿: 어떠십니까, 어머니?
>
> 왕비: 아, 너야말로 웬일이냐? 그렇게 허공을 노려보며 아무 형체도 없는 공기와 이야기를 하니. 그렇게 미친듯이 두 눈을 번득이고, 잠결에 놀라 일어난 병사처럼 잘 빗은 머리카락을 하나하나 곤두세우다니, 웬일이냐? 아, 햄릿, 진정해라. 비록 불길처럼 정신이 산만하더라도 꾹 참아라. 그래, 대체 어디를 그렇게 노려보고 있니?(3막 4장)

혼란에 빠진 햄릿 앞에 느닷없이 나타난 유령! 햄릿은 이제 진짜 광인이 되어 간다. 어쩌면 이는 예정된 수순이었는지도 모른다. 세계의 이면을 보아 버린 자는 더 이상 이전과 같은 눈으로 세계를 볼 수 없다. 진실을 밝히기 위한 길이 지난할수록 광기는 보다 강하고 보다 질기게 햄릿을 잠식하기 시작한다. 푸코의 말처럼, 광기는 "이성과 진실을 한가운데에 자리잡는다." 진실 때문에 미쳐 버린 자 햄릿. 이제 극은 점점 파국으로 치닫는다.

자네는 살아남아서 나의 입장을 올바르게 설명해 주게

모두가 익히 아는 마지막 결투 장면에서 햄릿과 왕비, 왕, 폴로니우스의 아들은 모두 죽는다. 작품이 비극으로서 서서히 완성되어 가는 순간! 그러나 햄릿의 마지막 대사는 작품 『햄릿』을 비관적이지만은 않은 비극으로 만드는 데 크게 일조한다. 독침을 바른 칼에 찔려 죽어 가면서 햄릿은, 그의 곁에 있던 호레이쇼에게 말하기 시작한다.

> 햄릿 : 호레이쇼, 나는 죽네. 가엾은 어머니, 안녕히! 이 참변에 파랗게 질려서 벌벌 떠는 여러분들, 이 비극의 무언 배우나 관객밖에 못 되는 여러분들! 죽음의 잔인한 사자가 사정없이 나를 붙잡아 가는구려. 아, 해두고 싶은 이야기가 있지만 — 시간이 없구나. 호레이쇼, 나는 가네. 자네는 살아남아서 나의 입장을 올바르게 설명해 주게, 나를 비난하는 사람들에게.
> 호레이쇼 : 살아남다뇨, 그 무슨 말씀. 저는 이제 덴마크인이기보다 고대 로마인이고 싶습니다 — 마침 독주가 남아 있습니다. (잔을 든다)
> 햄릿 : (일어서서) 대장부라면 그 잔을 이리 주게. 자, 손을 놔. 제발 이리 달라니까! 여보게, 자네가 나를 소중히 여긴다면, 잠시만 천상의 행복을 물리치고 고생스러울지라도 이 허한 세상에 살아남아서 내 이야기를 후세에 전해 주게……. (5막 2장)

죽어가는 햄릿은 "이 참변에 파랗게 질려서 벌벌 떠는" 관객에게 말을 건넨 뒤, 친구 호레이쇼에게 "살아남아서 나의 입장을 올바르게 설명해"달라고 유언한다. 그렇게 하여 '호레이쇼'는 햄릿을 제외한 모든 살아 있는 사람을 포괄하는 명사가 되어 버린다. 햄릿까지 포함해 덴마크의 구세대 죄인들이 모두 죽어 버린 저 무대 위에서 "비극의 무언 배우"가 되지 않기 위해 관객이 해야 할 것은 무엇인가? 바로 이것이, 진실을 보아 버린 한 인간이 다음 세대에게 넘기는 과제다. 『리어 왕』과 『맥베스』에서도 마찬가지다. 주인공은 죽고, 앞으로 무얼 해야 할지는 살아남은 자들에게 남겨진 과제가 된다. 그리하여 『햄릿』의 세계는 멸망하지 않을 수 있게 된다. 셰익스피어의 비극들이 비관적이지 않을 수 있는 것은 이 때문이다.

　비극의 주인공들은 물론 파멸한다. 그것은 존재론적으로 인간이 가진 무지와 허약함에서 비롯된 것일 수도 있고, 주인공 개인의 이기심과 욕심에 의한 것일 수도 있다. 하지만 이유가 무어든, 비극의 핵심은 파멸이 아니라 고통 앞에서 인간이 보여 주는 숭고함과 위엄에 있다.

　예컨대 고대 그리스비극 『오이디푸스』에서 오이디푸스는 눈 먼 채 국경 밖으로 나감으로써 자신의 비극적 운명을 완성시켜 인간 영웅으로 거듭난다. 자기 운명을 책임지고 그 고통을 온전히 감당하길 스스로 택함으로써 능동적인 주체로 재탄생하는 것이다. 이 지점까지 당도할 때 인간은 위대해지고 세계는 다시 시작할 힘을 얻는다. 햄릿 역시 어찌되었든 호레이쇼'들'에게 그의 진실을 넘겨 주는 데 성공했다. 햄릿이 이룬 성취는 결국 왕에 대한 복수가 아니라 바로 이것이었다. 그는 세계에 다시 시작할 사명과 힘을 건네준 뒤 스러져 간다.

자, 이렇게 하여 셰익스피어의 『햄릿』은 막을 내렸다. 이제 정말로 우리가 물을 차례가 된 것이다. 우리 호레이쇼들은 앞으로 무엇을 할 것인가? 우리는 무엇을 말하고 듣고 볼 것인가? 우리는 진실 앞에서 어떤 행동을 취할 것인가? 셰익스피어 읽기는 여기에서 완성되고, 이윽고 다시-시작된다.

_수경

과거의 목소리

이 작은 작품집을 쓰기 시작해 책으로 묶기까지는 상당히 긴 시간이 걸렸다. 꼬박 13년이나 걸렸다.(「서언」)

우리에게 루쉰은 소설가로 알려져 있지만, 그가 남긴 소설집은 단 세 권뿐이다. 이 중 두 권은 창작활동을 시작한 1920년대 초반에 나왔고, 마지막 소설집인 『새로 쓴 옛날이야기』(故事新編)는 죽음 직전에 출판되었다. 이 마지막 소설집을 무려 13년에 걸쳐 완성했다는 얘기다. 그만큼 이 책에 대해서, 또는 옛날이야기를 다시 쓰는 작업에 관심을 두었다는 뜻일 테다. 그렇다면 루쉰은 왜 이렇게 자신의 전 창작 생애를 통해서 옛날이야기를 다시 쓰는 일에 매진했던 걸까.

작품집에는 총 8편의 작품이 수록되어 있다. 제목에서 알 수 있듯, 수록 작품은 모두 중국의 신화, 역사, 옛날이야기를 소재로 한다. 우리가 잘 아는 전국시대 인물들 가령 노자(「관문을 떠난 이야기」出關), 묵자(「전쟁을 막은 이야기」非攻), 장자(「죽음에서 살아난 이야기」起死)를 쓴 작품도 있고, 신화 속의 사건들, 가령 백이와 숙제가 고사리를 캐 먹다 죽은 이야기(「고사리를 캔 이야기」采薇), 우임금의 치수사업(「홍수를 막은 이야기」理水), 여와가 인간을 창조한 이야기(「하늘을 땜질한 이야기」補天), 활쏘기의 명수 예와 달로 달아난 그의 아내 상아 이야기(「달나라로 도망친 이야기」奔月), 미간척이 부모의 복수를 하는 이야기(「검을 벼린 이야기」鑄劍)도 있다.

소재만 본다면 신화, 전설, 역사 속 인물을 등장시켜 옛날이야기를 서사하는 듯한 느낌을 주기도 한다. 하지만 루쉰은 옛날이야기의 결들을 "새롭게 짠다."(新編) 당시의 독자들은 루쉰의 작품을 읽으면서, 고리타분한 옛날이야기가 아니라 당대 현실 사건들과 인물의 속살을 엿본 듯하다는 감상을 많이 남겼다. 그러면서 자신이 알고 있던 옛날이야기가 다른 식으로 해석할 만한 가능성을 가진 새로운 것으로 다가왔다고 회고한다. 그러면 루쉰은 어떤 방식으로 진부함에서 "새로움"을 만들어 낼 수 있었을까. 그리고 그 새로움의 효과는 무엇이었을까.

옛날이야기에서 현재를 보다

루쉰이 옛날이야기 다시 쓰기에 골몰했던 시기는 5·4신문화운동이 퇴조했던 1920년대 초반, 그리고 일본군의 침략과 국민당의 무저항주의가 만연했던 1935년경이었다. 암울하고 절망적인 상황이라, "현재의 문제에 관심을 갖고 싶지 않았던" 시기였다. 절망한 루쉰이 흡사 현실에서 도망치듯, 현실의 암울함에 굴복하여 과거로, 전통으로, 기억으로 도피한 듯도 보인다. 하지만 루쉰은 거기에서도 치열하게 분투하지 않을 수 없었다. 왜냐하면 위안을 받으려는 듯 침잠한 과거 속에서 그는 자신이 현실에서 저항해 마지않던, 증오해 마지않던 중국인의 열근성을 발견했기 때문이다. 절망 속에서도 루쉰은 글쓰기를 쉬지 않았다. 그 결과가 바로 『새로 쓴 옛날이야기』이다. 그렇지만 루쉰은 과거와 전통에 뿌리를 내리고 있는 열근성을 피와 화약 냄새가 진동하는 싸움이 아니라, 웃음과 '장난기' 가득한 전투를 진행했다.

사건을 기술하면서 어떤 것은 옛날 책에 근거를 둔 것도 있지만, 어떤 것은 마음대로 써 내려간 것도 있다. 더구나 옛날 사람에 대한 나의 태도는 현대인에 대한 것처럼 그렇게 정성스럽거나 공경스러운 것이 못 되어서 수시 장난기가 발동함을 억누를 수가 없었다.(「서언」)

루쉰의 장난기는 권위가 자신의 논리로 스스로 우스꽝스러운 상황에 처하는 방식을 보여 주는 방식으로 진행되었다. 「관문을 떠난 이야기」에서 루쉰은 "함도 없고 하지 않음도 없다"는 노자 사상을 묘사한다. 노자에게 강의를 부탁한 관문지기들은 노자의 위의 구절을 노자가 연애라곤 해본 적 없는 사람으로 판단하는 데 이용한다.

"꾸벅꾸벅 조느라 '함도 없고 하지 않음도 없도다'한 그의 말을 듣지 못한 자네 탓이야. …… '하지 않음이 없도다'를 하려면 '함이 없도다'가 되어야만 해. 사랑함이 있으면 사랑하지 않음이 없도다일 수 없을 텐데, 그래서야 어디 연애를, 감히 연애를 할 수 있겠냐구?"

작중에서 이용되는 맥락과 달리, 당시의 독자들이라면 국민당 관료들과 지식인들의 양상을 떠올릴 수 있는 구절이기도 하다. 1930년대, 일본군은 동북지역에서 화북으로 상하이로 중국대륙을 침략했다. 국민당은 일본군의 침략에 화친정책으로 일관했는데, "저항하지 않는 것이 저항하는 것"

이고, "무저항이 최고의 승리다"라는 식의 국민당의 무저항주의가 노자 사상의 현실 적용 예로 이야기되었던 것이다.

「죽음에서 살아난 이야기」의 장자도 마찬가지다. "옷이란 있든 없든 상관없는 게야. 옷이 있는 게 옳을 수도 있고, 옷이 없는 게 옳을 수도 있지. …… '저것도 하나의 시비요, 이것도 하나의 시비'라는 거지." 장자의 상대주의는 현대 지식인들의 구미에도 딱 맞아서, 일본군의 침략과 국민당의 무저항, 민생과 치안에 대해서 침묵하는 지식인들을 막아 주는 방패였다. 하지만 장자가 자신의 지적 호기심에 의해 다시 살아난 벌거벗은 사내에게 낭패를 당하고, 줄행랑을 친 것에서 알 수 있듯, 장자 사상은 현실적으로 아무런 효과도 없었다.

현실을 낯설게 하기

루쉰이 그려 낸 과거의 인물과 사건에서 우리는 현재의 인물과 사건의 양상을 발견할 수 있다. 또한 그의 작품은 현재에도 여전히 살아 숨 쉬는 과거의 모습을 보여 준다. 그 모습은 흡사 강시와도 같다. 과거로부터 면면히 이어져 내려오는 '인의도덕'(仁義道德)이 현재를 도살한다. 이런 사회가 바로 루쉰이 창작 초기부터 계속 비판해 왔던 '식인'(食人)의 사회이다. 그 식인 사회를 가득 채우고 있는 민중은 지식인과는 다른 의미에서 식인에 동조한다. 이들은 상부에서 말하는 대로, 지식인이 말하는 대로, 기존 관행대로, 기존의 습관대로 비주체적으로 살아감으로서 식인에 동참한다.

마을에는 그들에 대한 이야기가 줄곧 끊이지 않았을뿐더러, 그들을 구경하려고 일부러 산을 오르는 사람들도 있었다. 어떤 사람은 그들을 명사로 생각했고, 어떤 사람은 그들을 괴물 취급했으며, 어떤 사람은 그들을 골동품으로 대했다. 심한 경우에는 뒤를 따라와 그들이 고사리 캐는 것을 구경하는가 하면, 빙 에워싸고는 어떻게 먹는지를 구경하기도 했다. 이러쿵저러쿵 별의별 질문을 다 하는 등 넋이 나갈 지경이었다. 더구나 그들을 상대할 때는 겸허한 태도로 일관해야지, 만일 조금이라도 방심하여 눈살이라도 찌푸리게 된다면 사람들로부터 '성깔 더럽다'는 욕을 피할 수 없게 되는 것이다. (「고사리를 캔 이야기」)

주나라 무왕(武王)의 혁명에 '인효'(仁孝)를 내걸고 반대함으로써 백이와 숙제는 '의인'(義人)으로 칭송받았다. 그들은 자신들의 의를 지켜, 주나라의 곡식은 먹지 않겠다고 선언, 서우양산(首陽山)에 들어가 고사리만 뜯어먹고 살았다. 하지만 그들은 자신이 먹는 서우양산의 고사리도 주나라의 곡식이라는 말을 듣고는 고사리조차 먹지 않고 죽음을 맞이한다. 역사에는 그들의 죽음을 의로운 것으로 그리지만, 루쉰은 그들의 행동이 공동체와 전통적인 가르침에서 한 치도 자유롭지 못하다고 봤다. 그들처럼 백이와 숙제를 둘러싼 민중도 마찬가지였다. "중국 특유의 예술에 대한 평가"는 민중들 사이에서도 유행하여, 사람을 품평하고 "구경"하는 민중의 시선들과 말들이 백이와 숙제를 죽임으로 내몬 것이었다.

사회적 평판과 체면을 목숨보다 중시하는 중국인의 모습은 루쉰의 다른 글에서도 쉽게 발견할 수 있다. 루쉰의 『새로 쓴 옛날이야기』는 이렇게 과거의 유령이 현재 자신들의 모습임을 보여 준다. 과거를 통해서 현실을 낯설게 보여 줌으로써, 강시인 자신의 모습을 보게 만드는 것. 그렇게 하여 중국인의 멘탈을 붕괴시킨다. 삶의 지반이 붕괴하는 경험을 한 자는 분명 그 이전과는 다른 자일 터이다. 그렇게 자신을 새롭게 갱신하는 노력들, 거기에서 루쉰은 혁명의 첫걸음을 봤다.

_최정옥

역학의 원류, 선천역학

유학자들은 소강절의 선천역학(先天易學)을 도무지 종잡을 수가 없었다. 그의 선천역학은 공자와 왕필(王弼) 그리고 정이천(程伊川)으로 이어지는 주류적 의리역학의 체계에서 비껴 나 있었고, 그렇다고 점복술로 응용되던 기존의 상수역학에도 속하지 않았다.

그의 주장에 따르면 선천역학은 기존의 역학보다 시기적으로 앞선다. 그래서 '선천'이다. 자연히 기존의 역학은 '후천'이 된다. 풀어 말하면, 후천역학은 역의 기호(괘)에 주나라 문왕이 제목을 붙이고 공자가 철학적 주석을 달면서부터 시작된, 일반적으로 '주역'(周易)이라는 이름의 역학이다. 그에 반해 선천역은 괘상에 문자가 달리기 이전의 역이다. 즉, 전설상의 제왕인 복희씨가 최초로 만들었다는 선천팔괘 이론을 바탕으로 한 학문이다.

주역의 역사는 중국 문명의 역사를 망라한다. "천문, 지리, 악률, 병법, 운하, 산술, 방외의 연단술에 이르기까지 모두 역을 원용하여 이론을 만들었다."(『사고전서 총목제요』) 그런 점에서 선천역학이 주역 이전의 역이라는 것은 그것이 문명에서 벗어나 있음을 뜻한다. 소강절은 이 문명 이전의 선천역학에 주목했다. 왜 그랬을까? 주역이 시작된 지 천 년이 지난 북송 시대에 그는 왜 문명 이전으로 거슬러 올라간 것일까?

선천역학, 그 펼침과 접힘

한번은 정명도가 소강절을 방문했다. 그리고 술에 취해 있던 소강절에게 평생의 배움, 그 기쁨과 위대함에 대한 얘기를 들었다. 그 다음날 명도가 한 제자에게 슬픈 얼굴로 이렇게 말했다. "선생을 따라 노닐다가 그의 뜻을 들었다. 정말 진고의 호걸이 따로 없더구나. 그런데 세상의 쓰임이 되지 못하는 것이 애석하기만 하도다."(『송원학안』, 「백원학안」)

명도는 소강절이 공직에 뜻이 없는 것을 안타깝게 여겼다. 그의 인품과 학식 정도면 세상을 향해 크게 떨치고도 남음이 있기 때문이다. 소강절은 실제로 대단한 학자였다. 그는 『자치통감』에 인용될 정도로 영향력 있는 역사가였으며, 당대 최고의 시인이었고 역학의 달인이었다. 그런 그의 학문이 묻히는 것이 명도에겐 큰 아쉬움이었을 것이다.

그러나 소강절은 이미 더 크게 펼치고 있었다. 강절은 선천을 '마음'이라 했고, 후천을 '흔적'이라 했다. 아직 행하지 않은 상태인 무위(無爲)의 마음은 행함과 더불어 생기는 유위(有爲)의 흔적을 낸다. 이와 같이 선천은 후천으로 연결된다. 따라서 선천은, 후천에 대한 부정이 아니라 근본이 된다. 부연하면, "선천의 학문은 마음의 법"이고 "만 가지 일이 마음에서 생겨나"기 때문에, 오히려 '마음'을 통해 더 광대한 유위를 누릴 수 있는 것이다. 그렇기 때문에 권력과 명성 등 유위의 것들에 집착할 이유가 없다. 유위의 후천세계에 대한 욕망을 버려야 도달할 수 있는 무위의 선천세계. "산을 움직이는 힘과 세상을 덮는 기세"로도 절대로 접근할 수 없는 그 세계는 선후천의 경계가 무의미한 선천이면서 동시에 후천인 세계다. 그리고 그것은 소강절이 살았던 삶의 현장이기도 했다.

그는 다양한 사람들과 친하게 지냈다. 『자치통감』의 저자이자 북송 정치의 핵심인물 중 하나인 사마광과 둘도 없는 절친이었고 당대 최고의 지성이라 불리는 정명도, 정이천, 장재 등과도 잘 어울렸을 뿐 아니라, 신분의 차별을 두지 않고 많은 사람들과 어울리면서 그들에게 배움을 나눠 주었다. 관직에 나아가는 것을 우습게 여기면서도 관직에 있는 자들과 함께하는 것을 불편해하지 않았고, 신분이 낮은 사람들과 함께할 때도 우월감을 느끼지 않았다. 만일 유위의 후천을 부정하거나 일부의 유위에 집착했다면, 이런 식의 어울림은 불가능했을 것이다. 학문에도 경계가 없었다. 유불도를 넘나들고 역학은 물론 시와 역사, 음운학과 천문을 두루 아울렀다. 이 역시도 학문의 중심이 되는 곳에 무위가 자리했기 때문에 가능했다. 관계이건 학문이건, 이렇듯 무위의 중심으로 접히고 다시 밖으로 펼쳐져 유위가 된다. 펼침과 접힘. 이를 소강절은 '권서'(券舒)라 했다.

소강절이 문명 이전의 선천역학에 주목하는 데는 바로 이 권서의 논리가 깔려 있다. 역학이란 본래 변화를 해석하는 학문이다. 우주만물의 변화원리를 설명하고, 또한 만물의 일부이기도 한 인간 그리고 인간의 삶을 해석한다. 이 원리 안에서 자연과 인간은 서로 연결되며 같은 이치로 설명된다. 역학이라면 이런 모든 것의 변화와 관계를 설명할 수 있어야 한다. 문명 이전을 탐구하는 일은 그런 면에서 가장 역학적이다. 문명은 유위의 세계다. 선천역은 문명의 외부에 있다. 그러므로 선천역은 문명 이전의 무위의 세계다. 문명의 유위를 벗어나면 무위의 중심이 생기고, 무위의 마음이 유위의 흔적을 낸다. 때문에 선천역은 문명과 천지자연을 아우를 수 있다. 이들은 하나의 무위에서 나왔기 때문이다.

『황극경세서』와 『이천격양집』

소강절은 이 아우름을 그의 저작인 『황극경세서』(皇極經世書)와 『이천격양집』(伊川擊壤集)에 담아 냈다. 황극경세서라는 말은 "지극히 크고(大) 지극한 중심에 있으며(中) 지극히 바르고(正) 지극히 변화한다(變)"는 뜻이다. 소강절은 그 안에 천지의 수(數)를 역리(易理)를 이용해 나열하고, 요임금으로부터 당 말, 오대에 이르는 역사 연표를 기록했다. 또한 율려와 성음의 수로써 동물, 식물, 날짐승, 들짐승의 수를 탐구하여 천지만물의 이치를 드러내고자 하였다. 이 속에는 복희와 공자, 천도(天道)와 인도(人道)가 수리(數理)로 엮이며 변화한다. 특히 「성음율려」편에 들어 있는 성음학은 소강절의 부친인 소길로부터 내려온 중국음운학을 집대성한 것으로 소강절의 독특한 상수론에 의해 변주된 것이다. 그리고 이것은 조선 세종의 훈민정음 창제에 음운학적 배경이 되기도 했다.

"만물은 성색기미(聲色氣味), 즉 소리와 색과 기와 맛을 가지고 있다. 그 중에서 오직 소리만이 글로 구별할 수 있다." 소강절은 그 분류의 기준을 고대 중국의 성조 변화인 '평상거입'(平上去入)으로 삼았고, 이를 바탕으로 모든 소리를 역학적으로 재해석했다. 역학적으로 해석했다는 것은 자연이나 인간에게서 나오는 변화무쌍한 소리를 하나의 이치로 꿰었다는 뜻이다. 원래 소리는 천지인을 가장 잘 연결할 수 있는 매개이다. 소리가 발생하는 진원지는 다 다르지만 소리는 천지인 사이에 섞이기 때문이다. 우리는 가끔 밖에서 들리는 울음소리가 고양이가 우는 것인지 아기가 우는 것인지, 혹은 바람소리인지 휘파람소리인지 분간할 수 없을 때가 많다. 본다고 구분할 수 있는 것도 아니다. 나무를 스치는 저 바람소리는 하늘이 내기도 하고 나무가 내기도 한다. 그냥 섞여서 흐를 뿐이다. 그러니 소리만큼 천지인을 아우를 수 있는 것도 없다.

또 하나의 저서, 『이천격양집』은 시집이다. 『황극경세서』는 추상적 세계를 수리로 객관화시킨 고도의 구조적인 사유체계다. 반면 시는 대상을 주로 주관적인 감정 속에 녹여 내는 글이다. 그래서 『황극경세서』와 『이천격양집』은 잘 어울릴 것 같지 않다. 얼핏 떠올리기에도 수학과 문학이 썩 잘 어울리지 않는 것처럼. 그러나 소강절에게 이 둘은 서로 통한다. 그에게 시는 사사로운 감정을 담은 위안의 노래가 아니라, 인간의 삶으로 펼쳐진 천지의 울림이었다.

> 하늘은 멀리 있는 것이 아니라 사람의 마음에 있을 뿐,
>
> 사람들은 그것을 모른다네(『이천격양집』)

'관물', '선천' 등 『황극경세서』의 철학적 개념들이 『이천격양집』에 등장하는 것도 역시 그의 시가 수리론과 연결된다는 뜻이다. 주자가 "소강절 학문의 골수는 『황극경세서』이고 그 정화로움은 시에 있다"고 한 것도 이와 같은 맥락과 통한다. 개념적 수리는 시의 구체적 현장으로 펼쳐지고, 시적 언어는 다시 수의 이치로 접힌다. 그런 점에서 『황극경세서』와 『이천격양집』도 선후천의 논리와 통한다. 선천과 후천이 펼쳐지고 접히는 가운데 서로 맞물려 이어져 있으니까 말이다.

_안도균

나쓰메 소세키의 『마음』

목숨을 건 개인주의

당신은 내 과거를 병풍처럼 당신 앞에 펼쳐 보여 달라고 요구했습니다. 나는 그때 처음으로 당신을 존경하는 마음이 일었습니다. 당신은 남이 어떻게 생각할 것인 지에 신경 쓰는 일 없이 내 가슴에서 어떤 살아 있는 것을 끄집어내려고 하는 결심을 보였기 때문입니다. 내 심장을 깨고 그곳에 흐르는 따뜻한 피를 빨려고 했기 때문입니다. …… 나는 지금 스스로 내 자신의 심장을 꺼내 그 피를 당신의 얼굴에 끼얹으려 합니다. 내 심장의 고동이 멎었을 때 당신의 가슴에 새로운 생명이 싹틀 수만 있다면 나는 그것으로 만족합니다.(『마음』)

1914년, 전쟁과 연애의 시대

나쓰메 소세키는 1914년 4월부터 8월까지 장편소설 『마음』을 『아사히신문』에 연재했다. 그의 나이 만 47세 되던 해, 1916년 위궤양으로 죽기 두 해 전의 작품이었다. 『마음』이라, 누구의 마음인가?

아가씨의 사랑을 독점하기 위해 친구를 배신한 한 청년의 마음이고, 이 청년을 선생으로 삼게 된 또 다른 청년의 마음이었다. 근대 일본에서는 연애야말로 황금만능의 속악한 외부세계에 맞서 자신의 내면적 개성을 깨닫는 지름길이라고 보는 풍조가 만연했다. 신문에 연재된 소세키의 『마음』은 독자들의 연애 취미를 만족시켜 주며 큰 인기몰이를 했다.

한편, 작품 연재의 후반기였던 이 해 7월, 오스트리아에서 1차 세계대전이 발발했다. 이 해 11월 7일 일본은 영국의 동맹국이라는 이유를 들어 독일이 지배하고 있던 산둥성을 공격해 칭다오(靑島)를 점령했다. 1905년 타이완 점령, 1910년 한반도 병합에 이은 타국 식민지화의 연장이었다. 『마음』은 전쟁 일색의 『아사히신문』 지면 위에서 군국주의를 찬양하는 다른 기사들과 함께 연재되었다.

일본의 독자들은 또 한번의 점령과 또 하나의 연애소설에 동시에 열광했다. 개인의 자유를 억압하는 군국주의와 개성과 자유의 상징인 자유연애가 어떻게 동시에 찬미될 수 있었던 것일까? 소세키가 보기에 이는 당연했다. 타인에 대한 신뢰가 빠진 이기적 개인주의는 언제든지 집단의 이익을 위해 물불 가리지 않는 폭력적 군국주의에 링크될 수 있기 때문이다. 소세키는 '일본', '일본' 외치는 사람들을 지켜보면서, 병든 개인주의에 빠져 버린 현대인의 마음을 치유하기로 결심했다.

나의 쓸쓸하고 어두운 마음

『마음』은 제1부 「선생님과 나」, 제2부 「아버지와 나」, 제3부 「선생님과 유서」로 이루어져 있다. 중심 사건은 제3부 「선생님과 유서」에서 공개되는 선생님의 인생이다. 소세키는 이 유서를 통해 개인주의에 침윤된 현대 일본인들의 내면풍경을 펼쳐 보인다. 메이지 초기에 대학을 다녔던 선생님은 서양학문을 공부했다. 고등교육을 통한 입신출세의 열풍이 휩쓸고 있었기 때문에 동경제국대학 졸업식에는 천황이 직접 와서 은시계를 하사하기도 하던 때였다. 선생님 인생의 한편에는 돈 때문에 혈육을 배반하고 재산을 가로채 가

버린 작은아버지가 있었다. 또 다른 한편에는 학문을 통해 수양하려는 정신적 향상심의 인간 K가 있었다. 선생님은 이 작은아버지 때문에 스무 살이 되기도 전에 금력(金力)의 횡포에 휘둘리는 인간의 모습에 환멸을 느끼게 된다. 타인이란 자기 이익을 위해서 얼마든지 타인을 향해 흉포하게 달려들 수 있는 존재였다. 이것을 깨닫게 된 선생님은 오직 자신만 믿게 되었다. 그 이후로 자신의 남은 재산과 자존심을 지키기 위해 줄기차게 타인을 의심했다. 그리고 외로워져 버렸다.

그랬던 선생님은 하숙집 아가씨에게 사랑을 느끼게 되면서 자기 마음에 여러 모순을 발견하게 된다. 세상 모두가 믿을 수 없는 사람들이다. 하지만, 어쩐 일인지 사랑하는 아가씨만은 예외로 두고 싶다는 것. 그러나 타인에 대한 신뢰를 갈구하던 선생님은 다시 한번 좌절하게 된다. 친구 K도 아가씨를 사랑하고 있다는 사실을 알게 되면서다. 결국 선생님은 K 몰래 자신의 돈을 이용해서 아가씨와 결혼을 단행해 버렸다. 그리고 K는 친구의 배신에 상처입고 외로워져서 자살해 버렸다. 선생님은 죽은 친구가 남긴 장지문의 피를 보면서 경악했다. 자기 자신밖에 믿을 자가 없다고 생각했는데, 자기야말로 타인을 거침없이 배신할 수 있는 자였던 것이다. 그토록 작은아버지의 이기심을 비난했었는데, 자기 역시 사랑 때문에 친구를 향해 굶주린 이리처럼 달려들고 말았다!

선생님은 자신의 자존심을 지탱해 준 돈과 사랑 앞에 두려움을 느끼며 얼어붙었다. 자신의 돈과 학문을 가지고 세상에 나갈 수가 없었다. 아가씨와 꿈꾸던 결혼을 하게 되었지만 외로움은 더욱 커져갔다. 선생님은 아버지의 돈과 '자립'과 '자유'를 최고의 미덕으로 삼는 서양 학문이 결국 선생님과 같

은 이기적인 괴물을 낳아 버렸다는 사
실을 통감해야 했다.

소세키가 『마음』을 발표할 무렵,
조선에서도 '이수일과 심순애'를 주인
공으로 한 『장한몽』이라는 연애소설이
유행하고 있었다. 오자키 고요라는 일
본 작가가 쓴 『금색야차』를 번역한 작
품이었다. 당대 연애소설들은 속악한
돈의 세계에 맞서 연애라고 하는 순진
한 내면세계를 강조했다.

그러나 소세키는 연애하는 자의
마음이야말로 타인을 자기 뜻대로 움
직이려는 의지로 가득 차 있음을, 타인

소세키는 소설 『마음』을 통해 연애의 모순성에
대해 일갈했지만 '순수하고 순진한' 연애에 대
한 환상은 해방 후의 조선땅에서 여전히 건재
했다. 사진은 1953년 판본의 『장한몽』 표지.

을 너무나 믿고 싶으면서도 동시에 얼마든지 타인을 배신할 수 있는 모순으
로 뒤엉켜 있다는 것을 보여 주었다. 선생님은 의심과 불안, 두려움과 폭력
성으로 완전히 폐허가 된 마음을 껴안고 도시의 불안한 어수선함 속에서 한
점의 등불처럼 살아가고 있었던 것이다.

내 심장을 꺼내 그 피를 당신의 얼굴에 끼얹으려 합니다

소세키는 단지 현대인의 모순된 내면풍경을 보여 주는 데 그치지 않았다. 그
는 인간과 인간 사이에 새롭게 신뢰를 회복할 수 있는 방법도 고민했다. 우
리는 선생님의 연애 사건이 유서의 형식으로 전해지고 있다는 것에 유념해

야 한다. 선생은 왜 화자에게 유서를 남기는가? 그가 질문하는 자였기 때문이다.

나라는 인물은 선생님처럼 똑같이 동경제국대학을 다닌다. 하지만 출세에 큰 의의를 두지 않고 오히려 고독하게 살고 있는 선생님으로부터 영향을 받으려고 한다. 그래서 계속해서 물었다. '당신은 왜 세상에 나아가지 않습니까?' '당신을 고독하게 만든 것은 무엇입니까?' 처음에 선생은 이 화자를 돈 있는 집안의 머리 좋은 아이로 치부하고 별로 대단하게 보지 않았다. 그러나 바로 이 집요한 질문의 힘에 무릎 꿇게 된다. 화자는 책(서양의 책)을 통해서 인간을 이해하지 않았던 것이다. 그는 실제 인생에서 인생의 교훈을 얻으려 했고, 선생님은 이런 화자의 모습에서 깊은 신뢰감을 갖게 되었다. 그리하여 그는 화자 앞에서 자신의 마음을 뒤덮고 있었던 인간의 이기심을 하나하나 밝혀 써 보기로 결심하게 된다.

하지만 선생님의 자살이 꼭 필요한 일이었을까? 당대의 독자들, 그리고 지금까지도 많은 소세키 연구자들은 선생님이 메이지 천황의 죽음을 따라 죽는다는 표면적인 이유 때문에 『마음』이 근대 일본 사회를 찬양했다고 평가해 왔다. 그러나 선생님은 자신의 모순된 청년 시절을 철저하게 되새기면서 죽었다. 그는 자아와 개성을 외치면서도 제국주의를 신봉했던 메이지 시대의 비윤리적 모습을 목숨을 걸고 극복하려 했다.

소세키는 『마음』의 연재를 끝낸 11월, 학습원이라는 고등교육기관에서 「나의 개인주의」라는 제목으로 강연을 했다. 마치 작품 속 선생님으로 빙의라도 한 듯, 소세키는 타인에 대한 윤리적 책임감이 없는 사람은 결코 개성의 추구를 기도해서는 안 된다고 주장했다. 우리가 자아, 자유, 개성과 같은 말들이 실제 인생에서 어떤 모습으로 펼쳐지는지 직시하지 않는다면 언제든지 가족과 친구를 배신할 수 있는 존재로 돌변할 것이라는 주제의 강연은 그렇게 소설 『마음』과 공명했다.

_오선민

버지니아 울프의 『올랜도』

n개의 성을 경유하는 글쓰기

버지니아 울프는 『댈러웨이 부인』(1925)으로 알려졌고, 『등대로』(1927)로 페미나상을 받았으며, 『올랜도』(1928)로 유명해졌다. 『올랜도』는 『자기만의 방』(1929)과 함께 울프의 페미니즘을 요약하고 있지만 그에 대한 평가는 엇갈렸다. 『올랜도』는 난해하고, 분열적이다. 이 때문에 전통과 관습을 깬 "글쓰기의 또 다른 4차원"(1928년 10월 21일, 『뉴욕 타임즈』)을 탐구하는 소설로 주목받는 한편, 파편적이고 통일성이 부족하다고 평가절하되기도 했다. 그러나 울프가 살던 시대, 부딪혔던 문제들, 실패들, 그럼에도 불구하고 그가 자기 한계 속에서 감행했던 실험들이 무엇인지 들여다보지 않으면 우린 그의 탈주를 이해할 수 없다. 『올랜도』는 "여성과 글쓰기"에 대해 울프가 온몸으로 고민한 흔적이고, 그가 감행한 실험의 산물이다.

울프는 『등대로』를 통해 빅토리아 시대의 여성을 대표하는 어머니의 목소리로부터 자유로워진 후 모더니즘의 영토 안에서 새로운 벽에 맞닥뜨렸다. '모더니즘 여성 작가'라는 타이틀이 그것. 왜 여성은 '작가'가 아니라 '여성 작가'인가? 울프는 '여성'이란 정체성 안에 갇혀 있는 자신을 발견한다. '여성'으로서, '여성'에 대하여 글을 써야 한다는 강박에 시달리며, 모더니즘의 영토 안에서도 여성은 성적 매력으로 남성을 유혹하는 대상에 불과하다는 걸 깨닫는다. 여전히 남성의 아내, 남성의 누이, 남성의 애인으로 존재하는 여성. 그렇다면 '여성 작가'는 무엇을, 어떻게, 어떤 태도로 써야 하는가? '여성으로서' 글을 쓴다는 것은 무엇인가?

유동하는 성, 유동하는 세계

『올랜도』의 부제는 '전기'(*A Biography*)다. 소설의 내용을 생각해 보면, '전기'라는 부제는 다소 생뚱맞아 보인다. 전통적으로 '전기'는 역사적으로 중요하거나 남다른 업적을 쌓은 인물의 생애에 대한 기록이다. 그것은 흔히 하나의 정체성을 가진 존재가 한 시대와 분야를 대표하는 위대한 인물로 완성되기까지의 과정을 연대기적으로 보여 준다. 그런데 울프는 이런 전기가 삶을 왜곡한다고 생각했다. 한순간을 백년처럼 사는 사람들이 있고, 삶은 수만 가지 다른 빛깔로 체험된다. 그럴진대 어떻게 한 인간의 삶을 하나의 정체성으로 표현할 수 있단 말인가. 울프를 사로잡았던 근본적인 질문은 이것이었다. "삶이란 무엇인가?"

'전기'에 대해 가질 법한 우리의 기대를 여지없이 저버리며, 올랜도의 전기는 16세기부터 시작해 20세기까지, 약 400년의 시간을 횡단하고 "현재의 순간"에서 끝난다. 게다가 올랜도는 남성으로 태어나 여성으로 되어 가는 인물이다. 울프는 올랜도의 변신 과정에 주목하며 기존의 전기가 보여 주던 삶을 크게 두 가지 측면에서 전복하고 있다.

첫번째로 울프는 '하나의 성(性)'이라는 관념을 전복한다. 올랜도는 "남자의 힘과 여자의 우아함을 동시에 지니고" 있는 존재다. 이에 대해 사람들은 울프가 '남자의 힘'과 '여자의 우아함'을 두루 조화시킨 '양성성'을 대안으로 제시한다고 설명한다. 그러나 그는 '남성/여성'의 구분 이전에 온갖 이

질적인 것들이 경계 없이 뒤섞이고 동시다발적으로 존재하는 세계를 포착했다. 그가 사랑하게 된 사샤 역시 러시아 옷을 입고 소년인지 여성인지 모를 모습으로 그에게 온다. 남성이기도 하고 여성이기도 한 모호한 존재들. 올랜도는 사샤를 표현하기 위해 수많은 이미지들을 찾아 헤매지만 "아무리 뒤져도 적절한 말을 찾을 수 없었다. 그는 다른 풍경, 그리고 다른 언어가 필요했다."

그녀가 하는 말을 듣고 있으면 — 그녀 자신이 달리는 차처럼 빠르게 변신하고 있기 때문이었는데 — 모퉁이를 돌 때마다 새로운 자기가 있었다 — 가장 꼭대기에 있으며, 요구하는 힘을 가진 의식적인 자아가 어떤 설명할 수 없는 이유 때문에 자기 자신만이 되고 싶다고 할 때처럼. …… "그럼 무엇이란 말인가? 그럼 누구란 말인가?"라고 그녀는 말했다. "36세, 자동차를 타고 있고, 여자. 그렇다, 그러나 헤아릴 수 없이 많은 것들인 수도 있다. 나는 속물인가? 홀에 걸어놓은 가터 훈장은? 표범들은? 조상들은? 그들이 자랑스러운가? 물론이지! 탐욕스럽고, 사치하고, 간악한 사람? 내가 그런가? (여기서 다른 자아가 등장한다) 그렇더라도 전혀 상관없다. 정말이냐고? 그렇다고 생각한다. 손이 큰 사람? 아아, 그런 건 중요치 않다. (여기서 다른 자아가 등장한다)

하나의 자아에서 다른 자아로의 변신을 통해 올랜도는 "여성으로서, 그러나 자신이 여성이라는 것을 잊어버린 여성으로서 글을 썼으며, 그리하여 그녀가 쓴 페이지들은 성이 그 자체를 의식하지 않을 때에만 도래하는 진기한 성적 특성으로 가득 차"있게 된다. 두 성은 서로 다르지만, 서로 섞여 있다. 사람들은 '남자답거나 여자답게' 보이기 위한 예절, 풍습들을 통해 하나의 성으로 길러질 뿐이다. 올랜도는 (그리고 울프는) 글을 쓰며 자기 안에서 우글거리고 있는 헤아릴 수 없이 많은 것들의 목소리와 대면하게 된다. 그리하여 모든 시간'들'을 살아가는 모든 성(性)'들'의 눈을 통해 올랜도는 비로소 '자기만의' 글을 쓰는 '여성'이 된다. 이 과정 속에서 여성은 남성과 반대항이 아니라, n개의 성을 경유하는 새로운 존재 방식이며 삶의 태도를 의미한다.

두번째로, 올랜도의 전기는 역사에 대한 인식을 전복한다. 19세기의 여성이 되었을 때 올랜도는 결혼, 출산에 대한 의무감에 시달린다. 울프는 이런 강박관념을 역사적 맥락과 연결시킨다. 실제로 울프는 빅토리아 왕조 말에 태어나 파시즘이 유럽 전역을 삼켜 버릴 때 생을 마감했다. '모던', '순결', '결혼', '조화롭고 단란한 가정', '제국주의', '식민지', '전쟁', '파시즘' 등이 그의 시대를 관통하는 키워드였다. 남성들이 제국의 우위를 점하기 위해 영토 전쟁을 벌이고 있을 때, 제국 안에서 여성들은 순결관념, 부르주아 가족관에 시달렸다. '남/녀'를 이분법으로 나누고, 각각에게 주어진 성 역할을 실행하며 살지 않으면 광기로 치부해 버리는 세계에서 울프는 파시즘의 징후를 발견했다. 올랜도의 강박관념, 파시즘의 히스테리는 개인의 광기로 취급될 수 없는, '역사'의 흔적이다. 역사는 객관적으로 '나'를 초월해 있는 게 아니라 개개인의 무의식 속에 깊이 뿌리박혀 있다. 그러므로 개인사는 곧 세계사요, 세기의 광증은 결국 나의 광증이다.

울프는 여기서 더 나아간다. 그렇다면 남성도 여성처럼 억압받는 존재가 아닌가. 이것이 『올랜도』를 쓰면서 울프가 몸소 체득한 윤리였다. 여성이

싸워야 할 상대는 생물학적 남성이 아니라, '남성성'을 대표하는 지배자의 얼굴이며 유령처럼 떠도는 동일자의 목소리다. "인생이란 양성 모두에게 힘들고, 어렵고, 영원한 투쟁"(『자기만의 방』)이라는 통찰을 얻기까지, 울프는 올랜도처럼 여러 세기와 여러 성을 통과해야 했던 것이다. 본래적인 나가 있는 게 아니라, 역사적으로 구성된 나가 있을 뿐이다. 울프가 올랜도의 전기를 통해 보여 주는 것은, 삶은 완성되는 것이 아니라 해체와 구성을 반복하며 만들어지는 과정이라는 사실이다.

그렇다면 성과 시간들을 넘나들며 구성되는 삶의 과정을 어떻게 표현할 것인가. 울프에게 그 과정은 결국 '쓰기'의 과정이었다. 16세기의 올랜도가 쓰기 시작한 시를 20세기의 여성 작가 올랜도가 완성하는 설정은 울프에게 삶이 글쓰기 문제와 떨어져 있지 않았음을 의미한다.

글쓰기, 생성 중인 존재가 되는 일

여기까지 써 내려왔을 때, 그녀는 어떤 힘이 그녀 어깨 너머로 읽고 있다가 그녀가 "이집트 소녀들"이라고 썼을 때, 그 힘이 쓰는 것을 중단하라고 명령하는 것을 느꼈다. 그 힘은 마치 여선생님이 사용하는 것 같은 자로 첫번째 줄로 되돌아가서, "풀은"이라고 한 것은 잘됐다고 말하는 것 같았다. "흔들리는 백합의 꽃받침" ─ 이것은 기가 막히다. "뱀처럼 생긴" ─ 여자가 쓰기에는 좀 강한 표현이지만, 아마도 워즈위스라면 틀림없이 허가할 것이다. 그러나 ─ "소녀들"은 ─ 소녀들이 필요할까? 남편이 케이프 혼에 있다고 했던가? 아, 괜찮아. 그러면 됐어.

올랜도는 글쓰기를 중단하도록 압력을 가하는 "어떤 힘"을 느낀다. 그것은

"여자가 쓰기에" 적합한 어휘들은 무엇인지, "남편" 있는 여성으로서 부적절한 표현은 없는지를 살피는 자기검열적 무의식이다. 올랜도에게 글쓰기는 자신의 무의식과 대면하는 과정이었다. 하나의 성, 하나의 역사에 갇히기를 거부하며, 자신의 의식과 무의식을 송두리째 변화시키는 실천이었다.

이런 문제는 울프의 다음 저작 『자기만의 방』에서 정식화된다. 거기서 울프는 "작가는 자신의 성을 의식하지 않았을 때 가장 창조적일 수 있다"고 말한다. 자족을 위한 글쓰기를 했던 셰익스피어, 자신이 보는 대로 정직하게 썼던 제인 오스틴. 이들의 공통점은 외적 기준에 기대지 않고 '자기만의' 방식으로 글을 썼다는 데 있다. 그들은 자신의 한계를 대상에 대한 적대감이나 미움으로 환원하지 않고 오로지 글을 씀으로써 그를 가로막는 힘들을 멋지게 뛰어넘었다. 울프는 이런 선배들에게 정직성과 성실성이란 작가적 자질을 배웠다. 작가는 자기가 무엇을 보고, 무엇을 느끼며, 어떻게 그것을 표현하고자 했는지에 대해 솔직해야 한다. 그래야 자기 한계와 만나고 그것으로부터 벗어날 수 있기 때문이다.

글은 자기 한계를 돌파하는 과정의 산물이다. 울프는 올랜도의 전기를 쓰면서 출구를 발견했다. 그는 올랜도라는 인물의 삶을 쓰면서/살면서 '여성 작가'가 아니라 '작가'가 되었다. 쓴다는 건 산다는 것이다.

_최태람

레닌의 『무엇을 할 것인가?』
전위는 새로운 삶과 정치를 꿈꾼다

독일 극작가 브레히트(Bertolt Brecht)는 의심할 줄 알아야 행동할 수 있다는 뜻으로 의심을 찬양한 바 있다. 아마도 실천하려면 따질 줄 알아야 한다는 의미일 것이다. 그 의미에서 레닌의 『무엇을 할 것인가?』(*Chto delat'?*, 1902)는 제대로 의심하고, 앞서서 실천하는 것이 무엇인지 생생하게 보여준 드문 텍스트가 아닐까 싶다. 이 책의 언어가 혈혈단신 적진으로 들어간 장수의 호흡처럼 거친 것도 그런 이유 때문이다. 레닌도 통념에 자리 잡아 인기를 얻는 데 급급한 사람들과 레닌 자신이 '서로 다른 언어'로 말하고 있다는 점(「서문」)을 분명히 했다. 스스로의 표현대로 레닌은 이들과 전쟁 중이었다.

레닌이 이 책을 쓴 것은 1901년 봄부터 겨울 사이이다. 당시 러시아 혁명가들은 농촌공동체가 곧바로 사회주의로 진입할 수 있다고 하는 '조야한 인민주의'에서 벗어나지 못하고 있었다. 여전히 낡은 인민주의가 뒤에서 대중운동을 조정했다. 낡은 견해가 새로운 견해의 발목을 잡고 있는 셈. 레닌의 스승 게오르기 플레하노프(Georgii V. Plekhanov)도 맑스주의자의 가면을 쓴 채 이런 주장에 동조하고 있었다. 레닌은 스승의 낡은 견해와 단절하고 자신의 독자적인 맑스주의를 구상해야만 했다. 이런 상황에서 레닌은 낡은 견해들을 조목조목 비판하고, 그 비판과 함께 기존의 맑스주의를 완전히 새롭게 창안한다. 레닌은 『무엇을 할 것인가?』와 함께 기존 사상과 단절하고 혁명가로서 비로소 독자적인 사상을 펼치게 되었다고 할 수 있다.

레닌의 비판 : 혁명적 이론 없이 혁명적 운동 없다.

우선 '경제투쟁'과 '정치투쟁'의 문제다. 레닌은 당시 자연발생적으로 성장한 노동운동이 '경제주의'에 빠져있다고 비판했다. 여기서 경제주의란 노동자들이 임금인상이나 환경 개선 같이 눈에 보이는 협소한 경제문제만을 목표로 삼는 입장이다. 경제주의자들은 이 입장이 '새로운 경향'이고, 따라서 이들에게 '비판의 자유'를 인정해야 한다고 주장한다. 하지만 이들은 지금 당장 할 수 있는 적법한 투쟁만을 추구하고, 전제정치(차르 체제)에 대한 투쟁은 불가능한 것으로 본다는 점에서 기회주의적이다. 그래서 '비판의 자유'도 기회주의적 경향을 자유롭게 인정하자는 기만적인 자유일 뿐이다. 레닌은 이런 노동운동을 전제정치(차르체제)를 전복하는 정치투쟁으로 전환해야 한다고 주장하였다. 그럼 어떻게 전환시키는가?

바로 뒤따라 나오는 문제가 '자생성'과 '의식성'의 문제이다. 노동운동이 경제투쟁에만 매몰된 이유는 노동자들이 '먼저 눈에 보이는' 문제들부터 '순수하게' '자생적으로' 거머쥐어야 한다고 보는 데서 발생한다. 일견 노동현장에서 할 수 있는 것부터 해야 한다는 점에서 크게 틀리지 않아 보인다. 하지만 사회주의 이데올로기보다 부르주아 이데올로기가 훨씬 오래, 훨씬 포괄적으로 발전해 왔기 때문에, 노동자가 현장에서 자생적으로 투쟁할 때조차 그에게 가장 먼저 다가가는 것은 부르주아 이데올로기일 가능성이 크다. 이런 상황에서 자생적인 운동을 강조하고 지도자의 역할을 축소하려는 시도는, 당사자가 원하든 그렇지 않든 그 자체로 노동자들에게 부르주아 이데올로기의 영향력만 강화하고 만다. 이건 하나의 역설이다. '자생성'의 틀에서는 뛰고 날아 봐야 부르주아 손바닥이고, 부르주아 완승인 셈이었다. 이를 간파한 레닌은 '지도자의 의식성'을 외부에서 도입해야 한다고 제시하였다. 선진적인 정치의식을 가진 혁명가들(외부의 의식성)이 경제투쟁에 매몰된 대중들 속으로 들어가서 경제투쟁뿐 아니라 정치투쟁까지 할 수 있도록 이끌어야 한다는 주장이다. 이를 위해서는 노동운동의 방식 자체를 바꾸어야 한다고 보았다. 즉 새로운 조건에 맞는 새로운 혁명이론이 필요하다. 이 지점에 이르러 레닌의 그 유명한 테제가 나온다. ― 혁명적 이론이 없다면 혁명적 운동도 있을 수 없다!

이를 돌파하기 위해 제시된 것이 바로 '전위당'(前衛黨)이라는 새로운 조직이다. 우선 레닌이 말하는 전위투사, 직업적 혁명가는 체르니셰프스키의 소설『무엇을 할 것인가?』(1863)에서 소개된 '특별한 인간' 라흐메토프와 같은 사람이다. 그는 자신의 사랑이나 감정을 뒤로 하고, 오로지 혁명에 모든 존재를 거는 진정한 혁명가로 소개된다. 만일의 경우 자신이 얼마나 견뎌낼 수 있을지 시험하려고 수천 개 못이 박힌 볏짚 바닥에 잠을 자 보는 장면은 혁명가의 강렬한 상징이다. 아마도 전제주의 국가에서 정치 경찰에 맞서 싸우려면 그런 정도까지 전문적으로 단련되어야 한다는 말일 것이다. 이렇게 혁명운동에 전문적으로 단련된 직업혁명가들의 지도하에 '운동의 수공업성'을 탈피하고 규율 잡힌 운동을 만들어 내야 한다는 것이 레닌의 주장이다. 이런 운동을 수행하는 조직이 바로 '전위당'이다. 당시 차르 체제의 압제하에서 공개적이고 느슨한 대중운동만으로는 맞서 싸우는 것이 불가능했다는 점에서 레닌의 전술은 당연한 것이기도 했다. 사실 레닌은 대중운동이 필요 없다고 말하는 것이 아니라, 오히려 대중운동을 고양시키기 위해서 전위당이 더욱 필요하다고 말했다. 레닌이 보기에 대중운동을 뒤따라가며 노동자들에게 머리를 숙이는 것은 오히려 노동자들을 모욕하는 것일 뿐이다.

레닌의 발명 : 전위는 혁명을 '혁명'한다.

이처럼 혁명적 의식을 갖춘 혁명적 투사들의 출현은 자생적이지 않다. '자생적'이라는 말은 앞서 보았듯이 부르주아 이데올로기에 포섭되어 기존 통념에 매몰된다는 말이기도 하다. 따라서 '의식적'이라는 것은 기존 통념과 질서, 다시 말하면 부르주아적 정치 질서와 방식을 미련 없이 떠나는 것이다. 이는 전제주의 정치에 맞서 싸우기 위해서는 '사회민주주의적 정치방식'을 새롭게 창출해야 한다는 레닌만의 독특한 정치학이기도 했다. 그런 의미에서 '전위당'은 기존 질서를 떠나 혁명에 이르는 수없이 많은 길을 실제로 묶고 사실로 만드는 힘이다. 그 힘은 혁명을 발명하는 힘이다. 따라서 "혁명적 이론 없이는 혁명적 운동도 없다"는 테제는 "혁명은 혁명하는 방식조차 '혁명'한다"라고 바꿔 말할 수 있을 것이다. 이 의미에서 전위는 혁명하는 방식조차 끊임없이 혁명하는 자이다. 오로지 그럴 수 있을 때 전위는 전위일 수 있는 것이다.

수많은 사회주의 혁명가들이 교수형을 당하고 있는 상황에서 전위당은 상당히 의미 있는 모델이었다고 할 수 있다. 그리고 실제로 1917년 러시아혁명(10월혁명)은 이 전위당 모델의 승리이기도 했다. 혁명세력이 철저히 보안 속에서 움직였기 때문에 차르 체제나 케렌스키 정부 같은 집권세력은 혁명세력을 일망타진하기가 쉽지 않았다. 반면 혁명세력은 집권세력의 눈을 피해 노동자·병사들과 항상 밀접하게 소통할 수 있었다. 특히 1917년 7월, 혁명이 사그라질 위기에 처했을 당시 볼셰비키가 극적으로 부활할 수 있었던 것도 이런 이유에서였다. 하지만 스탈린 진영은 혁명이 성공한 이후에도 전위당 모델을 소련 공산당의 형태로 계속 유지하려고 하였다. 결과적으로 전위당 모델이 갖고 있던 장점인 '보안성'이 러시아 민주주의를 억압한 꼴이었다. 그것은 끊임없이 새로워지려 했던 레닌을 하나로 고정시켰을 때 어떤 결과를 가져오는지를 분명히 보여 준 사태라고 할 수 있겠다.

맑스가 프롤레타리아트에 주목했던 것은 그들이 부르주아가 되기 위해 노동을 하기 때문이 아니라, 부르주아적인 삶의 양식을 거부하고 새로운 삶의 양식을 창안하기 때문이었다. 따라서 프롤레타리아트는 부르주아에게 더 이상 '아무것도' 요구하지 않는다. 오히려 부르주아적인 삶을 모두 철폐하고 전혀 다른 삶을 꾸리려 한다. 이들은 부르주아 세계의 모습을 완전히 해체하고, 새로운 삶의 비전과 경로를 꿈꾼다. 그런 의미에서 레닌이 창안한 전위는 끊임없이 새로운 삶을 꿈꾸고, 실천하려고 했다는 점에서 맑스주의의 창조적 재발명이었다. 레닌의 말대로 우리가 꿈꾸어야 할 것이 바로 이런 일 아닌가! 아마 우리가 지금도 여전히 『무엇을 할 것인가?』를 읽어야 할 이유가 있다면 우리가 매번 새로운 삶과 정치를 꿈꾸기 때문일 것이다. 지금이야말로 우리는 '전위'가 되어야 할 때가 아닐까?

_강민혁

필자 소개

강민혁 | 1969년 제주 생. 고향의 한 대학을 졸업했고, 지금은 은행에서 밥 벌어먹고 산다. 그렇게만 살 줄 알았다. 그러나 뒤늦게 찾아온 '철학'이 삶의 양식을 완전히 바꾸었다. 예전 같으면 술과 담배에 빠져 있을 시간에 책을 읽고, 글을 쓴다. 지금은 남산 〈감이당〉에서 의역학을 비롯해 갖가지 놀랍고 아름다운 사유들에 푹 빠져 있다. 함께하는 친구들이 늘 고맙다.

1부 꿈꾸는 혁명가, 블라디미르 일리치 레닌(85쪽) | 부록 ❷ 레닌의『무엇을 할 것인가?』(386쪽)

고미숙 | 고전평론가. 가난한 광산촌에서 자랐지만, 공부를 지상 최고의 가치로 여기신 부모님 덕분에 박사학위까지 무사히 마쳤다. 대학원에서 훌륭한 스승과 선배들을 만나 공부의 기본기를 익혔고, 지난 10여 년간 지식인 공동체 '수유+너머'에서 좋은 벗들을 통해 '삶의 기예'를 배웠다. 덕분에 강연과 집필로 밥벌이를 하고 있다. 2011년 10월부터 '수유+너머'를 떠나 '몸, 삶, 글'이라는 키워드를 가지고 〈감이당〉에서 인문 의역학을 공부하며 활동하고 있다. 그동안 지은 책으로『나의 운명 사용 설명서』,『동의보감, 몸과 우주 그리고 삶의 비전을 찾아서』,『열하일기, 웃음과 역설의 유쾌한 시공간』,『공부의 달인, 호모 쿵푸스』,『사랑과 연애의 달인, 호모 에로스』,『돈의 달인, 호모 코뮤니타스』,『임꺽정, 길 위에서 펼쳐지는 마이너리그의 향연』, 여럿이 함께 지은 책으로『몸과 삶이 만나는 글, 누드 글쓰기』,『고전 톡톡』등이 있다.

1부 전통의학의 아이콘, 허준(16쪽) | 부록 ❶ 연암 박지원 & 다산 정약용(143쪽)
2부 글쓰기 '프리랜서', 연암 박지원(232쪽)

구윤숙 | 〈남산강학원〉 연구원. 정말 굴곡 없이 평범하게 살다가 공부가 하고 싶어 연구실에 왔다. 맑스, 들뢰즈, 공자, 사마천 등 스펙터클한 공부에 정신을 못 차렸으나 좋은 스승과 친구들 덕분에 공부의 매력을 알게 되었다. 현재 미술사와 동양고전을 공부하고 있다. 함께 지은 책으로『고전 톡톡』이 있다.

1부 '천재 화가', 레오나르도 다 빈치(35쪽) | 부록 ❶ 레오나르도 & 미켈란젤로 (149쪽)

길진숙 | 〈남산강학원〉 연구원. 고전문학으로 박사학위를 받았지만, 아는 게 없음을 절감하여 '수유+너머'에서 다시 공부를 시작했다. '수유+너머'에서 했던 세미나를 통해 박지원, 박제가, 이덕무, 공자, 장자, 노자, 묵자, 이탁오, 장횡거, 주돈이, 정명도, 소강절, 비노바 바베, 푸코 등등 많은 스승들을 만났다. 지금은 사마천의 『사기』, 김 부식의 『삼국사기』, 일연의 『삼국유사』를 공부하며 '역사탐험'에 몰두하고 있다. 함께 지은 책으로는 『고전 톡톡』이, 함께 편역한 책으로 『세계 최고의 여행기, 열하일기』가 있다.

1부 멈추지 않는 자기혁명가, 톨스토이(98쪽)

2부 북학의 기수, 박제가(200쪽) | 멈추지 않는 구도자, 김시습(245쪽) | 역사를 창조한 역사가, 사마천 (258쪽)

김연숙 | 대학 및 대학원에서 한국문학을 전공. 색다른 공부거리를 찾아 '수유+너머' 연구실을 드나들기 시작하여 내공이 남다른 삶의 고수들을 만나고, 색다른 삶을 사는 그들에게 매혹당했다. 함께 공부하고 함께 살아가는 법을 배워 나가는 중. 강학원 밖에서는 대학 교양과목을 강의하고 있다. 함께 지은 책으로 『고전 톡톡』이 있다.

2부 근대 조선 국민작가, 염상섭(188쪽) | 부록 ❷ 염상섭의 『만세전』(344쪽)

류시성 | 지리산 자락에서 나고 자랐다. 어릴 때 집이 목장을 한 덕분에 나도 소들과 함께 '방목'되었다. 그 영향으로 20대 내내 집밖을 떠돌았다. 알바하고 술 마시고 여행했다. 뭘 얻었냐고? 병과 무지! 그럼 지금은? 내 병은 손수 고치려고 〈감이당〉에서 사람들과 한의학을 공부하고 무지에서 벗어나기 위해 동양고전을 읽는다. 함께 지은 책으로 『사주명리 한자교실, 갑자서당』, 『몸과 삶이 만나는 글, 누드 글쓰기』가 있다.

1부 이기론 확립한 주자(41쪽) | 부록 ❶ 주자 & 육상산(161쪽)

문성환 | 〈남산강학원〉 연구원. '수유+너머'부터 선후배 동료들과 즐거운 공부를 해왔고, 앞으로도 질릴 때까진 계속할 예정. 문학 및 인문학 고전을 좋아함. 대학 및 대학원에서 한국 현대문학 전공. 제도권 공인 문학박사. '삶이 곧 앎'이었던 스승들을 존경하고, 투박하지만 당당하고 떳떳한 삶의 표정들에 금세 매혹됨. 학교에선 한국문학 시간강사로 연구실 및 바깥에선 인문학·고전연구자로 활동 중. 강학원 친구들과 『고전 톡톡』을 함께 지었다.

1부 주자학자, 퇴계 이황(47쪽) | '법가' 대표 주자, 한비자(130쪽) | 부록 ❶ 이황 & 기대승(173쪽)

2부 신문화운동의 기수 최남선(182쪽)

박수영 | 임용시험 탈락자 백수로 현재 〈남산강학원〉에서 공부 중이다. 알바로 생계를 이어가며 아침부터 밤까지 책 보고 세미나하고 밥 먹고 산책하는 이 단순한 나날이 참 좋다. 앞으로도 계속 공부하며 살고 싶다. 공부로 친구를 사귀고 밥벌이를 하고 놀이를 하면서 세상과 만날 것이다. 함께 지은 책으로 『고전 톡톡』이 있다.

1부 질풍노도의 아이콘, 괴테(92쪽)

박장금 | 10여 년 사회생활 동안 난 싸움닭이었다. 늘 체하고 쓰러지기를 반복, 몸은 엉망진창, 정신 피폐, 이렇게 살다간 죽을 것 같아 온 곳이 연구실이다. 내가 이 공간에 있는 건 진짜 미스터리다. 암튼 공부를 통해 알게 된 건 생명과 우주의 차원에선 아픈 것도 삶의 또 다른 과정이라는 거다! 지금까지 많이 아팠으니 이제는 다른 삶을 살고 싶다. 그래서 난 아픈 나를 밑천으로 강학원에서 '함께 사는 삶'에 대해 배우는 중이다. 지금 내 주 생활공간은 〈감이당〉이다. 공부를 통해 몸과 우주의 비전을 연결하는 '주술사'가 되면 무지 행복할 것 같다!^^

1부 사상의학의 창시자, 이제마(118쪽) | 부록 ❷ 이제마의 『동의수세보원』(339쪽)

손영달 | 〈남산강학원〉 연구원. 1981년 생. 강학원의 '대중지성 프로젝트'로 공부를 시작했다. 나를 비우고, 세상을 채우는 공부를 하는 게 목표다. 강학원의 친구들과 『사주명리 한자교실, 갑자서당』, 『몸과 삶이 만나는 글, 누드 글쓰기』를 함께 썼다.

2부 문예 비평가, 발터 벤야민(270쪽) | 부록 ❷ 벤야민의 『아케이드 프로젝트』(350쪽)

수경 | 〈남산강학원〉 연구원. 1979년 서울 출생. 대학에서는 강의실보다 학보사실에 더 오래 있었고, 덕분에 전공 공부는 전생의 일처럼 까마득하다. 하자작업장학교에서 2년 동안 재직했고, 지금도 연구실 안에서 가능한 십대 인문학을 기획, 시도 중이다. 도스토예프스키와 마르케스를 좋아하고, 그 덕분에 글 쓰고 강의하며 먹고 산다. 『고전 톡톡』과 함께 이 책 『인물 톡톡』을 채운과 공동으로 기획하고 엮었으며 필자로도 참여했고, 강학원 친구들과 『몸과 삶이 만나는 글, 누드 글쓰기』를 같이 썼다.

1부 희곡왕, 윌리엄 셰익스피어(22쪽)
2부 어린이 동화작가, 안데르센(238쪽) | 프랑스 천재 시인, 랭보(294쪽) | 노벨문학상 수상자, 파블로 네루다(306쪽) | 부록 ❷ 셰익스피어의 『햄릿』(356쪽)

신근영 | 〈남산강학원〉 연구원. 공부가 삶을 툭툭 건드리는 신기함과 재미를 조금씩 알아가는 중이다. 함께 공부하는 것을 좋아해서 삐끼 기질이 농후한 편. 우주와 몸,

그리고 마음에 대한 공부를 하고 있다. 주로 보는 책은 과학책과 윤리학책. 세상과 공명하는 몸을 만드는 것을 목표로 새로운 상상력과 구체적인 실험들을 배우고 있다. 함께 지은 책으로『고전 톡톡』이 있으며 카를 구스타프 융에 관한 책이 출간 준비 중에 있다.

1부 무한 긍정의 철학자, 스피노자(65쪽) | 부록 ❶ 카를 구스타프 융 & 지그문트 프로이트(155쪽)

2부 집단 무의식의 발견자, 융(226쪽) | 아나키즘 사상가, 크로포트킨(332쪽)

안도균 | 〈인문의역학연구소〉 연구원. 연구실에선 '도담'으로 불린다. 현재 인문학과 의역학을 배우고 가르치고 있다. 지금은 주로 사람의 몸과 우주에 대해 공부하고 있지만 앞으로는 동물의 몸과 우주도 탐사할 예정이다. 함께 쓴 책으로『몸과 삶이 만나는 글, 누드 글쓰기』와『고전 톡톡』이 있다.

1부 상수학 대가, 소강절(52쪽) | 부록 ❷ 소강절의『황극경세서』와『이천격양집』(369쪽)

오선민 | 〈남산강학원〉 연구원. 단테와 플로베르, 카프카와 프루스트, 이광수와 소세키 등 동서양 고전작품들을 종횡무진 읽으면서 '문학으로 철학하기'에 도전하고 있다. 새로운 공부의 길, 삶의 길을 닦겠노라 결의한 용감무쌍한 친구들과 함께 읽고 쓰고 토론하면서 공부의 달인이 되는 훈련 중이다.『고전 톡톡』을 함께 썼다.

2부 근대 일본 국민작가, 나쓰메 소세키(194쪽) | '오직 육체뿐!', 사드(213쪽) | 부르주아의 허위와 대결한 플로베르(219쪽) | 정신의 가난에 맞선 이상(251쪽) | 부록 ❷ 나쓰메 소세키의『마음』(374쪽)

이희경 | 〈문탁네트워크〉 연구원. 연구공간 '수유+너머'에서 10여 년간 활동했다. 지금은 경기도 수지에서 친구들과 〈마을에서 만나는 인문학 공간, 문탁네트워크〉를 꾸려 가고 있다. 국가에 포획되지 않고 화폐관계를 넘어서는 '마을'을 꿈꾼다. 이를 위해 '위대한 아마추어리즘'의 정신으로 마을교사와 마을의사, 마을공방과 마을사업단을 실험하려 한다. 〈남산강학원〉 식구들과『고전 톡톡』을 함께 썼다.

1부 청년 불복종자, 헨리 데이비드 소로(58쪽) | 하얀 가면을 벗은 프란츠 파농(71쪽)

2부 위대한 영혼, 마하트마 간디(319쪽)

채운 | 1970년생. 서울대 국문과를 졸업하고, 대학원에서 미술사학을 전공했다. 지금은 〈남산강학원〉에서 다종다양한 공부와 강의를 하면서 '백수 지식인'의 삶을 만끽하고 있는 중이다. 지은 책으로는『언어의 달인, 호모 로 스』,『예술의 달인, 호모 아르텍스』,『재현이란 무엇인가』,『느낀다는 것』이 있고,『근대와 만난 미술과 도시』를

함께 지었다. 옮긴 책으로는 『에드바르 뭉크』가 있다. 이 책 『인물 톡톡』과 함께 『고전 톡톡』을 수경과 공동으로 기획하고 엮었으며 필자로도 참여했다. 이탁오의 『분서』와 이옥에 관한 책을 준비하고 있다.

최정옥 ▎〈남산강학원〉 연구원. 이 원고들을 쓸 때, 나는 공부가 정말 즐겁다는 걸 느꼈다. 그 즐거움의 정체가 강학원에서 친구들과 함께하기 때문이란 걸 알고, 지금 여기 우리의 모습에 너무나도 감사했다. 강학원에서 공부와 감사가 뭔지 배우고 살아가는 나는 의역학에서 말하는 "금수쌍청"을 믿으며, 오늘도 열심히 중국의 기원전 제자백가의 사상에서 현대소설까지 애정과 관심을 가지고 공부하고 있다.

최태람 ▎1982년생. 전공은 국어교육. 현재 연구실에서 문학작품을 비롯해 동서양 고전을 읽는 재미에 푹 빠져 있다. 버지니아 울프, 이반 일리히 등 시공간을 가로질러 큰 가르침을 주는 스승들, 옆에서 나를 일깨워 주는 친구들에게 늘 감사하는 마음으로 살고 있다. 앞으로 넘어야 할 산이 많지만 그들 덕분에 힘이 난다.

홍숙연 ▎〈남산강학원〉 연구원. 연구실에서 공부하기 전까지는 별생각 없이 살았다. 남들 학교 갈 때 학교 가고, 졸업할 때 졸업하고, 그렇게 취직도 하고……. 이런 순종적인 삶에 균열을 가져다 준 연구실이 고맙다. 고전학교에서 공부한 지 5년 만에 겨우 역사와 고전이라는 빛바랜 것들에서 빛을 발견한 것 같다. 앞으로 그 빛을 내 언어로 말해서 다른 사람들과 나눌 수 있기를, 그러면서 지혜로운 노인이 되어 가기를 바란다.

인물 찾아보기

작품 찾아보기